国家社科基金重大项目“《文心雕龙》汇释及百年‘龙学’学案”
（批准号：17ZDA253）特辑

戚良德／主编

中國文论

［第八辑］

山东人民出版社·济南
国家一级出版社 全国百佳图书出版单位

图书在版编目（CIP）数据

中国文论．第八辑/戚良德主编．--济南：山东人民出版社，2020.11

ISBN 978－7－209－12871－1

Ⅰ．①中… Ⅱ．①戚… Ⅲ．①中国文学—文学理论—研究 Ⅳ．①I206

中国版本图书馆CIP数据核字(2020)第123214号

中国文论（第八辑）
ZHONGGUO WENLUN（DIBAJI）
戚良德　主编

主管单位　山东出版传媒股份有限公司
出版发行　山东人民出版社
出 版 人　胡长青
社　　址　济南市英雄山路165号
邮　　编　250002
电　　话　总编室（0531）82098914
　　　　　市场部（0531）82098027
网　　址　http：//www. sd－book. com. cn
印　　装　山东华立印务有限公司
经　　销　新华书店

规　　格　16开（169mm×239mm）
印　　张　15.75
字　　数　260千字
版　　次　2020年11月第1版
印　　次　2020年11月第1次
ISBN 978－7－209－12871－1
定　　价　38.00元

《中国文论》编辑委员会

目　录
CONTENTS

文心雕龙

文之枢纽

论文叙笔

剖情析采

知音君子

学科纵横

文场笔苑

《文心雕龙》的推广和应用：我的尝试

黄维樑

摘　要：百年龙学成果丰硕，已成为显学的龙学，还有广阔的研究空间。作为“龙的传人”，我经常想的问题是：如何进一步推广发扬龙学？如何应用这部不朽经典的理论？在这些方面，我一直在尝试回答，实际的作为有几项：（1）通过中西比较，我指出这部经典有普遍性的文学理论；通过重新组织，我为它建立一个宏大的、中西合璧的、“现代化”的理论体系。我兼用中文和英文发表论文。这样的做法，可使一些“西化”的国人，以及不熟悉中国文化的外国人，比较容易明白《文心雕龙》的理论，且认识其可贵之处。（2）我用新创的“爱读式”版式排印《文心雕龙》的重要篇章。这样的做法，可使学习《文心雕龙》者，阅读此书篇章时，有“方便阅读、容易理解、有利记忆”的好处，因而喜爱学习它。（3）我在文学理论或实际批评的书写中，尽量应用《文心雕龙》的理论，哪怕有时只用一二语句而已。这样的做法，可使学习《文心雕龙》的人，知道此书有很大的实用价值，因而更为重视它。我的尝试，乃为了向中华各地的人文教学界普及此书，向国外的文学理论界发扬此书。《文心雕龙》是活的理论著作，其应用性能甚高，其重大价值要传播到远方，让“雕龙”成为“飞龙”。

关键词：《文心雕龙》；理论推广；理论应用；黄维樑

一、发扬《文心雕龙》这中华珍宝

“龙学泰斗”杨明照先生称道《文心雕龙》“内容最丰富，体系最完整”[①]，

---

① 杨明照：《刘勰与〈文心雕龙〉》，《杨明照论文心雕龙》，上海：上海科学技术文献出版社，2008年，第3页。

认为它不只是我国的珍贵遗产，同时也是人类共有的精神财富；杨先生的大弟子曹顺庆先生指出："在中国，众所周知，体大虑周的《文心雕龙》几乎是空前绝后的。"① 洵为知言。百年来中华的大学开设《文心雕龙》课程，学者钻研龙学、发表著作、翻译文本、编撰工具书、指导研究生撰写学位论文、举办学术会议；也有学者阐发《文心雕龙》的理论，以为当今写作者的南针。百年来龙学的成果非常丰硕。当然，这部伟大的经典，还大有可供研究的空间；此外，它值得我们大力推广发扬，其应用价值应获得进一步阐述。龙学发达，但一般而言，龙学的成果及其影响，只限于龙学者的"群组"里。对《文心雕龙》的推广发扬，笔者用力所在，有两方面。其一是希望推广至一般的文学理论学者，包括比较文学学者；这里说的学者，包括中华学者，以及英语学术界的学者。其二是希望推广至中文系的学生。

在大学教授中国古典文学的中华学者，一般都认识《文心雕龙》这本书（学者中有《文心雕龙》的专家），但教授汉语新文学以及外国语文的，就未必。书名是听过的，也许对此书的性质也略有所知，却并没有相当的认识；他们中甚至有不少人，认为只有外国的文学理论才有价值。这里只举两个外文学者的例子。长沙一位郑延国先生，任教于外文系，这样写道："曾有随家伯父……习读《文心雕龙》之愿，孰料一场革命将此愿化作'樯橹灰飞烟灭'，至今引以为憾。"② 另一个例子是：二十世纪七十年代初，台湾大学的颜元叔先生，在提倡比较文学，和提倡用西方当代文学理论研究中国文学之际，认为也应知道一些中国古代的理论，于是想到中文系去旁听《文心雕龙》的课；他去听了，却觉得此书难懂，且看来不外是印象式批评那个套路。③

不认识《文心雕龙》，或对它"敬而远之"，或认为它不过是"老古董"的学者，在海峡两岸大概不在少数。我们怎样向他们推广（用商业的术语则是"推销"）《文心雕龙》呢？做法应该是指出这本古代文论的现代

---

① 曹顺庆：《从总体文学的角度认识〈文心雕龙〉的民族特色及其理论价值》，曹顺庆编：《文心同雕集：庆祝杨明照教授八十寿辰》，成都：成都出版社，1990 年，第 143 页。曹氏此文引述杨明照先生对《文心雕龙》的评价，包括《文心雕龙》"理论的深度与广度，完全可以和世界上任何一部杰出的文论名著媲美"。曹氏此文视野开阔，通过与西方文论的比较，极言《文心雕龙》的重大价值，极言其"体大虑周"；另一方面，则慨叹"西方中心"论者对它的偏见，对它的"一无所知"（第 135、136 页）。

② 引自郑延国 2019 年 9 月 26 日致黄维樑的电邮。

③ 1970 年代中期，颜元叔和夏志清就中国古典文学的研究方法和理论打笔战，颜元叔讲述过他尝试认识《文心雕龙》的情形。

意义和价值，让他们有意欲阅读本书、认识本书，进而重视它。现代学者习惯于用西方的理论来研究文学，我们应该指出《文心雕龙》不是过时的老古董，其学说和现代西方理论多有相通和契合之处。（其实历久弥新的理论，中西都不乏；文学的基本原理，哪像通讯科技一般，1G、2G以至5G、6G，代代有新变？这个议题此处略道即止。）

二、通过中西比较认识《文心雕龙》的意义和价值

1983年夏天，我在台北参加“第四届国际比较文学会议”，发表论文“The Carved Dragon and the Well Wrought Urn-Notes on the Concepts of Structure in Liu Hsieh and the New Critics”，就是为了说明这种相通和契合。① 1989年12月，我参加香港大学的“中国学术研究的传承与创新”研讨会，发表的论文题为《现代实际批评的雏形——〈文心雕龙·辨骚〉今读》②；1991年10月我在台北的“中研院”文哲研究所筹备处演讲，以《文心雕龙与西方文学理论》为题③，二者同样是依循相通和契合这个主旨立论。此外，2004年我在一个研讨会里宣读论文，指出《文心雕龙·时序》是一篇微型的中国文学通史；刘勰撰史所顾及的诸种元素，与今天我们编写文学史要顾及的，并无二致。在2008年的一个研讨会中，我发表论文，指出《文心雕龙·论说》与现代学术论文的撰写原理完全吻合。2012年在一个研讨会的主题演讲中，我指出《文心雕龙》包含的“雅俗”观点，很可以作为我们今天讨论雅俗文学时的参考。在分别谈论赵翼和钱锺书的两篇文章里，我清楚说明刘勰和古今赵、钱两位有很多“心理攸同”的文学见解。总括来说，多年来，我先后通过多篇文章，在海峡两岸具体说明《文心雕龙》不但“体大虑周”，而且理论极具恒久性、普遍性，有巨大的现代价值。④

---

① 此文会后发表于 *Tamkang Review* 的1984年夏秋季合刊号；后来我加以增订，译写为中文，以《精雕龙与精工瓷——刘勰和“新批评家”对结构的看法》为题，发表于《香港文学》1989年9月和10月号；又发表于台北《中外文学》1989年12月号；又收录于上引的曹顺庆编《文心同雕集》。

② 论文刊于北京《中国文化》1991年12月出版的第五期；又刊于日本九州大学中国文学会主编的《文心雕龙国际学术研讨会论文集》（台北：文史哲出版社，1992年）。

③ 是次演讲的记录，刊于台北《中国文哲研究通讯》1992年3月出版的第一卷第一期，又刊于上海《文艺理论研究》1992年第3期。

④ 这里所述的几篇论文，后来成为黄维樑著《文心雕龙：体系与应用》（香港：文思出版社，2016年）一书的篇章；其原来发表的资料，此书有注明。同类性质和宗旨的文章，还有一些，都请参见这本书。

一些论者认为中国传统的文学批评，没有分析性、系统性，与西方不同。这是个以偏概全的说法，我曾力证其非。我诠释《文心雕龙》，认为其理论可“古为今用”、具有普遍性，还指出它具有分析性、系统性，同时进一步强调其“体大虑周”。“体大虑周”这个特质非常重要。曹顺庆曾就这个特质加以具体说明：就阿布拉莫姆斯（M. H. Abrams）“所说文学批评的四种倾向——模仿、表现、实用、客观——而言，在《文心雕龙》中都有不同程度的体现”①。1991 年我在台北“中研院”演讲，以《文心雕龙与西方文学理论》为题，指出西方古今文学理论关注的很多议题，《文心雕龙》都关注了。

进入新世纪，我继续设法证明其“体大虑周”。“体大”的“体”就是“体系”，于是我尝试从比较诗学（comparative poetics）的角度，把《文心雕龙》的内容重新组织，为它建构两个文论体系。《文心雕龙》的内容是“陈酒”，新建构的体系是“新瓶”。

第一个体系，我采用“依附法”。面世逾六十年、影响很大的韦礼克、华伦（Rene Wellek & Austin Warren）合著的《文学理论》（*Theory of Literature*），把文学研究分为三个范畴：

（一）文学理论：研究文学的原理、类别、标准等；

（二）文学批评：对具体作品的研究，基本上是静态的；

（三）文学史：对具体作品的研究。

韦、华二氏从另一个角度，再把文学研究分为两类：

（A）外延研究：研究文学与传记、心理学、社会、理念的关系，以及文学与其他艺术的关系；

（B）内在研究：研究文学的节奏、风格、比喻、叙述模式、体裁、评价等等。

我参考了韦、华的说法，基本上“依附”他们的架构（即一个来自西方的“新瓶”），把《文心雕龙》的内容分析和归纳为下列的纲领，建立如下的体系：

（甲）“文学通论”之（1）“文学本体研究”

“文学通论”之（2）“文学外延研究”

---

① 曹顺庆：《从总体文学的角度认识〈文心雕龙〉的民族特色及其理论价值》，曹顺庆编：《文心同雕集：庆祝杨明照教授八十寿辰》，第 145—149 页。

（乙）“实际批评及其方法论”之（1）“对具体作家、作品的批评”

“实际批评及其方法论”之（2）“实际批评方法论（六观法）”

（丙）“文学史及分类文学史”之（1）“分类文学史”

“文学史及分类文学史”之（2）“文学史”

在纲领之下，还有细目。我截取《文心雕龙》的相关语句，放在以上的体系中，让大家认识我国这部经典，果然如论者所称许的“体大虑周”；而且，像刚才所说的，其学说和现代西方理论多有相通和契合之处。[①]

三、建立《文心雕龙》的“情采通变”文论体系

第二个体系，则是“一空依傍”的，其架构是我特制的“新瓶”。我建立的这个体系，以《文心雕龙》的内容为本，兼及中国传统的一些重要理论，又旁及西方古今的一些重要理论。经过长时间的构思、酝酿、规划、修订，我有了“情采通变：以《文心雕龙》为基础建构中西合璧的文学理论体系”；我以此为题，撰写了一篇六万字的长文，在2016年完成。[②] 此文的纲领如下：

（一）情采（内容与形式［技巧］）

1. 情：人禀七情，感物吟志

2. 采：日月山川、圣贤书辞，郁然有采

3. 情经辞纬，为情造文（内容与形式的关系）

（在“情”方面，“蚌病成珠”说兼容西方 tragedy 悲剧理论和 psychoanalysis 心理分析；由“情”到“采”，中间涉及“神思”，这和西方的“想象” imagination 可相提并论。）

（二）情采、风格、文体

1. 物色时序、才气学习（影响作品情采、风格的因素）

2. 风格的分类

3. 文体的分类

（《物色》相容西方基型论 archetypal criticism；《谐讔》相容西方通俗剧理论。）

---

① 关于这个体系的详细内容，请参阅黄维樑《文心雕龙：体系与应用》（香港：文思出版社，2016年）一书的附录2。

② 此文刊于2017年6月出版的《中外文化与文论》第35辑；于香港《文学评论》（双月刊）2016年8月号起连载；其节录本刊于《中国文艺评论》2016年第9期。

（三）剖情析采（实际批评）

1. 文情难鉴，知音难逢

（A）披文入情的困难

（B）读者反应仁智不同

（相容西方读者反应论 reader's response 及接受美学 reception aesthetics。）

2. 平理若衡，照辞如镜（理想的批评态度）

3. “六观”中的“四观”

（A）观位体

（B）观事义

（C）观置辞

（D）观宫商

[（A）“位体”可与阿里斯多德“结构”说相提并论；（C）“置辞”和（D）“宫商”相容西方修辞学 rhetoric 及新批评 The New Criticism；西方叙事学可寄存于（A）“位体”；西方女性主义 feminism 及后殖民主义 post-colonialism 等可寄存于（B）“事义”。]

（四）通变（比较不同作家作品的表现）

1. “六观”中的“二观”

（A）观奇正

（B）观通变

2. 通变·文学史·文学经典·比较文学

（A）时运交移，质文代变（文学发展史）

（B）文学经典

（C）比较文学

（《史传》《时序》相容西方文学史理论。）

（五）文之为德也大矣（文学的功用）

1. 光采玄圣，炳耀仁孝（文学对国家社会的贡献）

（兼容西方马克思主义 Marxism 等理论。）

2. 腾声飞实，制作而已（文学的个人价值）

这个体系的细节，以《文心雕龙》的内容为基础，兼采古今中西文论，以为旁证，以为补充。以“情采通变”为名，因为这两个词语是文学理论的关键词。用“情采”，因为任何一篇文学作品，都离不开“情”与“采”

两部分，而《文心雕龙》正有《情采》篇；还有，“情”与书名的“文心”相应，“采”则与书名的“雕龙”相应，“情”与“采”合起来，就成为《文心雕龙》。还有，“情”与“采”两个概念，就和《易经》的“阴”和“阳”一样，既是二元相对，也是二元互补，极富哲理。关于《文心雕龙》书名的解释，说法颇多。书名“文心”与“雕龙”的关系为何？在语法上属于并排还是从属关系？这里顺便做一解释：把作者的情思，也就是“文心”，通过各种适当的修辞手法，自然生动而又精美地表现出来，像“雕龙”一样。

说“通变”为关键概念，因为文学之为艺术，必须在继承传统、参照传统（“通”）之际，谋求创新（“变”），而《文心雕龙》正有《通变》篇；能“通变”，则具有“文心”的作品这条“雕龙”才能活能新，展现各种姿采。范文澜曾谓“读《文心》，当知崇自然贵通变二要义，虽谓全书精神也可”①；其他很多龙学学者也强调“通变”这一概念的重要性。“缩龙”成寸，我们可说“情采”“通变”二词概括了刘勰文学理论的主要内容。历来学者对《文心雕龙》的结构（或内容的分类组织）虽然看法有些分歧，它本身却无疑是自成体系的。我以“情采通变”为纲为目建构体系，乃因为这两个关键词最能使这个体系纲举目张，而且“就地取材”地运用原书的词汇：体系的名称用了原书的词汇，其大纲细目也如此。

我建构的“情采通变”体系，彰显了《文心雕龙》“体大虑周”的特色。不过，此书写于一千五百年前，作者自然无法预见当代全球各地的种种文学现象，以及由此归纳演绎出来的文学理论；因此，上述新建构的体系，颇有增益补充的需要；而各种增益补充的观点，大可纳入这个泱泱大体系里面。可以增益补充的，上述的体系纲领已略有注明。20 世纪西方文论百家争鸣，然而，诸如心理分析学说、女性主义理论、后殖民主义等，都不重视文学作品的文学性（艺术性）；说到文学性，《文心雕龙》的种种见解，基本上位居至尊，西方古今很多理论都难以伦比。

四、向英语学术界介绍《文心雕龙》“Hati-Colt”体系

为了向英语的比较文学学术界介绍我的这个体系，我把“情采通变”长文改写为英文，以“Hati-Colt：A Chinese-oriented Literary Theory”为题，

---

① “编委会”编：《文心雕龙学综览》，上海：上海书店出版社，1995 年，第 125 页。

于2016年7月在四川大学的一个比较文学研讨会上宣读，后来在一本比较文学学报上发表①。论文标题的“Hati”是英文“Heart-art”（心—艺术）和“Tradition-innovation”（传统—创新）的头字母缩写；“Colt”是英文“Chinese-oriented literary theory”（中国为本的文学理论）的头字母缩写。Hati的声音容易读出来（不像NBC、CBS那类缩写要逐个字母读出声音）；Colt亦然，而且有意义，意为“小马”或“新手”，寓意是这个体系虽来自古典，却是个新的尝试。拟定这个英文名称，可说是“用心良苦”吧。

古人早有“不惜歌者苦，但伤知音稀”的叹息。“歌者”光凭研讨会上十多分钟的发言，以及一本学报上的文章，还没有艰苦登上险峻的“蜀道”，就希企英语文论界认识《文心雕龙》的现代意义和价值，以至肯定并采用其理论，此事绝难成功。我对“Hati-Colt”体系的论述和介绍，却是微微带点雄心的：期望在国际为《文心雕龙》发声——也就是中国文论在国际基本上“失语”后发声。

这里顺便略说“失语症”和随之而来的“中国学派”议论。中国文论在国际学术界患了“失语症”（曹顺庆有著名文章谈论此“症”），如何“医治”，如何在“医治”后发声呢？我们应当提出有中国特色的文论话语，最好自成体系，成立“中国学派”。我力量非常微薄，却愿意尝试；这个有中国特色而且是中西合璧的“情采通变”体系，这个“Hati-Colt”，就是“自发研制”出来的一个体系。至于“中国学派”这个名号，我认为目前只宜作为国人的内部参考，作为继续努力的方向。等到万事俱备，东风一起，国际学术界望风升旗，才绣上“中国学派”这个嘉名。

五、新创《文心雕龙》篇章“爱读式”排版

《文心雕龙》有多种外文翻译本，是多国汉学家中专研《文心雕龙》者辛勤努力的宝贵成果。这些译本的读者，大概只限于极少数的中国文学学者和研究生。我所说的推广此书，是要把它推广至各国的一般文学理论学者和学生，推广至像亚里士多德《诗学》一样，获得“接受”。对于这样的推广，我曾有如下的建议。在中华学术界成立编译小组，在《文心雕龙》全书中精选出十来篇，不同的篇章可以是全篇，也可以是节选，节选的目的是把太深奥太专门太费解的片段去掉，精选后，加上精要的注解和

---

① 此文刊于 *Comparative Literature & World Literature*, vol. 1, no. 2; 2016。

导读，精心翻译成外文（或可根据现有的外文翻译斟酌求尽善），编印成中文和外文对照本。[①] 这个中外文对照本可用我发明的“爱读式”排版编印。

“爱读式”排版有方便阅读、加强理解、有利熟记三大优点。由此我进而讲述向中华人文学科学者和学生推广此书的一个方式。先略为介绍“爱读式”排版。中国古代的诗文，一般都需要注释和导读；为了帮助读者理解，往往还附有语体翻译。一般的古代诗文选本或课本，编排作品时，都采用先排导读和原文，接着排注释、语译等的方式。读者如果要知道原文某字句的注释或语译，必须前后翻揭书页去寻觅。“爱读式”排版迥然不同。

“爱读式”排版的特色是：采用“蝴蝶页”版式（即摊开书本，其左页和右页合成一个整体）；简要介绍作者，简述篇章和段落的旨趣；篇章的原文是“主角”，用最显著的字体标示；原文文句分行编排，文句的语译、注释（包括读音）、点评，都紧紧贴着原文的句子，读者不用翻揭书页四处去寻找，因而可节省宝贵的学习时间。

它还有别的优点：短的篇章，全部文字一整块呈现；较长的篇章，其文字则一整段一整段呈现，不会让段落割裂；读者可一目了然，整段甚至整篇地把握；对仗式、排比式句子，排版时呈现其工整的对仗、排比的句式，这有利于对篇章语法和修辞的认识。阅读、理解、熟记都变得容易了，读者会进而喜爱阅读，因此我把这个排版的方式称为“爱读式”。我和万奇教授编著的《文心雕龙精选读本》[②] 选了18篇，每篇除了原文之外，附有导读、注释、语译、点评，用的正是这个“爱读式”排版。香港某大学的中文系，《文心雕龙》选修课开不成，因为学生怕难，都不选。用“爱读式”排版，阅读、理解、熟记这部经典的篇章，变得容易很多。

上面说的中文和外文对照本《文心雕龙》，基本上可依照《文心雕龙精选读本》的方式：《文心雕龙》原文是中文这一部分不变，其他部分都是外文。

六、《文心雕龙》应用于实际批评

我们都认为《文心雕龙》伟大，所以要推广发扬此书，让更多人认识

---

① 参看黄维樑《龙学西传：向西方文论界推荐〈文心雕龙〉》一文，此为2000年4月2—5日在镇江市举行的《文心雕龙》国际学术会议上发表的文章。

② 此书2017年由北京师范大学出版社出版。

到它的价值。为了证明它大有价值，我们应该应用它来从事文学研究，包括从事文学的实际批评。“学以致用”，把《文心雕龙》的理论应用于文学作品的实际批评，是我数十年来的萦心之念，我一直在尝试。1992年我在台北参加国际比较文学研讨会，发表的论文题为“‘Rediscovering the Use of Ancient Chinese Culture’: A Look at Pai Hsien-yung's ‘Ashes’ through Liu Hsieh's Six Points Theory”，其中文版本题为《“重新发现中国古代文化的功用”——用〈文心雕龙〉六观法评析白先勇的〈骨灰〉》。[①] 白先勇的《骨灰》是现代小说，我用《文心雕龙》的“六观法”来析评；余光中的《听听那冷雨》是现代散文，我同样对待。《文心雕龙》的理论，当然适用于析评古代的诗歌，如屈原的《离骚》，如范仲淹的《渔家傲》——这些我都写成了论文。我还用刘勰“剖情析采”之刀，对待西方的不同文体，如马丁·路德·金（Martin Luther King）的演讲词《我有一个梦》（*I Have a Dream*），如莎士比亚的戏剧《罗密欧与朱丽叶》。我又有论文题为《炳耀仁孝，悦豫雅丽：用〈文心雕龙〉理论析评韩剧〈大长今〉》。以下是我的几篇批评报告的浓缩版。

先说余光中的《听听那冷雨》。这里用《知音》篇的“六观法”来析评。一观“位体”，即体裁、主题、结构、风格。《听听那冷雨》是散文。写作于1974年春分之夜，当时大陆的“文革”高潮已过，而两岸仍隔阂不通。在台北，余光中看雨、听雨，情意满溢于大地山河与文化人生，华夏的乡愁与雨的韵律浑然交集，成为本文的主体情调。文中不同时空交错出现，似是意识随便流荡，实则有其脉络，有其前后呼应。本文想象富赡、言辞典丽、音调铿锵。

二观“事义”，即作品所写的人事物及其含义。作者从台北写到厦门、江南、四川、香港以至美国丹佛，从春雨写到秋雨，从太白、东坡的诗韵写到《辞源》《辞海》的霜雪云霞，英文和法文的rain与pluie，在于显示作者宽广的生活经验和文化关怀。三观“置辞”，即作品之修辞。用比喻、对偶、迭词、典故是本文修辞的主要特色。雨是“温柔的灰美人”，雨“轻轻地奏吧沉沉地弹，徐徐地叩吧挞挞地打”；“花春雨”“牧童遥指”“剑门细雨渭城轻尘都不再”的典故则透露了作者的腹笥，也抒发了他的文

---

① 英文论文发表于*Tamkang Review*, Autumn, 1992; pp. 757—777。中文版本刊于《中外文学》1992年11月号。

化乡愁。四观“宫商”，即作品的音乐性。题目是《听听那冷雨》，文中拟声词和叠词极多，正为了在音乐性方面与绵绵的雨声配合。五观“奇正”，即作品风格之新奇或正统。“五四”以来冰心、朱自清等名家散文所提供的美感经验，余光中并不满足；他开拓散文的疆域，乃有《逍遥游》和本文等想象纵横、修辞新巧的“现代散文”。六观“通变”，即作品的继承与创新。余氏积学储宝、取熔经意（包括李清照“寻寻觅觅冷冷清清”的叠词运用）、自铸新辞，乃有如本文的“余体散文”佳章杰构。

再说莎士比亚的《铸情》（即《罗密欧与朱丽叶》）。中外学者用西方古今文论来析评《铸情》的很多，这里则“中为洋用”。我们可用《文心雕龙》的“六观法”来析评《铸情》的各方面，包括主题、风格、文学地位等，指出本剧有其“炳耀仁孝”（《原道》篇语）之处，有其“辞浅会俗”（《谐讔》篇语）之风。《铸情》的语言华丽，在莎氏全部剧作中，它可能是最讲究修辞的。它多处用“英雄偶句”（heroic couplet）和十四行诗（sonnet），其音乐性、其近于中国戏曲的“曲”元素，我们可用《声律》篇的原理来分析。它常用比喻，如分别以太阳、月亮、天鹅、乌鸦喻女子，我们可透过《比兴》篇的理论来加强认识此剧的审美性。它常用夸张手法，《夸饰》篇的理论正用得着。它多有矛盾语，还有类似中国文学常见的对偶语句，如“Love goes toward love, as schoolboys from their books; / But love from love, toward school with heavy looks”，我们可用《丽辞》篇的理论来加以剖析。向来研究《铸情》修辞艺术的学者，如 M. M. Mahood, Robert O. Evans, Jill L. Levenson，对本剧的矛盾语（oxymoron）、双关语（word-play）等都有论述，也提到过它的平行语句（parallelism）；就笔者所知，却还没有人注意到它的对偶语句。这里引用《丽辞》篇的“正对”“反对”等说法，对本剧的对偶语句做重点式讨论：说明对偶语句的运用，增强本剧语言的华丽风格；并指出对偶语句与本剧内容的求偶情意和对立情态，或有关联。

跟着是《大长今》。韩国电视剧集《大长今》2003 年 9 月在韩国首播后，在台湾、日本、香港、大陆先后播出，大受欢迎。我们可以从多种西方文艺批评理论来分析、评价《大长今》。这里用“遥远东方的一条龙”——《文心雕龙》——的理论，在“情”“采”两方面对《大长今》加以析评。《文心雕龙》以儒家思想为主导，强调人要“发挥事业”“炳耀仁孝”。综览《大长今》，可知这剧集宣扬的就是儒家思想：仁孝之外，还有忠义礼智信等美德。而主角大长今集诸种美德于一身，已臻圣者的境界。《大长今》在表现手法方面，中心人物鲜明，脉络清晰，结构前后呼应。剧集故事有传奇性，重情，有细水长流的爱情，但还不算滥情；它“辞浅会俗”，有“悦笑”的人物，并“藻饰”以美衣美食美景美人。饰演大长今的李英爱温柔雅丽，人见人爱，是洛水女神，是汉江明珠。仁义礼智信等美德，中西共尊；就像情采兼重的文论，中外如一。

我甚至“请”过刘勰来评论一个“汉学家”。德国人顾彬曾多次贬抑中国当代文学，甚至说某些作品是垃圾；又批评中国作家，说他们不懂外文，连母语中文也不行。这里我戏用魔幻手法，把天上文心阁的刘勰请下来，评论顾彬。刘勰认为“文情难鉴”而顾彬“信伪迷真”“褒贬任声”。刘勰指出，懂外语固然是美事，但作家的外语能力与作品优劣没有密切关系。“操千曲而后晓声，观千剑而后识器”，好的批评家，必须博观。学问渊博的《文心雕龙》作者，征引中外古今，风趣地把“汉学家”讽刺了一番。①

七、“飞龙”乘着东风周游天下

上述的文章，发表后颇有好评，使我深得鼓舞。例如，评顾彬那篇，中国社科院文学所的陈骏涛教授，2008 年夏天在其博客开张时，把此文贴上，列为其博客第一篇推荐的文章，并这样写道：黄维樑“此文学问、见识、文采俱佳，文章写得活泼、机趣，没有通常论文的那套八股腔，读来十分痛快。批评德国顾彬教授的‘垃圾说’也抓住了要害，很有力度。”②对于我别的文章，复旦大学的黄霖教授写道：“近年来，我注意到……黄维樑教授已写过多篇论文用《文心雕龙》等传统的文论来解释中外古今的文学现象，很有意味。可惜的是，大家习惯于戴着西方的眼镜来看中国的文学，反而会觉得黄教授的分析有点不伦不类了，真是闻久了异味，就不知兰芝的芳香了。我们现在缺少的就是黄教授这样的文章。假如我们有十个、二十个黄教授这样的人，认认真真地做出一批文章来，我想，传统理论究竟能不能与现实对接，能不能活起来，就不必用干巴巴的话争来争去

---

① 本文这几段提到的几篇“应用”论文，都收于黄维樑《文心雕龙：体系与应用》一书，请参看。

② 引自陈骏涛 2008 年 7 月 30 日写的博客。

了。”[①] 引了上面的评语，除了为自己“壮胆”和“贴金”之外，也希望一如黄霖先生所说的，有更多的人“认认真真地做出一批文章来”，这是要大家共同努力，以壮声势、以达目标了。

除了专文、专著之外，我经常在各种书写中“宣传”刘勰的理论，让“文心”放光、“雕龙”现身，借此引起更多人注意此书。知我者甚至可以这样说：“黄维樑下笔不离《文心雕龙》！”以下是一些例子。在称述现代三位大作家的文章里，引述《文心雕龙》的“圆照之象”和“藻耀而高翔，固文笔之鸣凤也”语句。在忆述香港沙田校园生活的文章里，提到教学中对《文心雕龙》的重视。在讲述余光中的知音一文中，引录《文心雕龙》“观千剑”“操千曲”的话语。在记述王蒙活动的一文里，提到“一千五百年前玄远的文学理论经典《文心雕龙》”。在《对联唯我国独尊》一文中，征引《文心雕龙》的“日月叠璧，以垂丽天之象”等丽辞。在一篇黄山游记里，引述《文心雕龙》的“登山则情满于山，观海则意溢于海”以说明神思现象。在一本译论著作的评介里，用《文心雕龙·论说》的“师心独见，锋颖精密”等语形容该书。[②]

百年来龙学学者成就卓越，在版本考证、篇章注释、理论诠释等各方面，有很多贡献。刘勰写作本书的初心、《文心雕龙》的“心”，大家探照得明亮了；刘勰用文字铸刻成的雕龙、《文心雕龙》的“龙”，大家刮垢磨光后光鲜灵动了。在国家硬实力软实力都大幅度提升的时代，“龙的传人”当各尽所能，凭着日益加强的文化自信，发扬这部旷世的文论经典。[③] 我国

---

① 黄霖:《〈中国古代文论新体系教程〉序言》,《中国古代文学理论学会第十五届年会会议论文汇编》,云南大学中文系编印,2007 年,第 144 页。

② 这里就手边资料随意引述,所引文章先后刊登于《北京晚报》的《知味》版,日期分别是 2017 年 10 月 21 日,2018 年 5 月 19 日、7 月 26 日,2019 年 1 月 6 日、2 月 16 日、3 月 24 日、6 月 30 日。其他“黄维樑下笔不离《文心雕龙》”的例子还有很多,不胜枚举。

③ 本文所述的黄维樑《文心雕龙》论文,发表后获得不少评论,肯定和鼓励的话语颇多。上文引述了一二,其他的请参看黄维樑《文心雕龙:体系与应用》一书对这些评语的辑录。《文心雕龙:体系与应用》2016 年出版后,就所知所见,有好几篇评介,包括陈志诚的《有心而具创见的精彩之作——读黄维樑〈文心雕龙:体系与应用〉》;江弱水的《“大同诗学”与“大汉天声”——评黄维樑〈文心雕龙:体系与应用〉》;肖瑶《黄维樑〈文心雕龙〉研究述论》。诸文分别刊于两岸的报刊。陈文可见于《文心学林》2017 年第一期;肖文见于《文心学林》2019 年第一期(肖文颇长,占页 121—144);江文可见于台北的《“国文”天地》2019 年 1 月号。另外郑延国的《“中为洋用”一典型》,刊于 2020 年 3 月 1 日《北京晚报》的《知味》版。又:江苏大学的戴文静教授 2019 年秋天和我做了一个访谈,话题围绕着我对《文心雕龙》的研究和发扬,其记录成为《比较文学视域下中国古典文论现代应用的先行者——黄维樑教授访谈录》一文,将会正式发表。

航天的玉兔，已登陆月球，神舟则遨游太空。“龙的传人”在学术上坚毅勤苦奋斗后，“雕龙”应可在国际成为珍宝，以至凭着东风成为“飞龙”周游天下各国，为世人欢喜迎接。

附　记：2020 年 5 月我有南京之行，好不容易进入“刘勰与文心雕龙纪念馆”参观，所见令我十分伤感。此馆多年失修，显得残旧破落，长期不对外开放。《文心雕龙》是加强国人“文化自信”的一部旷世经典，我们应该发扬此书，应该重建一个体面的“刘勰与文心雕龙纪念馆”，表示我们对这部经典的重视。

2019 年 10 月初稿；2020 年 6 月修订

（作者单位：香港中文大学中文系）

巴蜀文学名家与《文心雕龙》[1]

王万洪

摘　要：以公元前316年秦灭巴蜀为分界线，巴蜀文化从华夏文明的源头和摇篮之一开始走向沉寂状态，直到西汉司马相如的出现，才重新将其推向一个高端发展的状态：在这个从波峰到波谷再到波峰的漫长的U字型发展脉络中，先秦时期人文始祖伏羲、黄帝长子玄嚣、次子昌意、大禹、夏启与汉代司马相如、王褒、扬雄等是其中最杰出的各类代表人物。《文心雕龙》论述自伏羲到成书时代的各类写作及其方方面面的问题，选取了上述名人中的伏羲、大禹、司马相如、王褒、扬雄为对象。从作家地位、作品成就、艺术高度、历史影响等方面综合来看，《文心雕龙》论述到的巴蜀文学历代著名大家之中，当以汉代三杰为核心代表。论文主要集中于从伏羲到扬雄的历代著名巴蜀名人，概略性地阐述他们对《文心雕龙》成书做出的杰出贡献。

关键词：巴蜀文学；《文心雕龙》；司马相如；王褒；扬雄

一、巴、蜀与巴蜀文化

（一）巴

小篆巴字

巴，是一个象形字，大小篆均像蛇形，其本义指一种传说中的大蛇，简称巴蛇，《说文解字》曰："巴，虫也，或曰食象蛇。"

---

① 基金项目:2017年度教育部人文社会科学研究规划基金项目《写作学理论视野下的〈文心雕龙〉及其当代价值研究》(17YJA751027),2019四川省社科联后期资助项目《〈文心雕龙〉文学思想渊源论》(SC19H014)。

故有“巴蛇吞象”的传说。[①]

从这个本义出发，中国地理位置的杭州湾像鸟，长江像蛇，蛇为南方水物。勾践建都琅玡，历时两百多年，江北地区被称作巴越。彼时江东金属工业（烹鼎金石）发达，丹（朱砂）原料来自江淮。所以《说文》认为：“丹，巴越之赤石也。”由于江北地区相对贫困，因此上海人口中的巴含有蔑视的意味，把江北到上海的人称为乡巴佬。

其后指古巴族，兴起于今湖北省西部，后来逐渐迁徙到今重庆市和四川省东北部。在巴人建都之后，巴又成为古国名，疆域在今重庆全境、四川东部、陕西南部、湖北西部、贵州北部、湖南西北部一带。武王伐纣时，巴师勇锐，立下大功，周朝分封在该地区的诸侯国叫巴国。公元前316年，趁巴、蜀攻伐之际，秦惠文王派遣司马错与张仪率兵灭巴，改置巴、蜀、汉中三郡，巴国灭亡。

因此，巴、巴人、巴族、巴国等相关词汇，都有广义、狭义之分。从部族角度看，狭义的巴人指最早的巴氏族部落的名称而言；随着巴族的支系繁衍，势力强大，竟融合和兼并其他氏族部落建立了巴国，国内各族也因此而被称为巴人，这时它已属于广义，成为整个巴族群的称谓了。

关于巴人的祖先，见于古籍文献记载者当推《山海经》与《路史》。《山海经·海内经》曰：“西南有巴国，大皞生咸鸟，咸鸟生乘厘，乘厘生后照，后照是始为巴人。”[②] 郭璞等注解认为：太皞即伏羲。与《山海经》此语类似，《路史·后纪·太昊纪》曰：“伏羲生咸鸟，咸鸟生乘厘，是司水土，生后照，后照生顾相，夅（按：即“降”字）处于巴，是生巴人。”[③] 注曰：“郭氏云巴人始祖。”指的是郭璞认为伏羲是巴人的始祖。稍有不同的是，《路史》将《山海经》中的“大皞”改成了“伏羲”，并又在“后照”之后加进一“顾相”，认为“顾相是生巴人”。其中的顾相，有

---

① 有人认为，甲骨文中巴像一个大手长臂之人。显然，这是善攀爬者的体型特征。也就是说，巴是攀爬者。巴人生活的区域，多是丛林崖壁，攀爬是基本技能，由此进化出大手长臂。自篆文以后，巴字结构演化，逐渐面目全非。

② 袁珂校注：《山海经校注》，上海：上海古籍出版社，1980年，第453页。

③ ［宋］罗泌撰，［清］永瑢、纪昀等编纂：《文渊阁四库全书·史部·路史》，上海：上海古籍出版社，2003年，第7页。

一种说法是指“务相”，这就使得巴人的起源问题变得相对复杂起来。[1]

除了前引《山海经》与《路史》记载的太皞伏羲氏为巴人先祖之外，还有一种关于巴人祖先的说法，是黄帝。《华阳国志·巴志》云：

> 《洛书》曰：人皇始出，继地皇之后，兄弟九人分理九州，为九囿，人皇居中州，制八辅。华阳之壤，梁岷之域，是其一囿，囿中之国则巴、蜀矣。其分野：舆鬼、东井。其君上世未闻。五帝以来，黄帝、高阳之支庶世为侯伯。[2]

《华阳国志》明确记载巴国与蜀国在“华阳之壤，梁岷之域”，也就是古梁州界域之内，其中的巴人为“黄帝、高阳之支庶”，高阳即颛顼，黄帝嫡孙，继承黄帝帝位的伟人，那么，巴人就是五帝以来一直居住在巴地的古老民族。于此可知，黄帝在以中原地区为政治中心的同时，向西南蜀地、巴地辐射，这就使得巴蜀少数民族的历史文化传统，全部纳入以五帝世系为中心的中原文化传统中去。在中原中心说之下，我们可以反推出这样的结果：巴蜀地区，在五帝时代就与中原腹地有着非常密切的联系了。

向下发展，在大禹治水、大禹称王、大禹生夏启等重大的历史事件中，巴人与蜀人紧密联系，一起出现：

> 及禹治水，命州巴、蜀，以属梁州。禹娶于涂山，辛壬癸甲而去，生子启，呱呱啼，不及视，三过其门而不入室，务在救时——今江州涂山是

---

① 巴人是一个内涵和外延都同样十分复杂的概念。关于巴人的来源问题，学术界一直存在着相当大的争论。从有确切记年史料判定年代出发，只能以武丁时期甲骨文中的“巴方”，作为巴人有文字以来的历史的上限。而且，目前真正有史料记载其活动的巴人始祖，只有《世本》所载的巴氏之子务相，即《路史》说的“后照生顾相，降处于巴，是生巴人”。有关务相与另外四姓结盟、被推为君长之事，《后汉书·南蛮西南夷列传》引《世本》叙述较为清晰，虽然其故事情节的真实性无法一一考证。就目前所见的史料，巴、樊、瞫、郑、相等五姓的活动轨迹，大多只能追溯到殷代，加之甲骨文有“巴方”的记载，因而我们说务相活动的年代在殷商时期，巴人的形成和得名亦在同一时代。通过以上考证，巴人传说中的始祖，最早可追溯至太昊；太昊之后，其部族有分化、繁衍，其中一支以凤鸟为图腾的部族，与殷人和巴人的先世均有关系；巴人首领后照出于乘厘，乘厘就是“常仪”，仍属于传说时代的人物；而后照虽为巴人始祖，但有确切史料记载的却是其后的务相；务相在位的年代，如用甲骨文中的“巴方”作参照，约为商代中前期，故可以说巴人部族的形成在商代。

② ［晋］常璩撰，刘琳校注：《华阳国志新校注》，成都：四川大学出版社，2015 年，第 5 页。

也，帝禹之庙铭存焉。会诸侯于会稽，执玉帛者万国，巴、蜀往焉。[1]

文中记载之江州，即今重庆，涂山的地理位置大约在今奉节县一带。也就是说，与早先的黄帝联姻蜀山氏大体相当，不管是出于政治目的还是治水所需，大禹联姻江州涂山氏，治水成功，生子夏启，最后会盟诸侯于会稽，在大禹建功、取得令名与最终称王的整个历史过程中，巴、蜀都是他依托的最主要对象之一。

夏商之后，周武王集合各个部落，组成联军，攻打商纣王，巴、蜀共同出兵，帮助武王伐纣，而且立下大功：

周武王伐纣，实得巴、蜀之师，著乎《尚书》。巴师勇锐，歌舞以凌殷人，前徒倒戈。故世称之曰"武王伐纣，前歌后舞"也。武王既克殷，以其宗姬封于巴，爵之以子，——古者远国虽大，爵不过子，故吴、楚及巴皆曰子。[2]

在武王伐纣的过程中，得到巴、蜀之师的帮助，特别是巴师，不仅勇锐——这是三千年来历史与军事的共识——而且气势旺盛，以"巴渝舞"临阵表演，使得武王联军大振军威，以凌殷人，为取得最终胜利立下了大功。后来，武王封宗室于巴地，以"公侯爵子男"五级分封制中的"子"授以爵位，这已经是远国之中最高的爵位了。

公元前316年，秦将司马错与张仪伐巴蜀，巴王被擒，拘禁于今四川阆中，造张仪城，巴国灭亡。巴国残部往南退守今贵州南部、云南南部十万大山之中，继续称巴王，但已不复往日盛况。至此，巴地成为秦国攻灭北方诸国的战略大后方，以及兵源、粮源、财源的根据地；也成为后来南下攻灭楚国的前进基地，其后秦人顺长江而下，终灭楚国。

（二）蜀

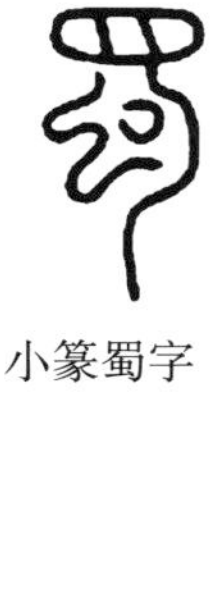
小篆蜀字

蜀，是一个会意字，从罒，从勹（音 bāo），从虫。"罒"即网，"勹"指包裹，"虫"指活物，三个部件联合起来表示网包活物，因此，"蜀"字之本义是指用带孔眼的网罩包裹住活动

① ［晋］常璩撰，刘琳校注：《华阳国志新校注》，第5—6页。
② ［晋］常璩撰，刘琳校注：《华阳国志新校注》，第6页。

物体。在《说文解字》中，蜀字指“葵中蚕也”。从虫，上目象蜀头形，中象其身蜎蜎。葵，《尔雅·释文》引作桑。《诗》曰：“蜎蜎者蠋，蒸在桑野。”《毛传》曰：“蜎蜎，蠋皃。蠋，桑虫也。”[①]《毛传》言虫，许慎《说文》言蚕者，因蜀似蚕也。

除了指蚕，蜀字还有多个义项。比如，可以指鸡，《韵会》：“鸡大者谓之蜀鸡。”也可以指野兽，《山海经》：“杻阳之山……有兽焉，其状如马而白首，其文如虎而赤尾……名曰鹿蜀，佩之宜子孙。”[②]还可以指高峻独拔的大山，《尔雅·释山》：“独者，蜀。”《疏》曰：“山之孤独者名蜀。”[③]其后，因独拔之高山众多，拥有这类高山的地带称为蜀地，生活在蜀地的部落称为蜀人，或蜀族，《史记》等称之为蜀山氏。《尔雅·释山》所说的这一义项，是古代蜀山氏部落得名的本源，也表明了蜀地群山独拔、山势险峻的特点，间接表明了生活在此地的蜀人艰苦卓绝、不畏艰险、战天斗地的勇敢精神。

其后，因蜀山氏部落、氏族发展而建立古蜀国。当代考古发现，古蜀文明的起源距今6000年以上，早于中原文明的起源。秦灭蜀国后，置蜀郡，即西汉益州地。后来，蜀又成为三国时蜀汉的简称，时在公元221—263年，为刘备所建，疆域包括今四川、重庆和云南、贵州北部以及陕西汉中一带。在刘氏集团蜀汉国之外，历史上还有汉代、晋代、五代时期建立的不同命运的地方割据势力，均称蜀国，国运多不长久。往后，蜀成为四川省的代称。

在历史记载中，曾有蜀族为黄帝后世的传说，《世本》说：“蜀之先，肇于人皇之际。无姓。相承云，黄帝后。”[④]黄帝部落源起于西北黄土高原，属于“迁徙往来无常处”的游牧、游居部落，属于氐羌族人。其后有一支南下，定居在岷江流域。对此，除了司马迁《五帝本纪》的明确记载之外，《史记·三代世表·正义》引《谱记》曰：“蜀之先肇始于人皇之际。黄帝与子昌意娶蜀山氏女，生帝喾，立，封其支庶于蜀，历虞、夏、

---

① ［汉］毛亨传，［汉］郑玄笺，［唐］陆德明音义，孔祥军点校：《毛诗传笺》，北京：中华书局，2018年，第199页。

② 袁珂校注：《山海经校注》，第3页。

③ ［晋］郭璞注，［宋］邢昺疏：《尔雅注疏》，北京：北京大学出版社，2000年，第233、234页。

④ ［汉］宋衷注，［清］秦嘉谟等辑：《世本八种》，北京：国家图书馆出版社，2008年，第333页。

商。周衰，先称王者蚕丛。国破，子孙居姚、巂等处。”① 《谱记》记载与司马迁记载相冲突的是：昌意娶蜀山氏女，生颛顼，而不是帝喾，帝喾是颛顼之族子，即侄儿。类似于此的记载，在古代的其他典籍中还有很多，比如：《山海经·海内经》：“黄帝妻雷祖生昌意。昌意降处若水。”②《竹书纪年》：“昌意降居若水。”③ 《世本·居篇》：“若水允姓国，昌意降居为侯。”④ 同书《氏姓篇》：“嫎，姬姓之国，黄帝之子昌意降居若水为诸侯，此其后也。”⑤ 这些文献记载中的若水，指的是四川西部的雅砻江、金沙江。凡此等等，均表明蜀人为黄帝部落之后，或是与黄帝部落中的一支融合而成，这是有文献依据的。

笔者以为：古蜀人早在黄帝与其子昌意联姻于蜀地之时就已经独立存在，并早已发展为一个强大的部落或部落联盟了，否则，黄帝不可能联姻于此，并立西陵氏女嫘祖为正妃，更不可能将帝位传给在蜀地若水出生的嫡孙颛顼。所以，蜀人不应该是黄帝部落之后，而是黄帝团结、结盟的强大部落，是帮助黄帝参与中原争霸、确立中原部落联盟首领位置的重要统战对象和辅助力量，早于黄帝部落（至少不晚于黄帝部落）而存在。其后，一直与黄帝世系（如颛顼、帝喾及其子孙等）团结发展、联盟发展。

对蜀人与黄帝世系的历史融合关系，晋人常璩《华阳国志·蜀志》的记载最为细致，曰：

> 蜀之为国，肇于人皇，与巴同囿。至黄帝，为其子昌意娶蜀山氏之女，生子高阳，是为帝颛顼；封其支庶于蜀，世为侯伯。历夏、商、周，武王伐纣，蜀与焉。其地东接于巴，南接于越，北与秦分，西奄峨嶓。地称天府，原曰华阳。故其精灵则井络垂耀，江汉遵流。《河图括地象》曰：“岷山之地，上为井络，帝以会昌，神以建福。”《夏书》曰：“岷山导江，东别为沱。”泉源深盛，为四渎之首，缎拗为九江。其宝则有璧玉、金、银、珠、碧、铜、铁、铅、锡、赭、垩、锦、绣、

① ［汉］司马迁:《史记》(影印本),北京:中华书局,1997 年,第 507 页。

② 袁珂校注:《山海经校注》,第 442 页。

③ 方诗铭、王修龄:《古本竹书纪年辑证》,上海:上海古籍出版社,1981 年,第 62 页。

④ ［汉］宋衷注,［清］秦嘉谟等辑:《世本八种·张澍稡集补注本》,上海:商务印书馆,1957 年,第 31 页。

⑤ ［汉］宋衷注,［清］秦嘉谟等辑:《世本八种·张澍稡集补注本》,第 48 页。

> 罽、氂、犀、象、毡、毦，丹黄、空青、桑、漆、麻、纻之饶，滇、獠、賨、僰僮仆六百之富。其卦值坤，故多班采文章；其辰值未，故尚滋味；德在少昊，故好辛香；星应舆鬼，故君子精敏，小人鬼黠；与秦同分，故多悍勇。在《诗》，文王之化，被乎江汉之域；秦豳同咏，故有夏声也。其山林泽渔，园囿瓜果，四节代熟，靡不有焉。①

“蜀之为国，肇于人皇，与巴同囿”。蜀人是人皇的后代，与巴同处于一个地方，即“华阳之壤，梁岷之域”的古梁州。“至黄帝，为其子昌意娶蜀山氏之女，生子高阳，是为帝颛顼；封其支庶于蜀，世为侯伯”。《华阳国志》明确记载帝颛顼高阳氏为蜀人。这样，在三皇伏羲氏、五帝高阳氏世系中，巴蜀占有重要地位，上古巴蜀文明与中华文明关系极为密切。本篇还记载说：《夏书》曰：“岷山导江，东别为沱。”岷江泉源深盛，为四渎之首，缎拗为九江，此乃古人对岷江为“江源”的最早认识，岷江长期以来被认为是长江的上源，这一认识直到明朝中期才被纠正过来。

在记述了蜀地久远的历史、富饶的物产、杰出的人才之后，《华阳国志》于《蜀志》篇尾总结道：

> 蜀之为邦：天文，井络辉其上；地理，岷嶓镇其域；五岳，则华山表其阳；四渎，则汶江出其徼。故上圣则大禹生其乡，媾姻则黄帝婚其族，大贤彭祖育其山，列仙王乔升其冈。而宝鼎辉光于中流，离龙仁虎跃乎渊陵。开辟及汉，国富民殷，府腐谷帛，家蕴畜积。《雅》《颂》之声，充塞天衢，《中和》之咏，侔乎二《南》。蕃衍三州，土广万里，方之九区，于斯为盛。固乾坤之灵囿，先王之所经纬也。②

“地理，岷嶓镇其域；五岳，则华山表其阳”的古蜀国，是梁州地界上的大国，其疆域中有岷山、嶓冢山，北面有华山，这样，今甘南、陕南，均在梁州之内，为蜀国之界。“故上圣则大禹生其乡，媾姻则黄帝婚其族，大贤彭祖育其山，列仙王乔升其冈”。五帝之首的黄帝，看到蜀人实力雄厚，于是与西陵之女媾姻，生子降居于蜀，其后，颛顼帝继承黄帝帝位；

① [晋]常璩撰，刘琳校注：《华阳国志校注》，成都：巴蜀书社，1984年，第175—176页。
② [晋]常璩撰，刘琳校注：《华阳国志校注》，第330页。

五帝之后，“大禹生其乡”，为西羌岷山人，家在岷江上游的北川县；大禹在继承大舜帝位之后，其子夏启立国，于是，中国历史正式进入奴隶制国家阶段。这是对古代中华帝王世系的明确记载。

常璩（约291—361），字道将，蜀郡江原（今四川崇州市）人，东晋史学家，出生于西晋末年。常璩比当代人早了一千七百年，他的记载也许并不完善，但他比我们能够看到的历史文献材料要更近、更多、更真实，因此，就算有关人皇、黄帝世系的脉络只是属于神话传说中的事情，无法确证，但本段记载表明：巴蜀大地自古以来就是人杰地灵的，“上圣则大禹生其乡，媾姻则黄帝婚其族”；作为“江源”的岷山与岷江地区，不仅是古巴蜀文明，也是中国古代文明的重要发祥地之一。

（三）巴蜀文化

巴与蜀，在地理空间上东西并列，并称为巴蜀，由此产生了巴蜀文化。巴蜀文化这一区域文化名称首见于二十世纪四十年代。巴蜀是一种特定的称谓，在战国以前，巴与蜀是分称的，泾渭分明。巴的古义为吞食大象的巨蟒，中心区域为重庆、川东及鄂西地区，涵盖陕南、汉中、黔中和湘西等地；蜀的古义为葵中之蚕，主要地理位置涵盖四川盆地中西部平原地区、甘南、云南北部等地。由是观之，巴蜀的核心区域即为如今的四川省和重庆市。巴文化以重庆为中心，巴人在夷城（今湖北长阳土家族自治县境内）建立了巴国第一个首都，后活动于重庆全境、湖北西部、四川东部、陕西南部及贵州北部地区。蜀则由三个古族融合而成，后成为西周封国，相传“蜀与夏同源”，而“禹兴于西羌”，于是我们可以推论大禹实际上是古蜀人，蜀地包括今川西、陕南、甘南、滇北一带。巴、蜀交融已是战国之后。商至西周时，蜀人与黄河流域民族已有文化交流。巴蜀出土商代后期陶器如深腹豆形器、高柄豆、小平底钵等，虽具地方特色，但铜镞、铜戈、铜矛却为黄河流域常见器形；出土的西周至春秋的玉石礼器与中原所出者一致。

秦灭巴蜀之前，巴蜀大地是虽然相对独立，但经济、文化十分发达的地方。不必说伟人大禹，也不必说以三星堆、金沙遗址为代表的古蜀辉煌文明，仅以商业贸易为例：历史上，早就有关于今天“南方丝绸之路”的明文记载。《汉书》记载张骞通西域，在今阿富汗等国看到经身毒国（古印度）流传过去的蜀地丝绸、邛杖等商品，于是还朝向汉武帝说起此事，指出：从蜀郡西出，经今云南、缅甸等地到印度、阿富汗，存在一条商品贸易通道，其说曰：

> 骞曰："臣在大夏时，见邛竹杖、蜀布，问安得此，大夏国人曰：'吾贾人往市之身毒国。身毒国在大夏东南可数千里。其俗土著，与大夏同，而卑湿暑热，其民乘象以战。其国临大水焉。'以骞度之，大夏去汉万二千里，居西南。今身毒又居大夏东南数千里，有蜀物，此其去蜀不远矣。今使大夏，从羌中，险，羌人恶之；少北，则为匈奴所得；从蜀，宜径，又无寇。"天子既闻大宛及大夏、安息之属皆大国，多奇物，土著，颇与中国同俗，而兵弱，贵汉财物；其北则大月氏、康居之属，兵强，可以赂遗设利朝也。诚得而以义属之，则广地万里，重九译，致殊俗，威德遍于四海。天子欣欣以骞言为然。乃令因蜀、犍为发间使，四道并出：出駹，出莋，出徙、邛，出僰，皆各行一二千里。其北方闭氐、莋，南方闭巂、昆明。昆明之属无君长，善寇盗，辄杀略汉使，终莫得通。然闻其西可千余里，有乘象国，名滇越，而蜀贾间出物者或至焉，于是汉以求大夏道始通滇国。初，汉欲通西南夷，费多，罢之。及骞言可以通大夏，乃复事西南夷。①

张骞是西汉汉中郡人，汉中郡在地理位置上属于当时的益州八郡之一，说张骞是蜀人，是可以成立的。张骞在历史上最大的功绩，就是不畏艰险，出使西域，联合大月氏夹击匈奴，尽管他出使的目的并未实现，但他联络西域各国，对后来形成的丝绸之路起了开创的作用，发展了我国和中亚、西亚许多国家的友好关系，促进了东西方经济文化的交流。张骞开通的丝绸之路可以称为"北方丝绸之路"，经他发现并建议打通但最终未能开通的蜀郡、滇缅、南亚、西亚线可以称之为"南方丝绸之路"。

汉武帝非常关心当时是否可以连通大夏国一事，多次和张骞谈论。张骞说：连通大夏国不仅可以开辟西南贸易新路，更主要的是可以联合沿线各国对付匈奴，这和联合西域诸国使之在政治、军事上发挥作用的战略方针是一致的。张骞建议，以乌孙、大夏、大月氏等国为外臣，作为友好联盟国家，可以建立起联合战线，以孤立匈奴，取得对匈斗争的胜利。汉武帝采纳了张骞的建议，远交近攻，最终得胜。事见《汉书》本传。由此可

① [汉]班固:《汉书》(影印本),北京:中华书局,1997年,第2689—2690页。

见，一切经济上的战略，都不是孤立的，而是和政治、军事上的战略结合起来的。汉武帝急于打通的“南方丝绸之路”所承担的政治、军事使命，实际上更超过了它潜在的经济使命。

根据童恩正、段渝等学者研究考证：成都正是东西两条南方丝绸之路的地理起点。二十一世纪以来，在国家“一带一路”宏伟蓝图的规划实施下，巴蜀文化必将得到越来越深入的研究，巴蜀地区必将为国家建设、民族复兴做出更多的贡献。

有的学者曾以为：嘉陵江左源的天水到巴蜀，山高路遥，古人难以逾越。那么，对比一下张骞在战争状态下打通丝绸之路、发现南方丝绸之路所走过的千山万水，沿途崇山峻岭、大河阻绝、民族众多、千难万险，再回头看看古蜀人与古巴人逐水而居，翻越岷山、秦岭、大巴山的壮举，是完全可以做得到的。

除了主动与外界接触、沟通、交流，巴蜀文化的另一特质是具有强大的包容性。比如，《文心雕龙》中的汉代著名文学大家司马相如、王褒、扬雄均为巴蜀人，三人连续而集中地出现于西汉中晚期，不是偶然的，这是《文心雕龙》成书之前，巴蜀地区被纳入中原文化体系、继承发展蜀地生活方式之后最富强的历史时期，与西汉国力、蜀地经济大发展和文翁兴蜀学相适应，各类人才大量涌现，文学名家随之产生，这是古代文学发展的历史规律。秦灭巴蜀之后，“移民万户”，迁徙了大量关中居民来到蜀地，李冰父子主持修建伟大的都江堰水利工程，遂使成都平原成为沃野千里的“天府之国”，改变了古蜀文明的构成与特点，带来了富足的农、商生活，成为秦灭六国的兵源、粮源、财源基地。秦灭六国之后，不仅迁徙数万六国豪强入蜀定居，而且在政治斗争中先后贬谪商鞅门客、尸佼门客、蔚缭门客、丞相吕不韦及其谋士、门客入蜀，中原文化、北方文化的进入，再一次增强了蜀地文明的厚度、强度和力度，也带来了六国文化、学术思想与著名的杂家著作《吕氏春秋》。司马迁《报任安书》以为：“不韦迁蜀，世传吕览。”[①] 没有蜀地强大的包容精神和宽和气度，在秦始皇焚毁群书、坑杀方士、禁绝异端的政策之下，《吕氏春秋》这样的杂家著作不可能得到很好的保存和广泛的流传。西汉建国前，巴蜀大地是刘邦汉国的核心基地，汉兴置益州，是西汉五大名城之一；文翁化蜀之后，蜀地经济、文化、政

① ［汉］班固：《汉书》卷六十二，北京：中华书局，2011年，第2735页。

治、学术全面繁荣起来，有“比肩齐鲁”之称；汉武帝以此为基地，委派唐蒙、司马相如等为代表，向西南夷广开边路，使西南少数民族也逐渐融入全国政治体系之中。虽然后来时有反叛，但整体上是与中央王权保持一致的。

巴蜀大地繁荣富足，民俗崇尚娱乐，这是从古至今的一大特点。汉代的辉煌之后，经历了两晋南北朝的低落时期，到唐代时，成都工商、经济重新繁荣起来，享有“扬一益二”之美称；玄宗、僖宗时两次国家大乱，均入蜀避乱而安，顺道而来的北方名人与文化，使蜀地获得了更多的外来文化滋养，并逐渐化合，为我所用。特别是唐玄宗避乱入蜀，改成都为南京，将成都的政治地位大大提高。蜀地民众好游玩，好娱乐，元代双流人费著《岁华纪丽谱》曾说：“成都游赏之盛，甲于西蜀，盖地大物繁而俗好娱乐。”[①] 俗尚游乐是巴蜀人自古以来的一大特点。所以，巴蜀很早就兴起了旅游习俗，到唐宋时达到顶点。以成都而论，全年的固定的游乐活动就有23次之多，或游江，或游山，或游寺，或游郊野，而且往往是群体出游，并与歌舞娱乐、体育竞技、商贸活动结合在一起，具有很丰富的文化内涵，这一特点一直传承到今天，且更为丰富。

汉代巴蜀文学三杰中，司马相如《子虚赋》《大人赋》《天子游猎赋》以上述蜀地生活特点为现实基础之一的极大夸张与虚构之推演，在丰富的想象力中创立了汉代苑囿大赋的体裁，没有蜀地所见所闻与生活方式的耳濡目染，没有汉帝国强盛的国力和广袤的山川、富饶的物产，是不可能完全凭空虚构而成的。王褒《洞箫赋》是汉代抒情小赋的代表，悠然安适、作乐享受，是迄今四川人的一大生活方式特点；而《僮约》中记载的戏谑态度、茶文化、吵闹对抗，正是四川人日常生活的精彩缩影。扬雄生长于蜀地中心的郫县，不仅在辞赋创作上继承发展了司马相如大赋的体裁与写法，还以成都为参照蓝本，写出了汉代京都大赋的首创名篇《蜀都赋》；蜀地以小学、《易》学研究名重于中国学术界，扬雄就是蜀地学者在西汉的最杰出代表，在老师严遵精研《易》学的基础上，扬雄折衷儒道，深思厚积，发为《法言》《太玄》，被魏晋玄学推为开山祖师。以上文学、哲学、文字学成就的取得，与蜀地历史文化传统、日常生活方式与悠闲富足之乐，是密不可分的。

---

① ［元］费著：《岁华纪丽谱》，《文渊阁四库全书》本。

简而言之：上古时期，与蜀人深有联系的是五帝世系；其后，蜀人大禹及夏朝、周朝与巴人深有联系。在巴蜀大地这块多民族聚居、富饶繁荣、物产富足的土地上成长、走出的著名人物，包括伏羲、颛顼、大禹、夏启、司马相如、王褒、扬雄等人，他们是中国历史上最杰出的政治家、文学家、思想家，根据《文心雕龙》全书的实际内容可知，他们的政治成就、生平事迹、创作实践、文学作品和思想理论成果，为《文心雕龙》的成书做出了巨大贡献。

（四）巴蜀文学区系

王国维说："一代有一代之文学。"[①] 实则一地也有一地之文学。"巴蜀文学区系"这一文学地理"小区域"的研究，旨在揭示巴蜀地区文学的区域特征和分异规律，因此，指的是以巴蜀为空间范围和时间范围的文学区系。在本论题中，主要研究的是巴蜀地区及其与其他文学区系的互动、交流与影响，选取《文心雕龙》成书之前、且在书中占据重要地位的最著名的政治家、思想家、文学家，从而探究他们对《文心雕龙》成书的巨大影响。

在当代，成都、重庆作为今四川省、重庆市经济、政治、文化以及文学的中心城市，在城市体系中居于核心地位，因而决定了巴蜀文学版图的整体格局与演变。巴蜀文学的中心之所以形成并流动于这两个大都市，归根到底在于其对文学家群体尤其是文学大家与文学经典的聚合力与孕育力，而这种聚合力与孕育力的强弱升降，又最终决定了这些大都市之间文学中心的迁徙与流向，在成都与重庆之间，以成都为主要流向。

从先秦到魏晋南北朝时期，巴蜀文化与以下三方文化有明显的交流与兼容：一为荆楚文化，是耕织结合、自给自足的农村公社的文化，它崇尚自然，奇诡浪漫，以《楚辞》为圭臬；二是秦陇文化，注意综核名实，讲究耕战和商业；三是中原文化，崇尚周礼，看重历史，以《诗经》为准绳。巴蜀文化兼容了这三种因素：它接受荆楚文化而把《楚辞》发展为汉大赋；它接受中原文化而使蜀人史学趋于发达；它接受秦陇文化而导致"陇蜀多贾"，工商业繁盛。与文化交流和兼容一致的是，巴蜀文学区系与上述三大文学区系之间，同步地存在着交流与兼容。

中国八大文学区系从西到东，从北到南，先后经历了五次循环往复运

---

① 王国维：《宋元戏曲考·序》，《王国维戏曲论文集》，北京：中国戏剧出版社，1984 年，第 1 页。

动，也由此划开了文学地理空间区系轮动的五个阶段。其中秦陇区系与吴越区系的对角反复交替轮动，最终塑成了中国古代文学版图的独特景观。实际上，地理变迁从来都不是一种无序的偶然现象，而具有极为丰富的现实与象征意义。这一“区系轮动”的五次运动由西而东、由北而南，然后走向世界、走向现代，主要呈现为空间的移位，但同时又蕴含着时间的演化，是中国文学发展的主动选择。巴蜀文学区系的发展历史，也融合在了这五次运动之中，整体上与之一致。稍微不同的是，因为巴蜀地理位置出于西南的缘故，呈现出由西而东、由南向北，逐渐走向世界、走向现代的特征。

比如，三皇世系中的伏羲出生于阆中，据传说葬于今河南周口；五帝世系中的玄嚣、昌意、颛顼等均出生于蜀地，皆成就功业于中原；大禹为北川人，治水成功之后，据传在浙江会稽大会诸侯，在河南禹州称王，最后归葬于会稽，其子夏启继承夏部落王位与大禹部落联盟首领位置，在河南建立夏朝——这些杰出的上古人物，都是在走出巴蜀之后，在各自时代的政治中心成就功业的。汉代司马相如被尊为“赋圣”，他的早期作品主要写于做梁孝王门客时期，中晚期作品主要写于为汉武帝效命之时；王褒是蜀中奇才，他的辞赋与文章，得益于汉宣帝的赏识与宣帝太子的雅好；扬雄更不用说，一生不得志，但在汉代中央与新莽政权为官时期，是他著作的主要阶段；李尤铭赋，名动一时，主要是在东汉政府任职期间完成的；西晋陈寿，继承巴人谯周之学，以宏大严谨的视野完成的《三国志》，写成于在中央任职期间。汉晋最著名的文学大家，他们与上古名人一样，仍然是在巴蜀之外的地方——主要是首都，完成自己的文学创作与政治生涯。唐代有主张“汉魏风骨”的大诗人陈子昂和盛唐“诗仙”李白；五代后蜀赵承祚编成历史上第一部词集《花间集》；宋代有位居唐宋八大散文家之列的三苏父子，苏轼被公认为“千古第一文人”，是具有世界影响的大文豪；明代有文史哲奇才杨慎，清代产生了大学者张问陶、李调元，现代文学七大家中则有巴金、郭沫若。他们无一不是自西向东、从南到北，走出巴蜀，乃至走出国门，走向世界，从而成名成家、名垂青史的；他们的创作，主要不在首都，而逐渐体现出游历四海、贬谪边地、汇聚于东南文化中心的特点，这与先秦、汉晋时期有所不同。

从古至今，巴蜀人要走出巴蜀，才能成就一番大事业，文学如此，政治、军事、经济、艺术等方面同样如此。仅以新中国成立来说：十大元帅之中，巴蜀占四位；在第一代领导集体中，朱德担任全国人大常委会委员长，邓小平担任中共中央总书记；第二代领导集体的核心是改革开放的总设计师邓小平，在16岁时即离开四川，远赴法国勤工俭学，历史将他塑造成中华民族的一代伟人，与上古圣贤有相似的成就和声誉。类似的例子不胜枚举。“留在四川成只虫，走出夔门可成龙”，这确乎是巴蜀人、巴蜀文学家的一个隐性成才规律。

但这不是单方面的，巴蜀自古以来就有兼容并包的地域文化特质，巴蜀文学区系之外的其他文人雅士，来到巴山蜀水，经过熏陶感染之后，成名成家者数不胜数。“自古诗人皆入蜀”，说的是巴蜀大地为仙道之源，奇山异水、秀美富饶、民风淳厚、民俗自有特色，可以激发本区域文学范围之外的著名文学家、诗人入蜀为官、游历、考察、著作。上古时期，黄帝即与西陵氏通婚，联姻于巴蜀；其子昌意又与蜀山氏通婚，孕育出颛顼帝；汉、唐、宋、元、明、清以来，著名文学家鲜有不入蜀者，仅在《文心雕龙》之中，就多次提到政治家诸葛亮、文学家张载的名作；而左思《三都赋》中，有蜀都之作；诗圣杜甫，在巴蜀作诗数百首；宋代大诗人范成大、陆游在此建功立业，作诗数以千计。文学之外，因战争、政治入蜀之各类人才代不乏例：秦灭巴蜀之后，移民万户入蜀；秦灭六国之后，移民山东豪强数万户入蜀；唐玄宗、唐僖宗两次避乱入蜀；五代前后蜀时期，巴蜀是少战乱的世外桃源；发展到抗战时期，四川是全国军民大后方，入蜀各阶层、各领域名家荟萃。在五千年的中华文明史上，巴蜀文化区一直处于历代文学发展的在场状态。尽管其中有秦灭巴蜀、古巴蜀文明灭绝的历史沉寂阶段和元屠巴蜀、清初战乱的毁灭性打击阶段，但移民入蜀以及从明初到清中叶持续数百年的“湖广填四川”运动，使巴蜀地区很快恢复生机，而一旦恢复过来，秦汉以下，直到现当代，巴蜀地区迅速成为国家经济、文化、政治、人才培养的重要区域。

历代以来，巴蜀文学区系为中国文学贡献了一批又一批著名的大作家，明代李贽在《续焚书》卷一中赞誉四川著名学者、文学家杨慎，有这样的话：“（杨）升庵先生固是才学卓越，人品俊伟，然得弟读之，益光彩焕发，流光于百世也。岷江不出人则已，一出人则为李谪仙、苏坡仙、杨戍仙，为唐代、宋代并我朝特出，可怪也哉！”① 李白、苏轼、杨慎，是仙道

① ［明］李贽：《续焚书》，北京：中华书局，1975年，第7页。

之源四川产生的文学三“仙”！而在齐梁文论巨典《文心雕龙》成书的过程中，司马相如、王褒、扬雄等杰出的文学大师、辞赋名家，成就岂在三“仙”之下？在《文心雕龙》的实际内容中，巴蜀政治家、思想家、文学家，闪耀着辉煌壮丽的文学之光、思想之光！

二、从伏羲到大禹：上古先圣的各类文学创作

在《文心雕龙》中，出自巴蜀文化区域的著名作家有汉代的司马相如、王褒、扬雄、李尤，三国的诸葛亮，晋代的陈寿等人，但是，仅从以汉晋名家为代表的作家入手是不够的，向上追溯，《文心雕龙》以儒家思想为宗，其成书，离不开上古先圣的德政与美誉，离不开历代著名的文学作品及其传播与影响，刘勰对他们有着最崇高的讴歌与赞美，列出《征圣》《宗经》等专门篇章，来树立以先圣德政为基础、以周公和孔子为代表的儒家圣人之丰碑，从而建立起全书的主旨依据和文学思想。

继续上推。从原始蒙昧时期到三代奴隶社会，历史万年，伟人无数。《文心雕龙·原道》篇有一段话，是这样说的：

> 人文之元，肇自太极，幽赞神明，易象惟先。庖牺画其始，仲尼翼其终……若乃河图孕乎八卦，洛书韫乎九畴，玉版金镂之实，丹文绿牒之华，谁其尸之？亦神理而已。……自鸟迹代绳，文字始炳，炎皞遗事，纪在三坟……唐虞文章，则焕乎始盛。元首载歌，既发吟咏之志；益稷陈谟，亦垂敷奏之风。夏后氏兴，业峻鸿绩，九序惟歌，勋德弥缛。逮及商周……文王患忧……重以公旦多材……至夫子继圣，独秀前哲……爰自风姓，暨于孔氏，玄圣创典，素王述训，莫不原道心以敷章，研神理而设教，取象乎河洛，问数乎蓍龟，观天文以极变，察人文以成化。①

这一段话中，出现了中国古代最著名的部分政治家、思想家，包括上古传说中的伏羲、炎帝、尧、舜、禹、伯益、后稷以及确证有其人的周文王、周公旦、孔子，时间跨度从原始社会的旧石器时代、新石器时代到奴隶社会的夏、商、周三代。按照《文心雕龙》的说法：人文从原初之产生

---

① 杨明照：《增订文心雕龙校注》，北京：中华书局，2000年，第1—2页。

到后代之发展，主要是经过上述先圣的贡献与积累而成，始自伏羲，终于孔子。考察其思想皈依，是将上古最有作为的著名人物及其言行、作品，统统归于全书宗法的儒家思想体系之内。从写作方式和体裁角度看，以上先贤创造有模仿自然的图像文学、有言谈得出的口语文学、有重大事件的叙事文学、有铭刻发布的政令文学、有诗歌音乐等审美文学，他们是中国文学从原始到成熟，上万年演进历史中最杰出的代表。

李建中教授以为：《文心雕龙》充满了史学意识，本篇即可看作一篇简明的上古文明史。① 笔者对此深以为然。如果我们对上述杰出人物的地理籍贯稍作考察，即可发现如下情况：

伏羲，传说生于今四川阆中，一说甘肃天水，或说山东泗水。

炎帝，传说生于今陕西宝鸡。

尧帝，传说生于今山西临汾，黄帝长子玄嚣后裔。

舜帝，传说生于今河南范县，黄帝次子昌意后裔。

大禹，传说生于今四川北川，一说河南禹州，或说陕西，或说青海。

伯益，传说为秦人先祖，高阳帝颛顼苗裔，为《山海经》撰述人之首。

后稷，传说为周人始祖，帝喾嫡长子，葬于都广之野。

周文王，起于今陕西宝鸡之岐山周原。

周公旦，亦起于岐山周原。

孔子，生于今山东曲阜。

上述名人中，伏羲至后稷等人的实际籍贯并无定论，实际上也不可能有定论，我们只能根据传说、文献记载和考古发现进行一个大体位置的概说。古文献中，籍贯明确记载于巴蜀的有伏羲（今四川阆中）和大禹（今四川北川）。帝尧、帝舜均为黄帝后裔，源出玄嚣与昌意，而玄嚣与昌意是黄帝与西陵氏女嫘祖联姻后所生的长子与次子，分别降居江水（今四川岷江）与若水（今四川雅砻江），玄嚣部落最有名的后代是帝喾，为尧帝之父，昌意部落最有名的后代是颛顼，为舜帝六世祖，那么，尧帝与舜帝，均有部分蜀人血统。传说中伯益为秦人始祖，为高阳帝颛顼苗裔，他撰述的《山海经》以记述南方特别是古巴蜀文明、地理、传说为主，国家社科基金重大项目、四川省重大文化工程《巴蜀全书》编纂将其列为首批规划

---

① 2017 年 8 月初，中国《文心雕龙》学会第十四次年会在内蒙古师范大学举行，在 8 月 6 日下午的大会报告中，李建中教授作了《龙学研究四通》的报告，其中提到了上述观点。特作说明。

项目之首，称为巴蜀第一文献；传说中后稷为周人始祖，帝喾嫡长子，史籍称："蜀之先，帝喾封其支庶于蜀，其后称王。"① 帝喾称帝之后，派遣子孙返蜀，后为王，后稷很有可能就是帝喾称帝后派回蜀地称王的子弟之一，因为他不仅是周人始祖，逝世后又葬于"都广之野"，事见《山海经》等②，《山海经》注释与《华阳国志》等古文献认为：都广即广都，在今成都平原双流区一带，后为古蜀国都城，古时蜀人以广都、新都、成都为三都；后稷部落因后代兴起于岐山周原，最终建立周朝而最为著名，周文王、周公归属于此，考察周原之地理位置，后稷在成都平原称王、归葬是可信的，因为二者地理空间非常接近。那么，从伏羲到周公，或多或少，都与古巴蜀这一地域空间有一定关联。事实是否如此呢？

刘勰举证的这些名人，贯穿了传说中的原始社会旧石器时代的三皇时期与奴隶制社会的三代时期，也包括了新石器时代的五帝世系部分人物，其中的伏羲、炎帝早已不可按照今天的科学事实来进行个案考证，因为他们很可能不是具体的个人，而是所在部落或部落联盟的名称，这些部落，也有通过多种方式（如战争、迁徙等因素）消长、融合为一体才获得成为部落的可能，其后的五帝世系也应作如是观。③ 至于后来周人聚居于今陕西宝鸡岐山，周文王出，周公旦出，成为有明确记载的具体个人，则是从部落联盟之中剥离开来的个体首领。

如此，除了孔子，前述名人的地理籍贯有一个很重要的信息：自身或先祖，均出古梁州域内的秦岭山水及其近邻山水体系之中。在秦岭这座著名的大山中，向北流出了洛水，这是传说中大禹发现洛书的河流，洛水右折，在洛阳注入黄河，河洛之地位于中原腹地，是上古大部分名人如尧、

---

① ［唐］杜佑撰，王文锦等点校：《通典》，北京：中华书局，1988年，第4574—4575页。

② 关于都广之野，《山海经·海内经》曰："西南黑水之间，有都广之野，后稷葬焉。爰有膏菽、膏稻、膏黍、膏稷，百谷自生，冬夏播琴。鸾鸟自歌，凤鸟自儛，灵寿实华，草木所聚。爰有百兽，相群爰处。此草也，冬夏不死。"（袁珂校注：《山海经校注》，第445页。）目前，全国有多处地方在争论都广之野，内蒙说、广西说等都曾出现过。根据原文记载与注释，笔者采用成都平原一说。这种说法不仅有文献依据和地理学依据，更有成都平原富饶美丽的历史依据。

③ 传说中伏羲的母亲华胥、伏羲的妹妹女娲，是母系氏族社会向父系氏族社会过渡的部落代表，不应该看作是具体的人名，而是部落或部落联盟之名。传说中五帝世系的黄帝及其后代，虽然在时间上发展进步了几千年，但大体上也类同于此。比如传说黄帝部落曾战胜炎帝部落，统治炎帝部落之后，再联合其他部落击败蚩尤部落，逐渐成为中原各部落联盟首领。其后，有关于黄帝—少昊—蟜极—帝喾—后稷的世系传承，少昊即玄嚣，降居江水（今四川岷江），娶蜀女，生蟜极，蟜极生帝喾，帝喾生后稷，是为周人始祖，这些都是部落。

舜、禹等建功立业的地方，是北方文明核心区域；向南流出了嘉陵江，在汇合源出甘肃天水的西汉水之后，成为巴人的母亲河，而《路史》等文献记载伏羲生于嘉陵江中断的阆中地区，被称为巴人始祖，或说出生于嘉陵江左源的天水成纪，那么，伏羲早期的主要活动区域，是在这条大江的源头与中段；向东流出了汉水，这是今天晚出的汉族人的母亲河；秦岭西南方向的岷山，源起今甘肃岷县，主体部分于今四川蜿蜒南下，岷山向南流出了岷江，这是黄帝世系一再联合、控制的蜀人的母亲河，并且，在明代之前的历史记载中，岷江一直被认为是长江的上源，有江源之称，《尚书·禹贡》即有“岷山导江”的记载；天水向东北，发源出了黄河最大的支流渭河，在宝鸡附近，孕育出了炎帝、黄帝[①]、周文王、周公，是炎帝部落、黄帝部落和周人的母亲河，而渭河上源鸟鼠山段有一个非常巴蜀化的名称：禹河，《山海经》云：“鸟鼠同穴之山……渭水出焉。”[②] 相传大禹凿通鸟鼠山，导渭水出山，这座鸟鼠山，即在天水定西。天水向东北流出了渭河，向东南流出了嘉陵江，中间夹着的，正是秦岭。

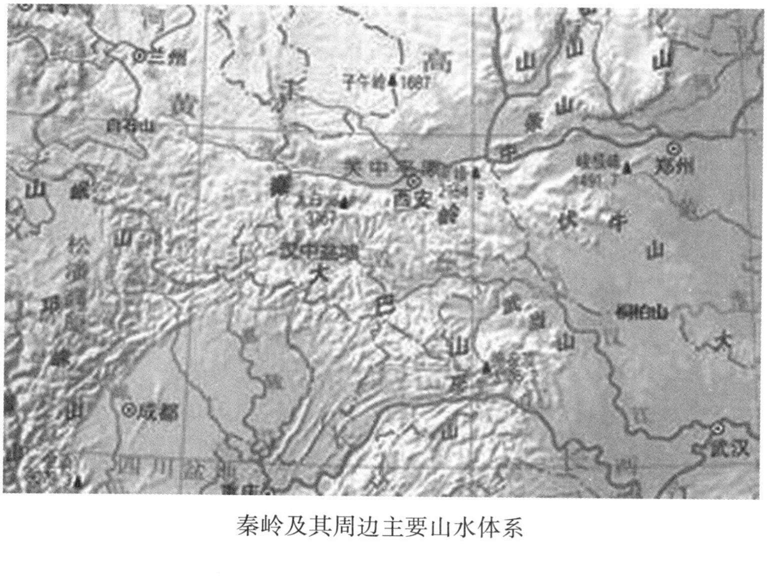

秦岭及其周边主要山水体系

① 关于黄帝的生地，目前至少有五种意见：一是甘肃天水，因为黄帝是少典之子，伏羲之后，故有此说；二是陕西宝鸡，传说黄帝生于姬水，即今宝鸡岐水，炎帝生于姜水，炎黄同源；三是陕西黄陵，因为黄陵是黄帝归葬之地；四是河南新郑，因有“黄帝居于轩辕之丘”的记载，而轩辕之丘，一说即为河南新郑；五是山东曲阜，古称寿丘，黄帝陵墓碑刻有此说。

② 袁珂校注：《山海经校注》，第 64 页。

山水体系之外，按照今天的行政省区来看，秦岭向西是甘肃、青海，向南是四川、重庆，向北是陕西，向东是湖北、河南；在秦岭和大巴山之间，还有一块著名的土地——汉中，这里不仅是战国时期秦楚两国反复争夺的沃野，还是楚汉争霸时期刘邦赖以起家的大本营，秦灭巴蜀，汉据巴蜀，都是以此作为征伐天下的重要根据地，汉中还是汉王朝四百年基业的发源地。《原道》篇中尊崇的孔子，需要感谢汉王朝立国之后建立起来的儒家为宗的思想政治体系，才能有影响两千余年的圣人之称。

这样，我们完全可以把中国南北方分界线标志的秦岭及其周边山水体系作为上古中华文明的摇篮看待。这样说，不仅因为有关于上述名人的神话传说或民间传说流传至今，更因为上古文献的记载也如此。《山海经》被越来越多的学者认为是有科学依据和事实依据的古文献，《史记》《古本竹书纪年》《帝王世纪》《路史》等史传文献与儒家著名经典《尚书》《大戴礼记》等也有着很多这样的记载。而不断取得进展的考古发现，以出土实物为雄辩明证，也为这一说法增添着越来越多的证据，比如“禹出西羌”等，今天已逐渐成为定论。

《尚书·禹贡》曰：“华阳、黑水惟梁州。岷、嶓既艺，沱、潜既道。”[①] 华阳，一说为华山之阳，即华山南面；黑水，一说为岷江上游支流黑水河，一说即雅砻江，古称若水，彝族语音中，“若”指黑色，华阳、黑水之间的方位，大体上在今陕西华山南面到四川雅砻江之间的地理位置。其中的岷、嶓二山，即今岷山、嶓冢山[②]。《禹贡》记载，导山：“导嶓冢至于荆山。”[③] 导水：“嶓冢导漾，东流为汉。”[④]《山海经》记载说：大时山再向西三百二十里的地方，叫作嶓冢山。汉水发源于此，向东南流入沔水。嚣水也发源于此，向北流入汤水。于是，我们可以推论嶓冢山即在今秦岭山系的中心位置，或者即大秦岭之古称。

---

① ［汉］孔安国传，［唐］孔颖达疏：《尚书正义》，北京：北京大学出版社，2000年，第183页。

② 一名嶓山。《尚书·禹贡》：“嶓冢导漾，东流为汉。”实际上，漾水乃今西汉水之上源，故班固《汉书·地理志》陇西郡西县谓：“《禹贡》嶓冢山，西汉所出。”唐杜佑《通典·州郡》遂认为嶓冢山有二：(1)秦州上邽县（今甘肃天水市），“嶓冢山，西汉水所出，今经嘉陵曰嘉陵江，经阆中曰阆江”。(2)汉中郡金牛县（今陕西宁强县东北），“嶓冢山，禹导漾水，至此为汉水，亦曰沔水”。今宁强县北之嶓冢山，土人名汉源山，当为《禹贡》“嶓冢导漾”之嶓冢山。

③ ［汉］孔安国传，［唐］孔颖达疏：《尚书正义》，第190页。

④ ［汉］孔安国传，［唐］孔颖达疏：《尚书正义》，第193页。

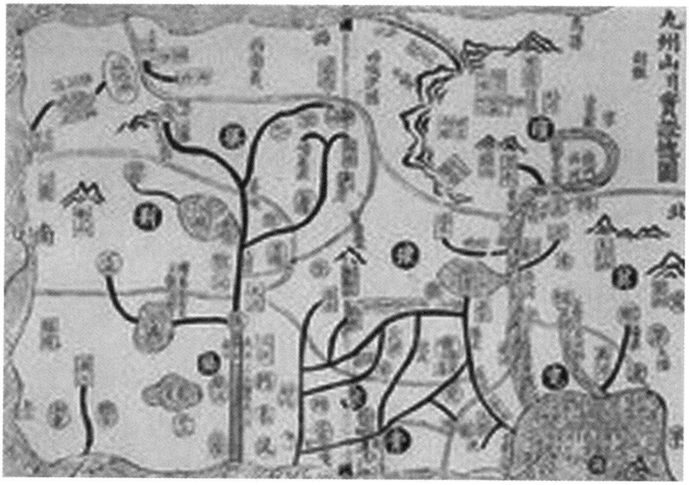

九州图示

岷、嶓二山所在的古梁州，在古代没有今天陕、甘、青、宁、川、渝、鄂、豫行政区划的情况下，基本上是与巴蜀文化区在地理空间上重合或同义的。那么，在这一广义的巴蜀文化区地域范围内，在刘勰的笔下，在《文心雕龙》最重要的开篇之作《原道》篇论述到的上古圣人之中，就有伏羲、炎帝、伯益、后稷、大禹、文王、周公直接生长于斯，传承于斯，就有帝尧与帝舜之先祖发源于斯，降居于斯，只有孔子不是。所以说，上古文明史，是以这一区域中心位置建构起来的。

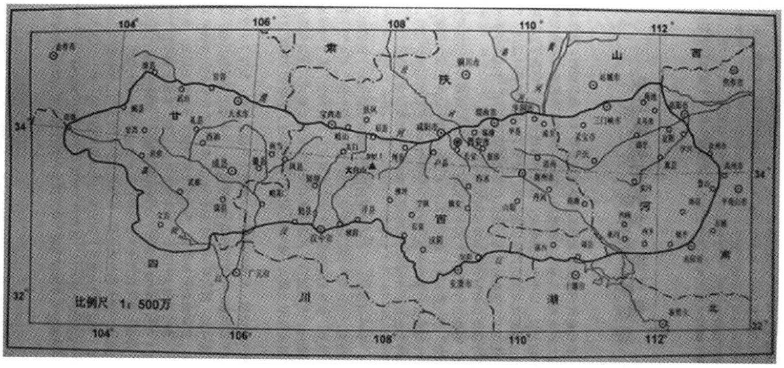

秦岭区域范围图

从地理位置上看，秦岭隔断了四川、重庆与陕南、甘南的空间联系，但这是可以克服的，而不会绝对阻碍古人交流与迁徙。我们可以从巴蜀文化这一地理位置鲜明的名词内涵来解释这一现象，已如上述。

在古巴蜀文化地理空间之前，蜀人大禹在历史上第一次明确划分了中国版图的位置区域：九州[①]。九州是中国古代典籍中所记载的夏、商、周时代的地域区划，后成为中国的代称。大禹治水成功之后，将全国划分为九个区域，即九州。根据《尚书·禹贡》的记载，九州分别是冀州、徐州、兖州、青州、扬州、荆州、梁州、雍州和豫州。《禹贡》虽然是战国后期学者所作，但所记载的大禹划定九州之事，是真实可信的。

《尚书·禹贡》曰："禹别九州，随山浚川，任土作贡。"[②] 其中，"华阳、黑水惟梁州。"华阳，指华山之阳；至于黑水，则有众多歧说。唐杜佑《通典·古梁州·上》云："《禹贡》曰：'华阳黑水惟梁州'，孔安国以为东据华山之南，西距黑水也。又曰：'导黑水，至于三危，入于南海。'孔安国注云：'黑水自北而南，经三危，过梁州，入南海。'郑玄云：'按三危在鸟鼠之西，而南当岷山，又在积石之西，南当黑水祠，黑水出其南胁。'此云经三危，彼云其出，明其乖戾。又按《汉书·地理志》：'益州郡滇池有黑水祠，而不记山之所在，即今中国无之矣。'又按郦道元注《水经》，锐意寻讨，亦不能知黑水所经之处。顾野王撰《舆地志》，以为至僰道入江，其言与《禹贡》不同，未为实录。至于孔、郑通儒，莫知其所，或是年代久远，遂至堙涸，无以详焉。"[③] 也就是说，历代都没有将黑水位于何处搞清楚过。今四川黑水县，因黑水得名，黑水为岷江上游的支流之一，比较其方位，不太可能是梁州之黑水边界。而四川的另一条大江雅砻江，古称若水，当地彝族同胞呼"黑"为"若"，从语音、地理位置以及黑水"自北而南，经三危，过梁州，入南海"的归属来看，或许"若水"雅砻江即古"黑水"，也未可知。

梁州向北是雍州，古时雍梁二州又有合并为一的情况。《通典》曰："自汉川已下诸郡，皆其封域。舜置十二牧，梁州其一也。以西方金刚，其气强梁，故曰梁州。周礼以梁州并雍州。梁州当夏殷之闲为蛮夷之国，所谓巴、賨、彭、濮之人也。"又曰："周末，秦惠王使司马错伐蜀，有其地，于天文兼参之宿，亦秦之分野，汉之巴、蜀、广汉、犍为、武都、牂柯、越巂等郡，今通川、潾山、南平、涪陵、南川、泸川、清化、始宁、咸安、

① 另一种说法说黄帝始定九州。

② [汉]孔安国传，[唐]孔颖达疏：《尚书正义》，第158页。

③ [唐]杜佑撰，王文锦等点校：《通典》，第4574页。

符阳、巴川、南宾、南浦、阆中、南充、安岳、盛山、云安、犍为、阳安、仁寿、通义、和义、资阳、南溪、武都、河池、同谷、顺政、阴平、江油、益昌、普安、巴西、梓潼、遂宁、蜀郡、德阳、濛阳、唐安、临邛、卢山、通化、临翼、越嶲、云南等郡皆是。汉之弘农郡西南境，今上洛郡。又得楚之交。汉之汉中，今汉中、洋川、安康、房陵等郡，并宜属楚。秦平天下，置郡为汉中、今汉中、洋川、安康、房陵等郡地也。”① 从这一详细的地理位置界定、后代行政区域划分与巴、賨、彭、濮等民族构成可知：古梁州即后来的巴蜀地区。再根据林向教授对巴蜀文化区域的界定反推，古巴蜀地区正在这一以梁州为主、雍州为辅的范围之中，秦岭及其周边山水体系属于古巴蜀文化区域。②

对这一问题，记载最为详细、历史脉络最为清楚的是《华阳国志》，在《巴志》之开篇，作者常璩为我们详细梳理了巴蜀文化区的前世今生：

> 昔在唐尧，洪水滔天，鲧功无成。圣禹嗣兴，导江疏河，百川蠲修，封殖天下，因古九囿，以置九州；仰禀参伐，俯壤华阳，黑水、江、汉为梁州。厥土青黎，厥田惟下上，厥赋惟下中，厥贡璆、铁、银、镂、砮、磬、熊、罴、狐、狸、织皮。于是四隩既宅，九州攸同，六府孔修，庶土交正，底慎财赋，成贡中国。盖时雍之化东被西渐矣。历夏、殷、周，九州牧伯率职。周文为伯，西有九国。及武王克商，并徐合青，省梁合雍，而职方氏犹掌其地，辨其土壤，甄其贯利，迄于秦帝。汉兴，高祖藉之成业，乃改雍曰凉，革梁曰益，故巴、汉、庸、蜀属益州。至魏咸熙元年平蜀，始分益州巴汉七郡置梁州，治汉中。以相国参军中山耿黼为刺史。元康六年，广汉还益州，更割雍州之武都、阴平、荆州之新城、上庸、魏兴以属焉。凡统郡一十二，县五十八。③

本段文字详细记述了上古大禹时代的梁州、雍州之别与雍州逐渐与梁州合并的史实。在汉高祖时，“改雍曰凉，革梁曰益，故巴、汉、庸、蜀属

① ［唐］杜佑撰，王文锦等点校：《通典》，第4574页。
② 四川大学历史文化学院郭齐、王小红等历史文献学家、历史地理学专家指导这一意见。
③ ［晋］常璩撰，刘琳校注：《华阳国志新校注》，第1—4页。

益州。”三国归魏之后，“分益州巴汉七郡置梁州，治汉中”。晋惠帝司马衷元康六年时，“广汉还益州，更割雍州之武都、阴平、荆州之新城、上庸、魏兴以属焉”。顺着这个清晰的历史地理脉络，秦岭山水属于汉代益州、魏国梁州，于元康六年复归益州。实际上，直到明代，今甘南、陕南等地均为四川省之行政属地。于是，这一区域属于古巴蜀文化区，可成定论。

在《原道》篇中，刘勰认为：“《河图》孕乎八卦，《洛书》韫乎九畴。”① 伏羲在黄河中根据河图创立了八卦，这是人类图像文学之始；大禹在洛水中根据洛书收获了《洪范》，这是国家有序治理之本——于是，从人类文学的起源到后代文学的巨大功能，从蒙昧的感悟体会到理性的政教指令，从仰观俯察的创造形式到逻辑严整的政治制度，都产生并形成了，这是中华文明发展史上最重要的两个标志性事件。而在中原河洛完成这两大壮举的伏羲和大禹，正是古巴蜀文化区奉献出来的两位巨人。

如果我们在刘勰的论述中补全以下三类部落及其首领人物，则可以收获更多的信息：

一是三皇世系。三皇是没有准确定论的旧石器时代部落或部落联盟首领，但无论怎样变，其中有伏羲，则是肯定的。向上，传说伏羲之母为华胥，生伏羲、女娲，那么，华胥作为旧石器时代母系氏族社会阶段著名的部落首领，女娲则有可能是其部落在过渡阶段的继任者，伏羲则是发展到父系氏族社会阶段的重要代表人物。有关他们三人的传说和相关的文献记载，实际上是中华上古文明在旧石器时代发展的数千年历史的缩影：华胥是公认的人文初母，伏羲则是公认的人文始祖，这不仅是汉民族的认识，更是中华多民族文明史的共识。华胥的出生地（或华胥部落的主要活动地），一说四川阆中，一说陕西蓝田，一说山东泗水。而华胥诞生伏羲的地方，一说四川阆中，一说甘肃天水，一说山东泗水——笔者采用西部说，其中心区域，在今四川阆中，这是巴人都城之一。

二是五帝世系。黄帝部落发展于黄土高原，联姻于蜀地西陵氏，领袖于中原各部，传承于少昊、颛顼、帝喾、帝尧、帝挚、帝舜等部落。五帝世系之渊源与发展，在《史记》《帝王世系》《路史》《华阳国志》等史书文献与《尚书》《孟子》《大戴礼记》等儒家经典的记载中无不与前述之巴

① 杨明照:《增订文心雕龙校注》,第1页。

蜀文化区息息相关。而当代最新考古成果对此予以坚实之实证，表明古蜀文明不仅源远流长，而且是早于中原文明的上古文明，黄帝世系与巴蜀文化有着非常密切的联系。

三是夏世系。传说中大禹娶妻涂山氏女，名女娇，生夏启。启灭伯益，建立夏朝，中华文明史正式从原始社会进入奴隶社会。大禹是西羌人，涂山氏一说居于今重庆市，夏启大约出生于今重庆市奉节县一带①，那么，夏启是蜀地羌人与巴人后裔无疑。不管他是巧取豪夺还是天下归心，夏启或是攻灭伯益，或是接受伯益之主动让贤，自立为王，建立夏朝，开辟了中华文明的历史新阶段。夏朝是巴蜀人领导建立的奴隶制王朝，也是可以得出的推论。

这样，华胥、女娲、伏羲等旧石器时代的著名部落首领，其后的黄帝、颛顼帝、帝喾、帝尧、帝舜、帝禹等著名的新石器时代部落联盟首领，直到夏启及其建立的第一个奴隶制国家夏朝——上述杰出的人物、部落或朝代，都是以上述秦岭山水体系为核心的巴蜀文化区为地理依托的，或起源于此（伏羲、炎帝、颛顼、大禹、夏启等），或联姻于此（黄帝），或降居于此（少昊、昌意等），或成长于此（颛顼等），在这一区域发展、壮大起来之后，他们逐渐向中原、华北地区迁徙，并建功立业，名垂青史。那么，可以说：广义的巴蜀文化区，是整个中华民族重要的文明起源地之一，而且是核心起源地之一。四川大学刘琳、彭邦本教授指出：这一区域的主导民族是羌族，上古中华文明的主导民族，在很长的一段历史中，也是羌族。

综合上面的论述可知：

在历代以来最著名的圣人中，上古三皇中的伏羲是《文心雕龙》论述的人文第一人，而有一种说法是伏羲及其母亲华胥、妹妹女娲出自今四川阆中。华胥是上古时期母系氏族社会杰出的部落女首领，其生地有陕西蓝田说、山东泗水说、四川阆中说；华胥生伏羲，完成了母系氏族社会向父系氏族社会的过渡，伏羲的生地，也有甘肃天水说、四川阆中、山东济宁说等不同的说法。对于华胥与伏羲部落的发源地，如果暂不考虑遥远东方的山东说，那么，陕南、甘南、川北这一大块以秦岭、岷山、大巴山为核心的三角形山水地带，即巴蜀文化区，作为上古圣人伏羲的生地，或伏羲部落的发祥地，是可以成立的。

---

① 李诚：《古蜀神话传说与中华文明建构》，《巴蜀文化研究》第一期，成都：巴蜀书社，2004 年。

往下发展，经考古证实早于黄帝部落的炎帝部落，炎帝魁隗氏发祥于秦岭常羊山，兴起于赤水（今贵州赤水市），建帝都于陈仓（今陕西宝鸡），传七帝而失政，被炎帝神农氏取而代之。炎帝神农氏，始生地在姜水（今陕西宝鸡），据当代学者阳国胜研究：炎帝所出生的华阳之常羊山，其华阳指巴蜀地区，因为不论是赤水，还是宝鸡，均在巴蜀文化区之内。如此，则炎帝部落源起于巴蜀文化区。

其后，五帝世系中的黄帝娶妻西陵氏之女嫘祖，生的两个儿子青阳氏玄嚣降居江水（今四川岷江），昌意降居若水（今四川雅砻江）；昌意娶蜀山氏之女倡仆（一作嫘仆）为妻，生高阳氏，后来继承黄帝帝位，是为颛顼帝；帝喾是玄嚣的孙子，颛顼帝的侄儿，据《史记·三代世表》等历史文献记载，帝喾在继承颛顼帝位称帝之后，派遣子孙返蜀，继续掌控蜀地部落，其后建国，称蚕丛①；帝喾传位于儿子帝挚，帝挚禅位于弟弟放勋，即帝尧②；帝尧传帝舜，帝舜为颛顼帝六世孙；帝舜传帝禹，而帝禹为黄帝嫡系子孙，出于西羌，生地在今四川省北川县③；帝禹传伯益，其后出生于涂山（今重庆奉节一代）的夏启推翻伯益，终结了之前流传有序的原始社会部落联盟首领更迭的禅让制度，建立起历史上第一个奴隶制国家，中国历史从原始社会进入全新的奴隶制社会。

本文主张伏羲为巴人祖先的说法，也就是说，将本书的研究对象，将巴蜀名人对《文心雕龙》成书的影响，在禹夏时代、五帝时代基础上，上推到了伏羲时代。

从伏羲到大禹，他们各自为中华文学史贡献出了不同类型的写作方式和文学作品：伏羲仰观俯察，窥破自然之道，依据河图，画成八卦，这是

---

① 直到唐代，这一说法仍然被记录在历史著作之中，杜佑《通典·州郡典·州郡五》记载“古梁州”时说：“或曰：蜀之先帝喾封其支庶于蜀，其后称王，长曰蚕丛，次曰伯雍，次曰鱼凫。”（[唐]杜佑撰，王文锦等点校：《通典》，第4574—4575页。）这是对古蜀历史传说的记载，如今早已被考古发现证明。

② 皇甫谧《帝王世纪》记载：帝挚之母，于四人（按：指帝喾四妃）之中其班最下，而挚年兄弟最长，故得登帝位。封异母弟放勋为唐侯。挚在位九年，政软弱，而唐侯德盛，诸侯归之。挚服其义，乃率其群臣造唐朝，而致禅因委，至心愿为臣。唐侯于是知有天命，乃受帝禅，而封挚于高辛氏。（参见徐宗元辑：《帝王世纪辑存》，北京：中华书局，1964年，第32页。）

③ 皇甫谧《帝王世纪》记载：伯禹夏后氏，姒姓也，其先出颛顼。颛顼生鲧，尧封为崇伯，纳有莘氏女，曰修己，见流星贯昴，梦接意感，又吞神珠薏苡，胸坼而生禹于石纽。（参见徐宗元辑：《帝王世纪辑存》，第49页。）石纽，即今四川省北川县。同篇又说，（大禹）长于西羌，为西夷人。（参见徐宗元辑：《帝王世纪辑存》，第50页。）此即“禹出西羌”之义。

典型的上古图像文学形态，在此之前，存在的主要应该是口语文学形态；黄帝世系中与巴蜀文学区系相关的杰出人物，在“鸟迹代绳，文字始炳”的新载体助力之下，口语文学与文字文学综合发展；大禹时代，已经产生了洛书、《洪范》，是规范的政教制度记录，属于成熟的文字文学。上古巴蜀文学区系产生的上述伟人，尽管不是后代纯文学意义上的作家，但在原始蒙昧阶段、奴隶制早期阶段，以不同的写作方式和写作载体，创制不同类型的文学作品，为中国文学史、文明史做出了伟大的贡献。

综上所述，巴蜀文化区是古代中华文明的发源地之一，而且是核心发源地之一。这一推论早已有了几十上百的论文、著作成果和当代崭新的考古成果证明，笔者不再赘述。在广义的巴蜀文化区范围内产生的伏羲、炎帝、五帝世系部分人物、大禹、伯益、夏启、文王、周公等杰出的政治家、思想家，是《文心雕龙》在写作时极力赞美、尽力褒扬、歌功颂德的主要对象。上古传说中的圣王，以其卓越的政治功绩、伟大的发明创造、亲民的教化事业、优秀的文学创作，为《文心雕龙》的成书提供了评论对象、征引源泉、道德高标和文本体裁。筚路蓝缕的古代文化与写作发展之路，经过数千年的历史，在《文心雕龙》成书的齐梁时代，已经极大丰富、成熟起来，到了一个需要总结、回顾历史，开拓未来的关键点；史称“文学自觉”。《文心雕龙》在这个关键的自觉时代完成，除了时代风气确实推动了文学自觉，理论发展催生了文论总结，作者刘勰以宏观的历史视野，以贯通全书的雅丽文学思想为准绳，衡量文学发展史，在源头上取法上古圣人，为全书的写作奠定了坚实基础。

三、汉代三杰：巴蜀文学的著名代表

仔细阅读《文心雕龙》在《序志》中划定的五大部分内容可知：有许多巴蜀本土作家、思想家、政治家被作者刘勰写进了《文心雕龙》，比如大禹、司马相如、王褒、扬雄、李尤、陈寿等人，另有诸葛亮、张载等著名入蜀政治家、作家入选。上述杰出代表中，大禹是上古帝王之一，开创夏朝，是中华儿女得以称为“华夏儿女”的始祖之一，治水定天下，德政声誉隆，开启夏王朝数百年的基业，是中国历史从原始部落向奴隶社会过渡并完成转变的关键人物；司马相如以其卓越的文学创作、政治贡献、小学成就和辞赋理论，被称为“赋圣”“辞宗”，在中国文学史、文明史、文化史上占据着重要的地位，是《文心雕龙》全书从前到后引以为范例的最著名作家之一；王褒是西汉蜀中文学奇才，是汉代大赋向抒情小赋过渡的代表作家，他的散文创作也有很高的成就，是《文心雕龙》全书从前到后不断征引、点评，并树立为两汉断代文学高标的经典作家；扬雄不仅是汉代最负盛名的辞赋作家，还精通哲学，折衷儒道，是著名的大学者，是魏晋玄学在汉代的理论开启人，被后人尊为“汉代孔子”“西道孔子”，《文心雕龙》不仅以之为最著名的作家和理论家之一，还将其杰出的思想成果和文学理论引征过来，作为树立雅丽文学思想的主要理论渊源之一①；李尤以其杰出的各体文学创作，多次被刘勰品评，是汉代文学的一位大师，特别在铭体和赋体文学创作上，是历史上最著名的作家之一；巴人陈寿创作了著名的《三国志》，其书与注释不仅是刘勰写作《文心雕龙》的重要素材来源，还为史传文学树立了一个高标，是千年史传体裁的著名代表作家。入蜀著名政治家诸葛亮在政治治理之余，写出了许多流传千古的佳作美文，是教体文章和章表体裁的杰出代表作家；张载《剑阁铭》是流传天下的杰出铭文作品，被晋武帝下诏镌刻于名山，流传天下。

以上巴蜀英才和入蜀名家，为《文心雕龙》的成书做出了重要贡献，在枢纽论、文体论、创作论、批评论这几个板块中占据了至关重要的地位，是刘勰极力标举的上古圣人、经典作家与文学理论家：司马相如、王褒和扬雄是枢纽论部分重点推崇的最优秀作家代表；他们创作的各体作品是文体论部分的扛鼎之作，这些作品成为所属该体文章的基本标准，《文心雕龙》折衷诗歌和辞赋的文学理论及其审美标准，源于孔子，而以扬雄为皈依；在创作论中，上述巴蜀作家是思维论、风格论、审美论、通变论、修辞技法、文字小学的典型代表，他们的成败得失，是所有文学创作取法或扬弃的对象；在批评论部分，他们成为文学史论、知音鉴赏、作家品评、学术道德的核心论述对象；以司马相如“锦绣宫商”与扬雄“诗人之赋丽以则，辞人之赋丽以淫”② 为代表的汉代辞赋创作理论，是《文心雕龙》追求的雅丽文学思想之半壁江山；扬雄丰富精彩的文艺思想，诸如“心声心画”“自然之道”“征圣宗经”“丽则丽淫”、名德思想等，成为刘勰征引吸收、建立《文心雕龙》理论体系的重要取材对象。

---

① 参见王万洪：《文心雕龙雅丽思想研究》，北京：中华书局，2019 年。

② ［汉］扬雄：《法言 · 吾子》，汪荣宝撰，陈仲夫点校：《法言义疏》，北京：中华书局，1987 年，第 49 页。

在上述人物中，司马相如、王褒、扬雄是《文心雕龙》论述较多，且历史影响很大的文学作家。[①] 三人之中，又以司马相如文学成就最高，为汉代辞赋四大家之首，是《史记》中专篇列传论述的西汉唯一作家，是汉代文学作家当之无愧的最著名代表；以扬雄成就最为全面，在文学创作、哲学思辨、文艺理论、文字小学等方面居于西汉最杰出代表之列，他们的贡献，影响着《文心雕龙》成书的方方面面。蜀中三杰之所以在文学史上各占高标，主要是因为他们在赋体文学发展史上的各开先河之功与所在领域最高的创作成就。无论是他们身前还是身后，无论是《文心雕龙》还是当代评价，都是如此。可以说，没有蜀中三杰——尤其是扬、马二人的创作成就、学术贡献与理论推动，《文心雕龙》不仅将失去最值得依赖的征引取材对象，而且提不出贯通全书枢纽论、文体论并指导创作与批评实践的雅丽文学思想。因此，以蜀中三杰为代表，占据了《文心雕龙》半壁江山的辞赋创作与辞赋理论，对《文心雕龙》的文学思想的提炼、产生重大影响。

为什么在西汉三杰之前，《文心雕龙》书中看不到出自巴蜀的著名作家？毕竟，传说中的伏羲、大禹，他们的主要身份并不是作家，而是政治家；而中原文化、齐鲁文化等主流文学区系，贡献出那么多著名的大文豪。巴蜀文学直到西汉才突然爆发，狂飙突进地震惊文坛，这该怎么解释？

公元前 316 年，秦将司马错、张仪伐蜀，灭巴、蜀，迁徙万户入蜀；秦灭六国之后，迁徙山东诸国豪强数万户入蜀；秦相吕不韦事件之后，迁徙其门客故吏入蜀安置；以上大事件，改变了先秦巴蜀原住民的血脉气质与文化基因，使得巴蜀在很早就成为一个多民族融合杂居、中原文化占据主流的地方。其后，蜀守李冰率领百官、百姓艰苦治水，修建了都江堰等驰名世界、至今实用的著名水利工程；都江堰的修成，不仅解决了岷江泛滥成灾的问题，而且还可以灌溉成都平原及周边临近山区的十几个县。从此，成都平原成为沃野千里的富庶之地，获得“天府之国”的美称。[②] 在汉代，成都平原在经济上发展起来之后，文化教育也开始发展起来，最主要的倡导者是文翁。巴蜀因文翁兴学之举，逐渐在文化教育方面异军突起。

---

① 文学作家，指各体兼通的纯文学、应用文作家。

② 2018 年 1 月 5 日，由四川省委宣传部、四川省民政厅、四川省社科联、四川省历史学会、成都市都江堰市人民政府、都江堰市李冰研究学会共同发起，以笔者所在的西华大学为牵头单位，四川省李冰研究学会正式成立，笔者加入学会。

《汉书·循吏传》说：

> 汉兴之初，反秦之敝，与民休息，凡事简易，禁罔疏阔，而相国萧、曹以宽厚清静为天下帅，民作“画一”之歌。孝惠垂拱，高后女主，不出房闼，而天下晏然，民务稼穑，衣食滋殖。至于文、景，遂移风易俗。是时，循吏如河南守吴公、蜀守文翁之属，皆谨身帅先，居以廉平，不至于严，而民从化。……文翁，庐江舒人也。少好学，通《春秋》，以郡县吏察举。景帝末，为蜀郡守，仁爱好教化。见蜀地辟陋有蛮夷风，文翁欲诱进之，乃选郡县小吏开敏有材者张叔等十余人亲自饬厉，遣诣京师，受业博士，或学律令。减省少府用度，买刀布蜀物，赍计吏以遗博士。数岁，蜀生皆成就还归，文翁以为右职，用次察举，官有至郡守刺史者。又修起学官于成都市中，招下县子弟以为学官弟子，为除更徭，高者以补郡县吏，次为孝弟力田。常选学官僮子，使在便坐受事。每出行县，益从学官诸生明经饬行者与俱，使传教令，出入闺阁。县邑吏民见而荣之，数年，争欲为学官弟子，富人至出钱以求之。由是大化，蜀地学于京师者比齐鲁焉。至武帝时，乃令天下郡国皆立学校官，自文翁为之始云。文翁终于蜀，吏民为立祠堂，岁时祭祀不绝。至今巴蜀好文雅，文翁之化也。[1]

班固完成《汉书》时，上距文翁兴学约200年。文翁的贡献，不仅在于从教育入手，发展了四川的文化，而且他所创办的官学有一套得力的措施，由于他办官学成效卓著，到汉武帝时，中央政府推广了文翁管理官学的经验，下令全国各郡皆立学官，以发展教育。所以，文翁兴学，又开创了西汉一代的官学制度，这在中国教育史上是一个重要的事件。

一个国家的最终发展，靠的是教育和人才，有了人才，就有了一切建设与发展的软实力基础。一个地区的发展同样如此：在文翁兴学之前，巴蜀大地文教并不昌盛。这是有历史原因的：第一，秦灭巴蜀之战，将巴蜀等国原住民基本杀光、赶走，巴蜀文化基本灭绝；第二，秦灭巴蜀之后，迁徙秦国豪族、地主、民众万户入巴蜀，秦灭六国之后，迁徙六国豪强与吕不韦势力集团入蜀安置，巴蜀地域居民与文化属性改变了，封闭、自大

① ［汉］班固：《汉书》（影印本），第3623—3627页。

与叛逆的历史基因形成了，所谓“天下未乱蜀先乱，天下已治蜀未治”，就是这个道理；第三，秦始皇推进大一统的政治策略，书同文是其中之一，对巴蜀大地的推进是渐进式的[①]，文字的毁灭，将文明复兴的基础毁掉了。所以，汉代初期的巴蜀居民，实际上是一锅大杂烩，这既有好处：安置移民，便于管理，改良巴蜀原住民习性；也有坏处：民族属性不统一，难于治理，难于教化，不出人才。文翁就是在这样的基础上，抓住了治理蜀郡的关键：教育。在他的倡导下，蜀地学风日渐昌盛，慢慢培养出来一大批经学人才，蜀地小学人才与《易》学人才极多，这不是没有前提的；并逐渐诞生出一大批文学人才，以司马相如为代表的著名大文豪，开始登上历史舞台。

秦国移民、李冰治水、文翁兴学，三件大事，使成都在经济、物产、教育、人才培养等方面逐渐走到了全国的前列位置。比如，巴蜀大地矿产、物产丰富，不仅产生了卓王孙等巨富，也将本地区经济地位大大提升了，蜀郡成都成为汉代五大都会之一。《汉书·地理志下》记载说：

> 巴、蜀、广汉本南夷，秦并以为郡，土地肥美，有江水沃野，山林竹木疏食果实之饶。南贾滇、僰僮，西近邛、莋马旄牛。民食稻鱼，亡凶年忧，俗不愁苦，而轻易淫泆，柔弱褊厄。景、武间，文翁为蜀守，教民读书法令，未能笃信道德，反以好文刺讥，贵慕权势。及司马相如游宦京师诸侯，以文辞显于世。乡党慕循其迹。后有王褒、严遵，扬雄之徒，文章冠天下。繇文翁倡其教，相如为之师，故孔子曰："有教亡类。"[②]

本段文字，实际上是两汉时期巴蜀大地文教人才的大总结。人才的涌现，成为物质基础建设好之后的必然：在商业领域，有卓王孙等进入《史记》《汉书》中的天下首富[③]；在文教领域，有文翁化蜀涌现的司马相如、

---

① 四川大学艺术学院侯开嘉教授讲授书法史课程，有一个观点：秦国书同文政策的实施可以分为两种类型：一是激进式的，如秦灭六国之后的统一推进；二是渐进式的，占据一个地方就逐渐在该地区推进这一政策，如秦灭巴蜀之后的推进方式。

② ［汉］班固：《汉书》（影印本），第1645页。

③ 《史记》与《汉书》之《货殖列传》，记述的第一人，均为蜀郡临邛巨富卓王孙。后来，司马相如琴挑卓王孙孀居独女卓文君，最终在卓王孙分给财产的情况下返回成都，成为富人，为后续进京发展打下了基础。

扬雄、董均等最杰出的文学家、思想家、经学家。

对于班固“相如为之师”的说法，笔者曾先后向多位汉代文学研究名家、巴蜀文化研究名家请教，大体一致的看法是：

第一，司马相如以文辞显名天下，“乡党慕循其迹，后有王褒、严遵，扬雄之徒，文章冠天下”，司马相如在文学创作道路上开启了巴蜀文人名扬天下的先河。在他之前，没有这样的人才出现过，在他之后，则有王褒、扬雄、李尤、李白、苏轼、杨慎、张问陶、巴金、郭沫若等历代名家，他们一旦拿出文学作品来，就是当时代的第一流大家。巴蜀盛产大文豪的历史风气，是由司马相如开创的。

第二，在文学之外，更多的是指司马相如所走的离开巴蜀、到达京城、以文显名的发展模式与仕途模式，这一点，对后代巴蜀文人有着更为深远的影响①。扬雄的老师严君平，尽管“文章冠天下”，但他在《文心雕龙》中是没有被提到过的。王褒受蜀郡太守的推荐，到京都后可以直接和汉宣帝、太子见面，或议论时政，或作文娱乐，写出《圣主得贤臣颂》与《洞箫赋》等著名文章，死在受宣帝命令回蜀地访寻金马碧鸡的路上；扬雄四十岁前生活在四川，少年时代仰慕司马相如辞赋，《蜀都赋》作为他的代表作，写于三十七八岁的时候，但最终使他闻名天下的却是模仿相如大赋所写的“四大赋”；李尤从小就敬仰司马相如等辞赋大师，写了很多辞赋与铭文，后来到东都，拜为兰台令史，是《汉纪》《东观汉记》的主要编写者之一，当时他的手下就有后来的大儒马融；李白更不用说了，毕生想做官，毕生仰慕司马相如；苏轼以文学、书法名垂青史，但他实际上是一位失意的政治家；明代著述四百余部的天下第一奇才杨升庵状元②，得失成败都因为政治的变化。以上最著名的巴蜀大文豪，加上现代文学七大家中的巴老与郭老，哪一个不是走出夔门、去经济文化政治中心之后才名扬天下的？困守蜀中的严君平等人，才华一点不在上述名家之下，但他最终因为偏处一隅而名声不显，就是这个道理。

汉代巴蜀出人才，主要是在文翁与司马相如之后。笔者曾经做过一个文献梳理工作：在司马相如、扬雄等著名文学家单独有传及何武、王涣、杨孟文等著名官吏单独有传的情况下，在《史记》《汉书》的《儒林列传》

---

① 对此，四川师范大学熊良智教授、西华大学潘殊闲教授给予了较为详细的解释。

② 《明史》记录为一百余种，其他文献则有一百九十余种、二百余种、四百余种等不同记载。

之中，巴蜀学者一个也没有，而到了范晔《后汉书》的《儒林列传》与《文苑列传》，则涌现出一大批著名学者与文豪来：

《后汉书·儒林传上》有云：

任安字定祖，广汉绵竹人也。少游太学，受《孟氏易》，兼通数经。又从同郡杨厚学图谶，究极其术。时人称曰："欲知仲桓问任安。"又曰："居今行古任定祖。"学终，还家教授，诸生自远而至。初仕州郡。后太尉再辟，除博士，公车征，皆称疾不就。州牧刘焉表荐之，时王涂隔塞，诏命竟不至。年七十九，建安七年，卒于家。①

《后汉书·儒林传下》有云：

任末字叔本，蜀郡繁人也。少习《齐诗》，游京师，教授十余年。友人董奉德于洛阳病亡，末乃躬推鹿车，载奉德丧致其墓所，由是知名。为郡功曹，辞以病免。后奔师丧，于道物故。临命，敕兄子造曰："必致我尸于师门，使死而有知，魂灵不惭；如其无知，得土而已。"造从之。……景鸾字汉伯，广汉梓潼人也。少随师学经，涉七州之地。能理《齐诗》《施氏易》、兼受《河》《洛》图纬，作《易说》及《诗解》，文句兼取《河》《洛》，以类相从，名为《交集》。又撰《礼内外记》，号曰《礼略》。又抄风角杂书，列其占验，作《兴道》一篇。及作《月令章句》。凡所著述五十余万言。数上书陈救灾变之术。州郡辟命不就，以寿终。……杜抚字叔和，犍为武阳人也。少有高才。受业于薛汉，定《韩诗章句》。后归乡里教授。沈静乐道，举动必以礼。弟子千余人。后为骠骑将军东平王苍所辟，及苍就国，掾史悉补王官属，未满岁，皆自劾归。时，抚为大夫，不忍去，苍闻，赐车马财物遣之。辟太尉府。建初中，为公车令，数月卒官。其所作《诗题约义通》，学者传之，曰《杜君法》云。……杨仁字文义，巴郡阆中人也。建武中，诣师学习《韩诗》，数年归，静居教授。仕郡为功曹，举孝廉，除郎。太常上仁经中博士，仁自以年未五十，不应旧科，上府让选。显宗特诏补北宫卫士令，引见，问当世政迹。仁对以宽和任贤，

---

① ［南朝宋］范晔：《后汉书》（影印本），北京：中华书局，1997 年，第 2551 页。

抑黜骄戚为先。又上便宜十二事，皆当世急务。帝嘉之，赐以缣钱。及帝崩，时诸马贵盛，各争欲入宫，仁被甲持戟，严勒门卫，莫敢轻进者。肃宗既立，诸马共谮仁刻峻，帝知其忠，愈善之，拜什邡令。宽惠为政，劝课掾史弟子，悉令就学。其有通明经术者，显之右署，或贡之朝，由是义学大兴。垦田千余顷。行兄丧去官。后辟司徒桓虞府。掾有宋章者，贪奢不法，仁终不与交言同席，时人畏其节。后为阆中令，卒于官。……董钧字文伯，犍为资中人也。习《庆氏礼》。事大鸿胪王临。元始中，举明经，迁廪牺令。病去官。建武中，举孝廉，辟司徒府。钧博通古今，数言政事。永平初，为博士。时草创五郊祭祀，及宗庙礼乐，威仪章服，辄令钧参议，多见从用，当世称为通儒。累迁五官中郎将，常教授门生百余人。后坐事左转骑都尉。年七十余，卒于家。①

不仅如此，在本篇结束语中，范晔评论东汉儒林名家，征引蜀地大儒扬雄《法言》之名言警句，作为自己论证的理论论据，起到了很关键的作用：

论曰：自光武中年以后，干戈稍戢，专事经学，自是其风世笃焉。其服儒衣，称先王，游庠序，聚横塾者，盖布之于邦域矣。若乃经生所处，不远万里之路，精庐暂建，赢粮动有千百，其耆名高义开门受徒者，编牒不下万人，皆专相传祖，莫或讹杂。至有分争王庭，树朋私里，繁其章条，穿求崖穴，以合一家之说。故杨雄曰："今之学者，非独为之华藻，又从而绣其鞶帨。"夫书理无二，义归有宗，而硕学之徒，莫之或徙，故通人鄙其固焉，又雄所谓"譊々之学，各习其师"也。且观成名高第，终能远至者，盖亦寡焉，而迂滞若是矣。然所谈者仁义，所传者圣法也。故人识君臣父子之纲，家知违邪归正之路。②

扬雄作为西汉大儒、大学者、大文豪，《汉书》中分上下两卷列出了篇幅最长的传记。他的思想著作《法言》深入人心，为他赢得了"西道孔子"（桓谭语）、"汉代孔子"的美誉，其思想学说影响之深远，为历代巴蜀学者中之第一人。

① ［南朝宋］范晔：《后汉书》（影印本），第2572—2577页。
② ［南朝宋］范晔：《后汉书》（影印本），第2588—2589页。

相比儒林学者，文学大家入传的人数就不多了。《后汉书·文苑列传上》有曰：

> 李尤字伯仁，广汉雒人也。少以文章显。和帝时，侍中贾逵荐尤有相如、杨雄之风，召诣东观，受诏作赋，拜兰台令史。稍迁，安帝时为谏议大夫，受诏与谒者仆射刘珍等俱撰《汉记》。后帝废太子为济阴王，尤上书谏争。顺帝立，迁乐安相。年八十三卒。所著诗、赋、铭、诔、颂、《七叹》《哀典》，凡二十八篇。
>
> 尤同郡李胜，亦有文才，为东观郎，著赋、诔、颂、论数十篇。①

在《后汉书》中，一下子冒出了六个大儒，有的还是经学博士，他们分布在广汉绵竹、蜀郡繁县、广汉梓潼、犍为武阳、巴郡阆中、犍为资中，这是东汉时期巴蜀儒学迅速发展、整体发展、高水平发展的直接写照。反过来看，《史记》《汉书》中长篇大论地列出了当时最著名的文学家司马相如、王褒、扬雄，而在《后汉书》的文苑传中，只有李尤、李胜，而且传记极其短小，与西汉三杰根本没有可比性。这表明：蜀地教化日隆，慢慢与中原文化、儒家文化同化了，天纵奇才般的文学大家不能够再出现了，而学术的发展慢慢与中原儒家文化一致了。

综上，汉代巴蜀物产丰饶、人才鼎盛，开疆拓土、联通南北的战略位置和经济位置十分重要，成为国家重点建设与外交发展的重点区域，司马相如奉命开通西南夷，奠定了历史上巴蜀地区的主要地理格局。有了这样的经济基础、政治基础、教育基础、学术基础，有了李冰、文翁、司马相如这样的标志性人物的特殊贡献，巴蜀地区各类人才才会大量涌现。只有储备了人才，巴蜀学术、巴蜀文学才会兴盛发展。从整个巴蜀文学史的角度来看，司马相如的出现不仅是填补文学大家空白的大事，更是影响历代、垂范千年的标志。从此，以他为代表的汉代三杰，在《文心雕龙》一书中占据了重要的地位，在中国文学史占据了重要的地位。

（作者单位：西华大学文学与新闻传播学院）

---

① ［南朝宋］范晔：《后汉书》（影印本），第2616页。按：李尤各体作品今存八十六篇，而不是二十八篇，以铭文与赋文为主。

《文心雕龙》“文道自然”说的理论意义
——兼评魏伯河先生对龙学界肯定该说的错误批评

韩湖初

摘　要：《文心雕龙·原道》篇的道指宇宙本体；称文乃“道之文”，“文之为德”自有天地便自然如此。它视万物自然有文为宇宙普遍规律，以此构建体大思精的理论体系。笔者称为“文道自然”说。它不同于儒家传统文道观视道为儒家之道、文为载道的工具，意蕴丰富深厚，意义重大，影响深远。而魏伯河先生不明“自然之道”乃道之异名，视龙学界普遍肯定其说为走入“误区”，把众多龙学名家大师批评一通，实则走入迷途，徒滋混乱。

关键词：原道；文道自然；自然；自然之道；体；用

一、《文心雕龙·原道》篇“文道自然”说的主要意蕴

牟世金先生尝云：“若不知‘原道’之‘道’为何物，便无‘龙学’可言。”① 诚哉斯言！《原道》篇首称日月山川的美的形态“盖道之文也”，继称人有人文乃“自然之道也”，又称云霞花卉自有其美并非外饰，“盖自然耳”。② 其说可称“文道自然”说，意蕴丰富深厚，意义重大。笔者尝撰文论及③，但认识肤浅，现再做探讨，并向方家和读者请教。

---

① 牟世金:《文心雕龙研究的回顾与展望》,《文心雕龙学刊》第二辑,济南:齐鲁书社,1984 年,第 44 页。

② 范文澜:《文心雕龙注》,北京:人民文学出版社,1958 年,第 1 页。

③ 参见拙文《略评〈文心雕龙〉的“文道自然”说》,《华南师范大学学报》1986 年 1 期,人大复印报刊资料曾全文影印。收入拙著《文心雕龙美学思想体系初探》,广州:暨南大学出版社,1993 年。

（一）《原道》篇首称日月山川的美丽形态“盖道之文”，是说道为宇宙本体，乃万物之本原；而文通纹，《易·系辞下》：“物相杂，故曰文。”[①]甲骨文作、，为纹身人像，据刘师培称：“三代之时，凡可观可象、秩然有章者，咸谓之文。”[②]故文（纹）指事物的感性形态之美。故知《原道》篇继称人有人文乃“自然之道”以及云霞花卉自有其美“盖自然耳”，是从用来说，此乃自然如此、自来如此。由此可见，该篇从道之体、用的论述，分别为本体论和起源论的范畴术语。道是万物的本原，它不会孤立存在，只存在于万物之中，故《管子·心术》篇称“德者，道之舍”[③]，它是道在具体事物中的存在和显现，指事物的性质、特质。可见，一方面文不离道；另一方面，道以文显。刘勰说“文之为德”“与天地并生”[④]，是说文所具有的使道具体显现为万物的千姿百态之美，其作用是多么伟大啊，自有天地以来便是如此的了。曹丕的《典论·论文》称“文章”乃“经国之大业，不朽之盛事”[⑤]，李泽厚、刘纲纪指出：刘勰称“文之为德”“与天地并生”，“把对于‘文’的属性、本质、功能的探讨，提高到宇宙起源论的高度”。“这是魏晋以来强调‘文’的重要性的思想的发展，也是第一次最为明确把‘文’提到了‘与天地并生’的地位”[⑥]。而魏伯河先生称：“自然之道”“本来只是一般叙述语言”，从中“探求所谓的‘微言大旨’，就难免走向歧途”。[⑦]但这是两位当代美学大师根据文本和我国古代文化传统分析而得出的结论，并非妄测乱评。

（二）刘勰所说的“自然之道”是指宇宙万物普遍的自然规律，近于老庄的“自然之道”，但所说“人文”所体现的“道”则是指“具体的儒家的社会政治之‘道’”，即“把老、庄那种哲理性的‘自然之道’具体化为儒家之‘道’，又把儒家之‘道’上升为普遍的自然规律之体现”。“这样一种认识，从历史渊源上看，主要是继承和发展了荀子和《易传》的思

---

① 高亨：《周易大传今注》，济南：齐鲁书社，1979年，第593页。

② 顾易生、蒋凡：《先秦两汉文学批评史》，上海：上海古籍出版社，1990年，第2页。

③ 黎翔凤：《管子校注》，北京：中华书局，2004年，第770页。

④ 范文澜：《文心雕龙注》，第1页。

⑤ 郭绍虞主编：《中国历代文论选》第一册，上海：上海古籍出版社，2001年，第159页。

⑥ 李泽厚、刘纲纪：《中国美学史》第二卷，北京：中国社会科学出版社，1987年，第681页。

⑦ 魏伯河：《〈文心雕龙〉“文之枢纽”新探》，《中国文论》第5辑，济南：山东人民出版社，2019年，第79页。

想而来"[1]。邱世友也指出：《文心雕龙》的"自然之道""其渊源是老庄及《周易》之《系辞》《象传》中具有唯物主义因素的那部分"[2]。罗宗强也认为：《原道》篇的"原道""原于自然"[3]。它的主要倾向是唯物的。

（三）它是构建《文心雕龙》理论体系的基石和贯穿整个理论体系的主线。根据《序志》篇的说明：《文心》的理论体系是由"文之枢纽"5篇、文体论"论文叙笔"20篇和创作论"割情析采"19篇三大块构成。牟世金指出："枢纽"前三篇《原道》《征圣》《宗经》"首先树立本于自然之道而能'衔华佩实'的儒家经典这个标"，作为"文学创作的金科玉律"和"评论文学的最高准则"[4]；文体论"既在全书总论中提出的基本观点指导之下写成的"，也是"总结了前人丰富经验的基础之上，进而所做理论上的提炼和概括"[5]，由此"建立'割情析采'"即从情与采两个方面剖析问题的"一整套理论体系"[6]。可见《原道》篇的"自然之道"即万物有质自然有文的宇宙普遍规律[7]，乃是《文心》理论体系的基石，也是贯穿"整个理论体系的主线"[8]。笔者视为是对龙研究的"重大贡献"[9]，魏先生却讥为钻牛角尖，反问刘勰"最终推原出"的竟然是"这样一个尽人皆知的浅显道理吗?""未免令人生疑"[10]。鉴于罗宗强指出"衔华佩实""此一标准贯串全书"[11]，与"质文相称""情采相符"范畴同义，且《文心》"原道"即"原于自然（自然之道）"[12]，可证牟说经得起检验。而魏先生未举实例反驳，还讥笑这不过是"抓住某一个或几个片言只语索求所谓'微言大旨'"的"典型的个案"，"把它当作刘勰论文的最高标准"，"难免走

① 张少康：《文心雕龙新探》，济南：齐鲁书社，1987年，第28—29页。
② 邱世友：《文心雕龙探原》，长沙：岳麓书社，2007年，第14页。
③ 罗宗强：《魏晋南北朝文学思想史》，北京：中华书局，1996年，第310页。
④ 陆侃如、牟世金：《文心雕龙译注》上册，济南：齐鲁书社，1981年，第43页。
⑤ 牟世金：《雕龙集》，北京：中国社会科学出版社，1983年，第187页。
⑥ 牟世金：《雕龙集》，第234页。
⑦ 牟世金：《雕龙集》，第218页。
⑧ 牟世金：《雕龙集》，第234页。
⑨ 参阅拙文《再论〈文心雕龙〉的生命美学思想》，中国文心雕龙学会编：《论刘勰及其〈文心雕龙〉》，北京：学苑出版社，2000年，第64页。
⑩ 魏伯河：《走出"自然之道"的误区》，《中国文论》第4辑，上海：上海古籍出版社，2018年，第77页。
⑪ 罗宗强：《魏晋南北朝文学思想史》，第276页。
⑫ 罗宗强：《魏晋南北朝文学思想史》，第310页。

向歧途”。[①] 但评论东汉文学时魏先生又肯定“华实所附”“与刘勰在《征圣》篇里所标示的文章最高标准‘衔华佩实’同义”[②]，自相矛盾，令人诧异。

（四）它具有方法论的意义。老子曰：“人法地，地法天，天法道，道法自然。”[③] 意为道无所效法，以自己为法。[④] 可见“自然”具有方法论的意义。

首先，文体论方面，刘勰从本体论的高度指出：万物各有其性于是形成各种文体的特点。如《通变》篇称：文章譬诸草木皆根植于土壤“臭味晞阳而异品”[⑤]，即形成不同的作品。如《明诗》篇说：“人禀七情，应物斯感，感物吟志，莫非自然。”[⑥] 各种文体一旦确立，便会自然形成各自的文辞特点。如《章表》篇指出：由于章、表是上报朝廷和表明心迹的，故“骨采宜耀”[⑦]（骨力和辞采应该显耀）。《丽辞》篇论云：“夫心生文辞，运裁百虑，高下相须，自然成对”[⑧]，即文辞的对偶并非有意追求，而是自然如此。《熔裁》篇称多余的文辞有如“骈拇枝指，由侈于性”[⑨]，即并非出自本性，故需剪除。其次，创作论方面，《定势》篇称：文体一旦确定便会“即体成势”即形成相应的“体势”：“势者，乘利而为制也。如机发矢直，涧曲湍回，自然之趣也”[⑩]；《附会》篇强调“原始要终，疏条布叶，道味相附，悬绪自接”[⑪]，即文章的首尾配合，枝条扶疏树叶舒展，内容与味道的配合，纷繁的头绪会自然衔接。最精彩的是对灵感的论述。《神思》篇不但对创作构思的形象思维“神与物游”的“思接千载”“视通万里”做了生动的描述，而且指出“陶钧文思，贵在虚静”，平时加强“积学”“酌理”“研阅”和“训致”的功夫，写作时保持平静的心态，“秉心养术，

---

① 魏伯河：《〈文心雕龙〉“文之枢纽”新探》，《中国文论》第5辑，第79页。

② 魏伯河：《正本清源说宗经》，《中国文论》第3辑，上海：上海古籍出版社，2016年，第63页。

③ 朱谦之：《老子校释》，北京：中华书局，1984年，第103页。

④ 张岱年主编：《中华的智慧——中国古代哲学思想精粹》，上海：上海人民出版社，1980年，第21页。

⑤ 范文澜：《文心雕龙注》，第519页。

⑥ 范文澜：《文心雕龙注》，第65页。

⑦ 范文澜：《文心雕龙注》，第408页。

⑧ 范文澜：《文心雕龙注》，第588页。

⑨ 范文澜：《文心雕龙注》，第543页。

⑩ 范文澜：《文心雕龙注》，第529—530页。

⑪ 范文澜：《文心雕龙注》，第652页。

无务苦虑；含章司契，不必劳情"[①]，那么灵感自然而至。我们知道，陆机的《文赋》曾对灵感做了生动的描述，但最后老实承认"吾未识乎开塞之所由"[②]，即不知灵感怎样才会到来。西方从古希腊柏拉图以来乃至近代，把灵感视为神灵的降临。刘勰的"自然灵感"论已经从感性上升到理性，比之高明多了。又《养气》篇强调"吐纳文艺，务在节宣"，"意得则舒怀以命笔，埋伏则投笔以卷怀"[③]，即要掌握节奏，不可勉强而为，也是运用了自然方法论。

至于《原道》篇所说：黄河、洛水有龙献图、龟负书而产生八卦和"九畴"，"谁其尸之，亦神理而已"[④]。有论者视为唯心神秘之说。罗宗强指出：人世之事，其中之奥妙，"往往未被认识，难以言说，既以其为本然，又因难以言说，故视为神妙莫测，乃称之为'神理'"[⑤]。针对有人认为"神理"是指佛性，邱世友详考刘宋宗炳及其后郗超、王融等诗文中的"神理"，均非指佛性。又举《情采》篇称"五色杂而成黼黻"云云乃"神理之数"，是指自然成对，指出《明诗》篇的"神理共契"是指"矛盾对立之理"，以及《原道》篇的龙献图、龟负书云云，可视为宇宙万物自然变化即"神理之数"的展现："自然，就其微妙变化说是神，就其变化的规律性是理。"[⑥] 可见，其主要倾向是唯物的。

正如李泽厚、刘纲纪指出："刘勰的以'自然之道'为根基的美学思想，是中国古代唯物论在美学上的卓越表现，至今也还闪烁出它的不灭的光辉。"[⑦]

二、"文道自然"说意义重大

郭绍虞早已指出：在韩愈以前，关于文与道的关系有两种主张："一种是偏于道"，如荀子、扬雄；"另一种则较偏于文"，如刘勰。后者所说的"道"，"似不囿于儒家之见者"。[⑧] 可惜未做进一步发挥。早在先秦时期，

---

① 范文澜:《文心雕龙注》,第 493、494 页。
② 郭绍虞主编:《中国历代文论选》第一册,第 175 页。
③ 范文澜:《文心雕龙注》,第 647 页。
④ 范文澜:《文心雕龙注》,第 2 页。
⑤ 罗宗强:《魏晋南北朝文学思想史》,第 271 页。
⑥ 邱世友:《文心雕龙探原》,第 7 页。
⑦ 李泽厚、刘纲纪:《中国美学史》第二卷下册,第 678 页。
⑧ 郭绍虞:《照隅室古典文学论文集》上编,上海:上海古籍出版社 1983 年版,第 174 页。

荀子《儒效》就称："圣人也者，道之管也。天下之道管是矣"，"故《诗》《书》《礼》《乐》之归是矣"[①]，强调客观世界的各种规律、历代治理的经验方法"集中统一于圣人"和全面反映于儒家经典著作中[②]，《非相》篇则强调"凡言不合先王、不顺礼义，谓之奸言"[③]；到汉代扬雄《法言·吾子》篇则称："舍五经而济乎道者，末矣!"[④] 由此形成儒家征圣宗经传统文道观。它视道为封建社会制度及其人伦教化，把文作为明道载道的工具，却轻视文的审美特性及其能动作用。它适应封建统治的需要，被定为正统，经历了漫长的岁月，曾经起过进步的作用。如唐宋古文运动，就是以它作为思想武器批判齐梁的浮艳文风和北宋初年西昆体的形式主义。但其随着历史的发展逐渐暴露局限性。到了北宋古文运动的柳开、石介抨击晚唐至宋初的华靡文风，推崇韩愈取其学道却舍其好文，如石介称道统之外没有文统，根本否定了文的作用。到了南宋的道学家，更视文为"玩物丧志""作文害道"，宣称"文皆是从道中流出"，彻底否定文的作用。这样，也就走到否定文的历史反面。[⑤]

刘勰的"文道自然"说则不同。纪昀指出：它"标自然以为宗"，称"齐梁文藻，日竞繁华"，"自汉以来，论文者罕能及此"，"所见在六朝文士之上"[⑥]。为什么呢？他说："文以载道，明其当然；文原于道，明其本然。识其本乃不逐其末。"[⑦]"本"指道之体，是从本体论的高度审视："文原于道"即美本是事物本身的属性，而齐梁文藻则是矫饰外加的，故刘勰的见识在六朝文士之上。这就指出了刘勰的"文道自然"说与儒家传统文道观的不同，可谓眼光独到。儒家传统文道观虽在历史上起过进步作用，但它把文视为载道的工具，而看不到它本是事物本身的属性，并没有认识到"文"所具有的独立性和能动作用：即一方面文不离道，另一方面道藉文显。因此，唐代的韩愈、柳宗元和宋代的欧阳修，重道却不轻文，故能成功。黄侃继承和阐释了纪昀的上述思想，其释《原道》云："彦和之意，

---

① ［清］王先谦撰，沈啸寰、王星贤点校：《荀子集解》，北京：中华书局，1988 年，第 133 页。

② 顾易生、蒋凡：《先秦两汉文学批评史》，第 128 页。

③ ［清］王先谦撰，沈啸寰、王星贤点校：《荀子集解》，第 83 页。

④ 汪荣宝撰，陈仲夫点校：《法言义疏》，北京：中华书局，1987 年，第 67 页。

⑤ 参看拙文《略论〈文心雕龙〉的原道征圣宗经思想——兼论与儒家传统文艺观的区别》，拙著《文心雕龙美学思想初探》，第 55—57 页。

⑥ ［清］黄叔琳注，纪昀评：《文心雕龙辑注》，北京：中华书局，1957 年，第 23、24 页。

⑦ ［清］黄叔琳注，纪昀评：《文心雕龙辑注》，第 23 页。

以为文章本由自然生，故篇中数言自然”，“与后世言文以载道者截然不同”。这是从体来说道乃文之本原；其释“形立则章成矣，声发则文生矣”云：“彦和之意，盖谓声采由自然生，其雕琢过甚者，则寖失其本，故宜绝之”①，则是从用来说，文的产生是自然如此。而齐梁浮艳文风“雕琢过甚”“寖失其本”，是由矫饰的、外加的，非由本性，故应摒弃。与纪昀、刘勰可谓“心有灵犀一点通”。

苏轼继承和发挥了刘勰的“文道自然”说。朱东润先生早已指出：苏氏父子“始摆脱羁勒，为文言文，此不可多得者”②。苏轼不同于传统儒家文道观，把“道”理解为与刘勰相同的自然之道。如说南方人由于“日与水居，则十五而得其道”③，显然指自然万物的规律。他对孔子的“辞达”说做了新的发挥，指出“辞达”不但要求使事物“了然于心”，而且还要“了然于口与手”即能够充分表达，而前者是“千万人而不一遇”的，因此做到“辞达”，“则文不可胜用矣”；又称文章的价值有如“精金美玉”。④这是强调文的巨大的作用和价值。他还把“自然之道”所具有的宇宙本体论和方法论创造性地运用于深入探索文艺创作规律及其审美特点。如称：“山川之有云雾，草木之有华实”，自然“充满勃郁而见于外”，这与刘勰的万物有质自然有文的规律一脉相承；又自称山川之秀美、人文之遗迹等“杂然有触于中，而发于咏叹”⑤，是从道之用来说自然如此。又自评“吾文如万斛泉源，不择地而出”，“常行于所当行，常止于不可不止”⑥；又赞谢民师之作“大略如行云流水”，“文理自然，姿态横生”⑦，也是自喻，等等⑧。苏轼本身是集诗、词、赋和书法法绘画的艺术家，论述十分精彩。

到了明清时期，刘勰的“文道自然”说更为进步文艺理论家继承和发挥，获得了新的生命活力。如明代后期，儒家的传统文艺观已经成为文艺发展的主要障碍，文坛上掀起了波澜壮阔的文学解放思潮。其主要理论代表李贽提出“童心”说：“夫童心者，真心也”，认为人的初心是纯真美好

---

① 黄侃:《文心雕龙札记》,北京:中华书局,1962年,第4页。

② 朱东润:《中国文学批评史大纲》,上海:上海古籍出版社1957年,第112页。

③ [宋]苏轼:《日喻》,颜中其编著:《苏轼论文艺》,北京:北京出版社,1985年,第39页。

④ [宋]苏轼:《答谢民师书》,颜中其编著:《苏轼论文艺》,第111页。

⑤ [宋]苏轼:《南行前集序》,颜中其编著:《苏轼论文艺》,第41页。

⑥ [宋]苏轼:《文说》,颜中其编著:《苏轼论文艺》,第117页。

⑦ [宋]苏轼:《答谢民师书》,颜中其编著:《苏轼论文艺》,第111页。

⑧ 参阅拙文:《论苏轼对刘勰〈文心雕龙〉的继承和发展》,《华南师范大学学报》2005年第4期。

的，只是后天受了“道理闻见”（封建礼教教育）使“童心既障”而失却真心，变成“以假人言假言”。可见他提倡“童心”是要求摆脱封建礼教的束缚，以新兴市民的反封建的思想观察社会和反映生活。他认为：“天下之至文，未有不出于童心焉者也。”① 意思是说，优秀之作都是摆脱了封建礼教思想束缚的。又称：“世之真能文者”，其始“皆非有意于为文也”，是身有所感，胸有积愤，而且到了“蓄积既久，势不能遏”，才愤然挥笔“诉心中之不平”②。这显然是对《文心·情采》篇的“风雅之兴，志思蓄愤”③ 和苏轼的为文“如万斛泉源不择地而出”之说的发挥。在他看来，艺术的最高境界是“化工”，有如“风行水上之文，决不在于一字一句之奇”：“若夫结构之密，偶对之切；依于理道，合乎法度；首尾相应，虚实相生”等等，“皆不可以语于天下之至文也”④。他进一步说：“盖声色之来，发于情性，由乎自然，是可以牵合矫强而致乎？故自然发于情性，则自然止乎礼义，非情性之外复有礼义可止也。惟矫强乃失之。”⑤ 说到底，有什么样的情性，便有什么样的格调，“有是格便有是调，皆情性自然之谓也。”“然则所谓自然者，非有意为自然而遂意为自然也。若有意为自然，则与矫强何异？”⑥ 由此他坚决反对“牵合矫强”。可见，李贽继承苏轼并把刘勰的“文道自然”的方法论发挥到了淋漓尽致的地步。公安派袁宏道所说“物之传者必以质，文之不传，非日不工，质不至也。”⑦ 这与《文心·情采》篇的质文相称观点一致。袁宏道称：“物之传者必以质。”文学创作第一步是“博学而详说”，第二步是“久而胸中涣然，若有所释”，第三步是“机境偶触”即灵感忽至，写来得心应手，“文忽生焉”。⑧ 这可视为刘勰的质文一致和苏轼自称文如泉涌说的具体诠释。袁宏道提倡“真”，“独抒性灵”是公安派创作论的大旗，强调“从自己胸臆流出”，“本色独

① ［明］李贽：《童心说》，张建业主编：《李贽文集》第一卷，北京：社会科学文献出版社，2000年，第92页。

② ［明］李贽：《杂说》，张建业主编：《李贽文集》第一卷，第91页。

③ 范文澜：《文心雕龙注》，第538页。

④ ［明］李贽：《杂说》，张建业主编：《李贽文集》第一卷，第90页。

⑤ ［明］李贽：《读律肤说》，张建业主编：《李贽文集》第一卷，第123页。

⑥ ［明］李贽：《读律肤说》，张建业主编：《李贽文集》第一卷，第124页。

⑦ ［明］袁宏道：《行素园存稿引》，钱伯城笺校：《袁宏道集校笺》，上海：上海古籍出版社，1981年，第1570页。

⑧ ［明］袁宏道：《行素园存稿引》，钱伯城笺校：《袁宏道集校笺》，第1570—1571页。

造”而非“粉饰蹈袭”，这是对刘勰、苏轼和李贽的继承和发展。[①]

清人叶燮自称其带有总结性的我国古代诗歌理论著作《原诗》“专征之自然之理”[②]，可见是以自然方法论作为其指导思想的。作为清朝开近代风气之先的龚自珍也继承了刘勰和苏轼、李贽上述思想，并做进一步发挥。他提出“尊情”说：诗歌之作始于“尊情”即由情之所至，胸有感触，悲歌慷慨，使“情畅于声”[③]。而要“尊情”必先“尊心”，就是保持一颗天生无邪的“童心”，遵循自己的个性，敢说敢为，做到“心术不欺，言语不伪”，其作乃是“不得已而有者”[④]。他抨击“天教伪体领风花”[⑤]，痛恨文坛充斥“伪体”。他还认定自己所处的时代已由“康乾盛世”转入犹如“日之将夕”的“衰世”[⑥]，所产生的“情”必然是哀怨、愤怒之情。由此提出“受天下之瑰丽而泄天下之拗怒”[⑦]的极则，呼吁诗人反映时代的危机，抒发哀怨愤怒之情。他自称与生俱来的“忧患”“不逐年华改，难同逝水徂”[⑧]。他认为，处于“衰世”“不祥之气郁于天地之间”[⑨]，如此“外境迭至，如风吹水，万态皆有，皆成文章”[⑩]。这是结合时代环境对李贽“童心”说的发挥。[⑪]王国维则说：诗词有“造境”和“写境”，大诗人“所造之境，必合乎自然；所写之境，亦必邻于理想”，因为无论“如何虚构之境，其材料必求之于自然；而其构造，亦必从自然之法则”。[⑫]这是运用自然方法论对词论创作的高度概括和总结。

三、魏先生批评龙学界十多位名家大师，实则有误

魏伯河先生严厉批评二十世纪以来大陆龙学界把“自然之道”“误为”

---

① 参阅成复旺等:《中国文学理论史》第三册,北京:北京出版社,1987年,第159—170页。

② ［清］叶燮:《己畦文集序》,《丛书集成续编》第152册,台北:新文丰出版公司,1989年,第446页。

③ ［清］龚自珍:《长短言自序》,《龚自珍全集》,上海:上海人民出版社,1975年,第232页。

④ ［清］龚自珍:《述思古子议》,《龚自珍全集》,第123—124页。

⑤ ［清］龚自珍:《歌筵有乞书扇者》,《龚自珍全集》,第490页。

⑥ ［清］龚自珍:《尊隐》,《龚自珍全集》,第87页。

⑦ ［清］龚自珍:《送徐铁孙序》,《龚自珍全集》,第166页。

⑧ ［清］龚自珍:《赋忧患》,《龚自珍全集》,第478页。

⑨ ［清］龚自珍:《平均篇》,《龚自珍全集》,第78页。

⑩ ［清］龚自珍:《与江居士笺》,《龚自珍全集》,第345页。

⑪ 参阅黄霖:《中国文学批评通史》(近代卷),上海:上海古籍出版社,1996年,第20—35页。

⑫ 王国维:《人间词话》,姚淦铭、王燕主编:《王国维文集》第一卷,北京:中国文史出版社,1997年,第141、142页。

刘勰所“原”之“道”，把十多位名家大师乱批一通，实为自己不明“自然之道”乃“道”之异名，迷途而不知返。

首先批评的是清代大学问家、四库全书总编辑纪昀点评《原道》篇“标自然以为宗”是“概念错误”：所谓“自然”“只是一个形容词”，“怎么能成为刘勰所标举的文学之‘宗’呢?”“刘勰既明言其所‘宗’为儒家经典，怎么可能在推原文章产生时另外再标举一个‘宗’出来呢！一宗二主，有是理乎?”[①] 这里魏先生犯了两个错误：一是不明“自然”乃“道”之异名，并非形容词，而是一个哲学范畴（名词），指宇宙本体。它是万物的本原，故“标自然以为宗”；二是刘勰的“宗经”是宗奉儒家经典作为文章的典范，而不是作为文章的本原。魏先生却说“一宗二主”，显然混淆了二者。钱锺书《管锥编》称：“乾，元亨利贞”：“《正义》云：‘天者，定体之名；乾者，体用之称。故《说卦》云：“乾，健”者，言天之体以乾为用。’”[②] 这里“天”指道之体，乾（健）乃道之用。还引柳宗元称“二者不可斯须离也”，即体、用二义是不可分的[③]。可见自纪昀以来龙学界肯定刘勰的“文道自然”说是正确的。有些学者过分强调二者的区别[④]，魏先生引以为据，遍批龙学名家，显然错误。还发现诸家把《原道》篇的“自然之道”都是译为“这是自然的道理”而不是“这就是‘自然之道’的”[⑤]，如获至宝。其实原因是不够流畅，不足为据。

魏先生接着批评首先在大学开设《文心雕龙研究》课程、对龙学有重大贡献的北京大学教授黄侃。其云：“彦和之意，以为文章本由自然生，故篇中数言自然”，这是从体来说，自然（道）为文章的本原；又云：“盖人有思心，既有语言，即有文章”[⑥]，这是从用来说，文章的产生乃是自然而然。这是对《原道》篇的“盖道之文也”和“自然之道也”“盖自然耳”的具体诠释，完全正确。继云：“案庄、韩之言道，犹言万物之所由然。文章之成，亦由自然，故韩子又言圣人得之以成文章。韩子所言，正彦和所祖也。”[⑦] 魏先生称“这种说法是颇为成问题的”，批评黄侃把刘勰的文原

---

① 魏伯河:《走出“自然之道”的误区》,《中国文论》第4辑,第73页。

② 钱锺书:《管锥编》第一册,北京:中华书局,1979年,第8页。

③ 钱锺书:《管锥编》第一册,第9页。

④ 陈伯海:《〈文心〉二题议》,《文心雕龙学刊》第二辑,济南:齐鲁书社,1984年,第124页。

⑤ 魏伯河:《走出“自然之道”的误区》,《中国文论》第4辑,第70页。

⑥ 黄侃:《文心雕龙札记》,第3页。

⑦ 黄侃:《文心雕龙札记》,第3页。

论引向“自然”，再引向老庄和韩非，“与《原道》篇文句多出于《易经》的事实明显相悖”①；又称《情采》篇的“详览庄、韩，则见华实过乎淫侈”和“诸子之徒，心非郁陶，苟驰夸饰，鬻声钓世，此为文而造情也”②为据，可见“对庄、韩并不怎么欣赏”③。最后还说黄侃在“道—圣—文”的系统中“抽换了‘道’的概念，把刘勰作为文学本原的‘道’说成了老庄乃至韩非所阐述的‘道’”，“误人不浅!”④。此处不过两三百字，其错误之处有五：一是把《情采》篇的“详览庄、韩”云云理解为刘勰“对庄、韩严重不满”，有违原意。该篇称“庄周云：‘辩雕万物’，谓藻饰也；韩非云：‘艳采辩说’，谓绮丽也”⑤，刘勰反对的是脱离内容片面追求形式美。他所处的时代是审美思潮觉醒的时代，他对这一时代潮流是接受的，不能理解为刘勰完全反对追求形式美。他对庄、韩强调“藻饰”和“绮丽”并无贬义。又“华实过乎淫侈”句，牟世金注称“华实”是复词偏义，只指华⑥，句意为不应华而不实。又《韩非子·解老》云：“有以淫侈为俗，则国之伤也”⑦，故知“华实过乎淫侈”句意谓：“华与实的关系如流于淫侈（也就是华而不实）就会成为过失”⑧，魏先生理解为贬义与原旨不合。二是《情采》篇的“诸子之徒”是承上文“辞人”（辞赋家）而言，并非指包括庄、韩的诸子。从《诸子》篇对诸子的称赞，可知此处不应理解为批评庄、韩。三是《史记·老子韩非列传》称庄子“其要本归于老子之言”、称韩非子“喜刑名法术之学，而其归本于黄（帝）老（子）”⑨，可见黄侃把刘勰的自然论引向庄、韩和黄帝言之有据，而魏先生却以为非，又未举理据，不能服人。四是从《原道》篇反复强调所原之道乃是“自然”“自然之道”，可见与老、庄的“自然”一致，显然比视为源自《易经》更为直接，不能以后者否定前者。五是《原道》篇的道→圣→文系统中，其云“道沿圣以垂文，圣应文而明道”⑩，一个“沿”字说明黄

① 魏伯河:《走出“自然之道”的误区》,《中国文论》第4辑,第74页。
② 范文澜:《文心雕龙注》,第538页。
③ 魏伯河:《走出“自然之道”的误区》,《中国文论》第4辑,第74页。
④ 魏伯河:《走出“自然之道”的误区》,《中国文论》第4辑,第74页。
⑤ 范文澜:《文心雕龙注》,第537页。
⑥ 陆侃如、牟世金:《文心雕龙译注》下册,第146页。
⑦ [清]王先慎撰,钟哲点校:《韩非子集解》,北京:中华书局,1998年,第153页。
⑧ 詹锳:《文心雕龙义证》,上海:上海古籍出版社,1989年,第1156页。
⑨ [汉]司马迁:《史记》卷六十三,北京:中华书局,2011年,第2143、2146页。
⑩ 范文澜:《文心雕龙注》,第3页。

侃没有偷换概念，倒是魏先生视为由“宗经”逆向“推演”出《原道》所原的道只能是儒家之道，分明有违原旨。如此种种，要说“误人不浅”，应是魏先生自己！

范文澜先生称：“（《原道》篇）所谓道者，即自然之道，亦即《宗经》篇所谓恒久之至道”，再结合《征圣》《宗经》二篇，“自指圣贤之大道”，“与空言文以载道殊途”；继赞纪昀称誉刘勰所见“在六朝文士之上”以及“文以载道，明其当然；文原于道，明其本原”为“识其本乃不逐其末”与“标自然以为宗”。① 魏先生大批一通，其实不知自己错了，其误有三：一是说范文澜“率先把‘自然之道’当成了一个独立的哲学术语，影响甚大”②，“自然之道”本来就是哲学范畴，即道之异名，魏先生不过是重复自己的错误；二是范文澜已明言《原道》之道乃是自然之道，这与黄侃称其与老、庄的自然之道一致，魏却视为“矫正了黄侃之失”③，可谓无中生有；三是批评范文澜“把《原道》之所谓‘道’与《宗经》的‘恒久之至道’混同”④。与此相同，郭绍虞也说：《原道》之道是指自然之道，“所以说‘文之为德与天地并生’”；《宗经》之道，是指儒家之道，“所以说：‘经也者，恒久之至道，不刊之鸿教也’”，故《文心》之道“兼有此二义”。魏先生也批评说：“这样随文解读，肯定是违背刘勰本意的”，如此一来，“便直接打乱了‘道—圣—文’三位一体理论架构的统一性”⑤。其实“肯定”违背刘勰本意的是魏先生。张少康早已指出：“刘勰认为儒家的社会政治之‘道’乃是作为普遍的自然规律的哲理之道的具体运用和发挥，这也是‘六经’之所以有崇高地位的原由。”这样，刘勰“便把老庄那种哲理性的‘自然之道’具体化为儒家之‘道’，又把儒家之‘道’上升为普遍的自然规律之体现”。⑥ 可见只有进入人类社会后由“圣人”总结的社会人伦之道才是儒家之道。因此，范文澜、郭绍虞都是随着道在不同历史阶段的演进而说，而魏先生却反过来由《宗经》篇的儒家之道逆向推论认定《原道》篇之道非儒家之道不可，这才“肯定是违背刘勰本意的”。

---

① 范文澜:《文心雕龙注》,第3—4页。

② 魏伯河:《走出“自然之道”的误区》,《中国文论》第4辑,第73页。

③ 魏伯河:《走出“自然之道”的误区》,《中国文论》第4辑,第75页。

④ 魏伯河:《走出“自然之道”的误区》,《中国文论》第4辑,第73页。

⑤ 魏伯河:《走出“自然之道”的误区》,《中国文论》第4辑,第75页。

⑥ 张少康:《文心雕龙新探》,第28页。

刘永济称“文心原道，盖出自然”“舍人论文，首重自然”，并指出：“此所谓‘自然’者，即道之异名。”[1] 这是正确的。魏先生却批评“此说明显受到纪昀、黄侃之说影响，但又有所发展”，把“纪昀笔下的文学批评术语一变而为纯粹的哲学术语了”[2]。魏先生又批评王元化把“道心”“神理”也是“视为同一概念，显然不妥”[3]，其实二者同义，魏先生实在是一而再、再而三重复自己的错误而不自觉，令人啼笑皆非。王运熙指出：“刘勰把自然之道和儒家之道融合起来，归于一致。实际乃是当时玄学自然与名教合一思想的反映。刘勰在《原道》篇中论述了作为各体文章的渊源和规范的六经，是本于道同时又是用来明道的，这就为文章以及作文必须宗经的合理性和重要性奠定了理论基础。”[4] 这本是深刻的见解，魏先生却批评说：“此说正面了《原道》篇的实际，但并没有走出‘自然之道’的误区”，把“自然之道”“看作了与儒家之道同一层次的概念”[5]，又是重复自己的错误；又称牟世金把“自然之道”即“万事万物必有其自然之美的规律”作为刘勰论文的一个基本观点，试问刘勰“通过《宗经》进而《征圣》、最终推原出来作为全书压卷的就是这样一个尽人皆知的浅显道理吗?”[6]；不知自己错了还振振有词质疑别人，俗云：秀才见了兵，有理说不清。不是秀才讲不清道理，而是兵根本不懂道理、不讲道理；又批评吴调公“把圣人之所以成为规范的原因归结为符合于自然之道”，其缺陷“也是把‘自然之道’当成了专用名词，并曲为之说”[7]；批评祖保泉也是把“自然之道”“看作了专用术语”，“无法将其与宗经、崇儒统一起来”[8]；批评周振甫“把自然之道当成专门术语”[9]，批评杨明照“其观点与范文澜颇为类似”[10]，等等。究其根源，都是由于不明“自然之道”乃道之异名。再如，陆侃如称：“自然是客观事物，道是原则或规律。自然之道就是客观

---

① 刘永济:《文心雕龙校释》,北京:中华书局,1962 年,第 1、2 页。
② 魏伯河:《走出“自然之道”的误区》,《中国文论》第 4 辑,第 75 页。
③ 魏伯河:《走出“自然之道”的误区》,《中国文论》第 4 辑,第 76 页。
④ 王运熙:《文心雕龙探索》,上海:上海古籍出版社,1986 年,第 56 页。
⑤ 魏伯河:《走出“自然之道”的误区》,《中国文论》第 4 辑,第 76 页。
⑥ 魏伯河:《走出“自然之道”的误区》,《中国文论》第 4 辑,第 77 页。
⑦ 魏伯河:《走出“自然之道”的误区》,《中国文论》第 4 辑,第 76 页。
⑧ 魏伯河:《走出“自然之道”的误区》,《中国文论》第 4 辑,第 76 页。
⑨ 魏伯河:《走出“自然之道”的误区》,《中国文论》第 4 辑,第 76 页。
⑩ 魏伯河:《走出“自然之道”的误区》,《中国文论》第 4 辑,第 76 页。

事物的原则或规律。”① 魏先生批评说：“我国古代之所谓自然，从未有作‘客观事物’解者。自然作世间万物解，应该是西学传入之后的事。”② 既然是“现代解释”，自然用现代人的语言。后来做了修改，是为了更加准确，不必小题大做。至于所说“自然作世间万物解”是“西学传入之后的事”，值得商榷。唐人司空徒《诗品》其“自然”云：“俯拾即是，不取诸邻”③，意谓文学创作可从中吸取材料，“自然”显然含有“世间万物”之意；其“精神”云：“生气远出，不着死灰。妙造自然，伊谁与裁?”④ 意谓：艺术作品中的生气勃勃的景象，是从“自然”即“世间万物”吸取材料创作而来。可见“自然”作“世间万物”解早已有之，魏先生上述之说不能成立。

总之，魏先生严厉批评二十世纪以来大陆龙学界把“自然之道”“误为”刘勰所“原”之“道”，此说“风靡数十年，误导了大量后学和一般读者”，对它进行清理，是“一个迫切的任务”⑤，“并借以完成三十余年未了之心愿”⑥。可惜魏先生连“自然之道”是个哲学范畴也没有搞清楚，起步就错了。所谓一步错，满盘皆落索！魏先生把龙学界十多位名家大师都批评了，还“还原”其“本来面目”，“分析”其“发展演变”和“长期流行的原因”，可见误导他人、“害人不浅”者，正是魏先生自己！

四、魏先生严责龙学界忽视或误读文本，批评失实

魏先生严厉批评大陆龙学界“误读文本或脱离文本、任意发挥无限引申”，并称对它进行清理“使龙学研究走出误区，回到尊重文本，实事求是的正确科研途径上来”⑦。这是严重失实的批评。笔者作为一个龙学界的老兵，数十年来在高校从事龙学的研究和教学（在本科和研究生开设《文心雕龙研究》选修课），曾任《文心雕龙》学会理事多年，共十多次参加中国《文心雕龙》学会的年会和国际研讨会（最近两次年会因身体和年龄原

---

① 陆侃如:《文心雕龙论道》,《陆侃如古典文学论文集》,上海:上海古籍出版社,1987 年,第 835 页。

② 魏伯河:《走出“自然之道”的误区》,《中国文论》第 4 辑,第 75 页。

③ 郭绍虞主编:《中国历代文论选》第二册,第 205 页。

④ 郭绍虞主编:《中国历代文论选》第二册,第 205 页。

⑤ 魏伯河:《走出“自然之道”的误区》,《中国文论》第 4 辑,第 64 页。

⑥ 魏伯河:《走出“自然之道”的误区》,《中国文论》第 4 辑,第 65 页。

⑦ 魏伯河:《走出“自然之道”的误区》,《中国文论》第 4 辑,第 64 页。

因未能赴会），和龙学界的许多学友一起见证了二十世纪八十年代以来龙学的蓬勃发展。总的来说，其间并没有魏先生所说的严重情况，即使有也是个别的（有年会和研讨会的论文集可查）。魏先生所举例子，最主要和最典型的也就是魏先生自己批评龙学界肯定“文道自然”说的例子，如上所述，是魏先生自己错了。其次魏先生所举的例子是《正本清源说“宗经”》一文所举周振甫先生的例子。虽不无道理，但不少是值得商榷的。如周先生指出：刘勰的“征圣”“宗经”是从为文的角度着眼的，就很有见地。又如魏先生认定“宗经”是“文之枢纽”的“核心”，由此对周先生的解说进行批评，这也是值得商榷的（笔者拟另文商榷）。此外未见其他例子。可见魏先生对龙学界的严厉批评是言过其实和经不起检验的。不过，笔者仔细检验，发现倒是魏先生相当符合自己对龙学界的严厉批评和指责的。谓予不信，请看：

例1：《原道》篇先用近半篇幅一而再、再而三曰“道之文”“盖自然”和“自然之道也”，前者是道之体，后二者是道之用。这是研究“自然之道”的主要文本依据。魏先生却连其体、用二义也没有弄清就遍批龙学界，能说是重视文本吗？

例2：魏先生称：“《原道》中的道是源于《易经》、神秘微妙的‘天道’（或称‘神理’）。”[①] 但查《宗经》篇云：“夫《易》惟谈天，入神致用”[②]（《易经》探究天道即自然之道既精深微妙，又能在实际中运用）；《书记》篇云：“阴阳盈虚，五行消息，变虽不常，而稽之有则也”[③]（宇宙万物变化无常，但细究是有规律的）；《征圣》篇云：“夫鉴周日月，妙极机神”[④]（圣人全面考察天地变化，深入其中奥妙之处），说明《易经》和刘勰均认为天道并非神秘莫测。难道上述文本魏先生没有读过？竟然说《易经》和《文心·原道》篇视天道为神秘不可知，这不是公然违反文本原旨吗？

例3：为了证明自己认为“枢纽”五篇中《宗经》是核心的观点，魏先生臆造刘勰的文学史观视商周文学为“顶峰”称：“（刘勰）认为最理想的是以经书为代表的商周之文，这是中国文学发展的顶峰”；又称“《辨

① 魏伯河：《正本清源说宗经》，《中国文论》第3辑，第60页。

② 范文澜：《文心雕龙注》，第21页。

③ 范文澜：《文心雕龙注》，第458页。

④ 范文澜：《文心雕龙注》，第15页。

骚》之辨，是辨别”，是“指出其地位次于五经”[①]。完全无视《辨骚》篇盛赞屈骚的十篇作品后高度评价“故能气往轹古，辞来切今，惊采绝艳，难以并能矣”。[②] 牟世金指出：“（这）不仅是全书所评作品之无以复加者，即使对《诗经》，也没有作如此之高的具体评价。”[③] 魏先生又援引《时序》篇振振有词论证“商周文学顶峰”论，完全无视该篇盛赞“屈平联藻于日月”和屈骚“笼罩《雅》《颂》”[④]，明明说屈骚远远超越《诗经》。正如罗宗强指出：刘勰的文学史观“极重视历史的承传，而又强调发展与新变”。[⑤] 可见所谓“商周文学顶峰”论是无视文本而随意臆造的。

例4：魏先生称《原道》篇的“写作思路”是：“为了‘矫讹翻浅’（《通变》）而力倡‘宗经’，为使‘宗经’主张具有神圣性，才向上‘征圣’进而‘原道’。”[⑥] 由此证明刘勰所“原”之道只能是儒家之道。但该篇明明说“道沿圣以垂文，圣因文而明道”，可知在道→圣→文系统中，道（自然之道）是出发点，一个“沿”字意义十分明确，岂能逆向推演出《原道》之道是儒家之道！这是违反文本原旨以迎合主观意愿的典型例子。

以上数例足以说明：“误读文本或脱离文本、任意发挥无限引申”最严重、最典型者正是魏先生自己，却批评龙学界的名家大师，而使龙学界“从长期徘徊的盘陀路里解脱出来”[⑦]，洋洋洒洒，可惜到头来竹篮打水一场空，原来是自己错了却不自知！魏先生最后还以安徒生童话“皇帝新衣”的那个“说破真相”的小孩自喻[⑧]，但龙学界没有骗局，有的是魏先生迷途而不知返罢了。

（作者单位：华南师范大学文学院）

① 魏伯河：《〈文心雕龙〉“文之枢纽”新探》，《中国文论》第5辑，第82页。
② 范文澜：《文心雕龙注》，第47页。
③ 牟世金：《文心雕龙研究》，北京：人民文学出版社，1995年，第200页。
④ 范文澜：《文心雕龙注》，第672页。
⑤ 罗宗强：《魏晋南北朝文学思想史》，第306页。
⑥ 魏伯河：《走出“自然之道”的误区》，《中国文论》第4辑，第65页。
⑦ 魏伯河：《走出“自然之道”的误区》，《中国文论》第4辑，第64、78页。
⑧ 魏伯河：《走出“自然之道”的误区》，《中国文论》第4辑，第78页。

论《礼记》“哀乐相生”思想的内涵与意义[①]

周纪文

摘　要： 哀乐相生是《礼记》中的重要观念，也体现了礼乐文化的核心思想，又是一种自觉的精神追求。在哀乐相生思想中，哀中有乐、乐中有哀，哀乐相反相成。哀乐对比而言，在互助相生的动态机制中，哀更是具有反哺助力的功能，因此，作为审美感受，哀在美育实践中有着更加重要的作用，而这一点恰恰是以往重视不够的。

关键词： 哀；乐；哀乐相生；礼乐文化

儒家礼乐思想作为一种文化形态至今对社会生活的方方面面依然具有相当的影响力，礼乐文化观在《礼记》中有着集中的阐释，其中“哀乐[②]相生”思想表达了礼乐文化的核心观念，但是其美育价值在当代还有待重新发现。

一

“哀乐相生”观点在《礼记》中有一段这样的表述：“志之所至，诗亦至焉；诗之所至，礼亦至焉；礼之所至，乐亦至焉；乐之所至，哀亦至焉；哀乐相生。”[③] 孔颖达在解释“哀乐相生”时从先生后死和乐极生哀的生命

---

① 基金项目：山东省社会科学规划项目“以礼乐文化为内核的传统工艺审美文化体系研究”（19CZWJ08）。

② 本文中的“乐”依据儒家思想有两个读音和含义，“哀乐相生”中读 lè，与哀相对，指情感表现，文中大部分是这个含义；“礼乐文化”“乐教”中读 yuè，狭义指音乐，广义指符合礼制规范的音乐、舞蹈、演奏等综合艺术形态。

③ 胡平生、张萌译注：《礼记·孔子闲居》，北京：中华书局，2017 年，第 978 页。

经验来说明，是比较容易使人理解和接受的，但是却不够全面和深入。就《孔子闲居》中对“哀乐相生”的这段表述文字来看，在志、诗、礼、乐、哀之间似乎存在一个发展递进的关系，在礼乐思想的体系之中这一表述也不难理解，但是从结论上就可以看出，“哀乐相生”绝不是在单纯地描述情感经验现象。

“哀”和“乐”首先是两种自然情感，而且生于人的本心。《礼记》中讲，“何谓人情？喜、怒、哀、惧、爱、恶、欲，七者弗学而能”①，“喜”和“哀”都是不学而能的感性表现，人们感受到快乐愉悦的时候会笑，痛苦哀伤的时候会哭，比如“欣喜欢爱，乐之官也”②，比如《礼记》中有大量关于丧祭礼仪中哭的规定，同时还会一再强调“悲哀在中，故形变于外也”③，无论是喜是悲，是笑是哭，都是“人情之实”，都是发自内心的真实情感表现，是人的本能。对于本心和真实情感的强调，从“哀乐相生”观点的理解上讲，是一个基础，即共同的人性和共通的情感机制。

“哀”和“乐”是自然情感，但又不仅仅是自然情感。《性自命出》中对于“乐”的情感这样分析，“笑，礼之浅泽也。乐，礼之深泽也。凡声其出于情也信，然后其入拨人之心也厚。闻笑声，则鲜如也斯喜。闻歌谣，则陶如也斯奋。听琴瑟之声，则悸如也斯叹”④，将音乐所引发的笑和乐又做区分，区分的标准就是音乐对“礼”的表现。“故曰：‘乐者，乐也。’君子乐得其道，小人乐得其欲。以道制欲，则乐而不乱；以欲忘道，则惑而不乐”⑤，可见，得道之乐和知礼之乐，在儒家看来显然是一种高于感性快乐的精神愉悦。同理，“哀”所表达的情感也不仅仅是悲和哭，“哀”也是感性与理性杂糅的情感，如果说“乐”有得道之乐，那么“哀”也有得道之哀，也就是要符合“礼”。由此可知，“哀”和“乐”既是自然情绪的表现，同时也是自觉情感的表达，因此我们可以说，在儒家“哀乐相生”的观念中，根据不同语境，“哀”“乐”概念可以单纯地描述情绪状态，但其更重要的作用是作为理论范畴，作为礼乐文化的专有概念，其概念内涵和相互关系才形成了“哀乐相生”思想。

---

① 胡平生、张萌译注:《礼记·礼运》,第432页。
② 胡平生、张萌译注:《礼记·乐记》,第724页。
③ 胡平生、张萌译注:《礼记·问丧》,第432页。
④ 荆门市博物馆编:《郭店楚墓竹简·性自命出》,北京:文物出版社,2002年,第69页。
⑤ 胡平生、张萌译注:《礼记·乐记》,第735页。

生于本心的哀乐自然情感发展成了感性与理性相混杂的复合情感，这个发展也就是哀乐相生的过程。虽然我们习惯按照喜怒哀乐把情感进行划分，但是实际上人的情感在生发的那一刻开始就是复杂的，因为情感活动会引发各个心理因素的作为和心理机制的系统联动，先天生物性的差异和后天经验性的不同都会在心理活动中共同作用，因此喜极而泣可能就是一瞬间的情绪转化。当然我们首先要承认哀乐是一对完全相反的心理感受和情感状态，所以《礼记》中大量丧祭礼仪的规定都是针对“乐”的限制，其中对于失去亲人的人会从容貌、哭声、语言、饮食、丧服、居住等等方面给予不同的规定，这些规定基本上都是针对那些可以满足人的快乐欲望的限制。“夫悲哀在中，故形变于外也；痛疾在心，故口不甘味，身不安美也”①，儒家认为悲伤之中的人自然不会愿意享受那些快乐的事情，因此对这些事情的限制程度也就能体现出悲伤的程度，比如父母之丧，哭祭时“蔬食水饮，不食菜果”，一年之后才能吃蔬果，再一年可以加调味品，之后再一个月可以喝甜酒、吃干肉，这样才能表现出发自内心的悲哀②。从这些礼仪规定看，“哀”与“乐”被设置成了此消彼长的关系，似乎人的内心就是一个战场，作战双方泾渭分明，但事实上人的内心比战场要复杂得多，哀乐之间并没有横亘着一条楚河汉界。哀乐虽然是一对对立相反的情感状态，但同时也有着相近相似的心理体验，《性自命出》中就说“凡至乐必悲，哭亦悲，皆至其情也。哀、乐，其性相近也，是故其心不远。哭之动心也，浸杀，其央恋恋如也，戚然以终。乐之动心也，濬深郁陶，其央则流如也以悲，悠然以思”③。“哀”与“乐”的自然属性是非常相似的，都是其心不远，动心而已，思想转念之间就会走向了对方，所以哀乐之间才会成为既对立又相依、既相反又相成的关系，因而乐极生悲、悲喜交加的情况常常存在，也就是孔颖达解释的情感经验。但是我们说“哀乐相生”虽然是情感的复合现象，却不是悲喜交加的无目的性的情感混杂，也不是乐极生悲的被动式心理发展，儒家所阐发的“哀乐相生”思想是一种合目的性的、主动的精神追求，因为哀乐在转念之际，其关键所在是“思”，是一种理性的自觉的精神活动。

---

① 胡平生、张萌译注:《礼记·问丧》,第1104页。

② 胡平生、张萌译注:《礼记·间传》,第1122页。

③ 荆门市博物馆编:《郭店楚墓竹简·性自命出》,第69页。

二

在“哀乐相生”的思想中，哀乐自然是相提并论的两个概念，而且它们的关系是相反相成的紧密关系，但是我们知道哀乐相生是一个动态的发展过程，在其发展转化、互渗融合的过程中，势必会出现情感因素比重的差异变化，一定程度上，我们也可以把它们的发展看作是两种情感力量的相互作用。如果说“哀乐相生”是追求“和”的情感，那么根据《乐记》的阐释，“乐者，乐也”，“乐”源于“天地大和”“近于仁”，是否就说明“乐”比“哀”在发展过程中的作用更大，“乐”比“哀”的情感更重要呢？应该说儒家确实更重视“乐”的情感体验，一方面是因为这是人的天性，二是因为“乐”是人生追求的目标。龚建平就认为孔子并没有明确提出“哀”的问题，一直是间接谈论“哀”，不管是修身励志所要忍受的磨炼，还是生离死别所要经历的痛苦，还有衰老死亡带来的无奈等等，孔子讲到了种种悲伤哀痛，却不直接提出和辨析“哀”的概念，在这个问题上孔子“并没有展示他的宗教家情怀，所立之教仍是世俗的‘伦理教’”，而“‘哀’毕竟是个我人生领悟的一个极点（独念），不是也不宜把它作为有入世情怀的儒者的入门”，尤其是在“礼崩乐坏”的时代，孔子要用“乐”来提升世道人心，所以“哀”的概念直到子思和孟子的时代才逐渐清晰，其价值得以提升。① 儒家对“乐”的偏好深刻地影响了国人的情感心理结构的形成，李泽厚先生提出的“乐感文化”正是抓住了民族性格中的这一点，“自孔子开始的儒家精神的基本特征便正是以心理的情感原则作为伦理学、世界观、宇宙论的基石”，“这种精神不只是儒家的教义，更重要的是它已经成为中国人的普遍意识或潜意识，成为一种文化——心理结构或民族性格。‘中国人很少真正彻底的悲观主义，他们总愿意乐观地眺望未来……’”②。李泽厚先生认为“乐”在中国哲学中实际上已经具有本体的意义，有着天地之情的理据，按照“天人合一”的逻辑，“乐”确实具有不证自明的正确性和方向性，但是，从“哀乐相生”的思想中，我们发现事实上“哀”的生成性价值应该更大，没有对于“哀”的倾情体验，就不可

---

① 参见龚建平：《意义的生成与实现——〈礼记〉哲学思想》，北京：商务印书馆，2005 年，第 402—403 页。

② 李泽厚：《中国古代思想史论》，合肥：安徽文艺出版社，1994 年，第 308—309 页。

能真正获得“乐”的丰富感受，没有对于“哀”的反思理解，就不可能真正领会“乐”的深刻内涵。同样是对民族文化性格的精辟总结，除了李泽厚先生的“乐感文化”说，还有徐复观先生的“忧患意识”说，他认为在殷周之际，中国的人文精神表现为一种忧患意识，而忧患意识的形成是周人在困境中精神自觉的反映，此后成为中国人重视责任感和经验智慧的性格组成。忧患意识还有一个独特之处，它不是像乐感文化那样，在“乐”中感受“乐”，而是在“乐”中感受“忧”，作为一种反思能力和警醒意识，应该说忧患意识更多地产生于“哀”的情感，是对失败和伤痛所引发的哀伤的恐惧感受，才激发出向上的精神动力，“忧患正是由这种责任感来的要以己力突破困难而尚未突破时的心理状态。所以忧患意识，乃人类精神开始直接对事物发生责任感的表现，也即是精神上开始有了人的自觉的表现”①。

哀乐相生是在心理机制中发生并表现在情绪感受之中的，对于情感变化的根本原因，儒家找到了合情合理的基础，或者称之为本体——“仁”。所以在对礼乐的本质认识上，孔子讲“仁近于乐，义近于礼”②。“仁”是孔子思想最核心的概念，《中庸》讲“仁者，人也，亲亲为大”，孟子也说“仁，人心也”，在儒家这里，“仁心”是人之为人的根本，是标志着人脱离动物性，并具有道德理性的开始。据统计，《论语》中“仁”出现了109次，其中最主要的含义就是“爱人”，其中“人”是从亲人并推己及人，《礼记》中有讲“立爱自亲始”，《论语》中也讲“泛爱众，而亲仁”；“爱”则是从亲亲之爱到憯怛之爱，龚建平认为“仁心有两面：一面是‘戚戚亲爱’之情，一面是‘憯怛’‘恻隐’之情。如果说前者为‘和’‘乐’，后者则为‘悲’‘哀’。‘和’‘乐’而安，‘悲’‘哀’而痛。二者相互关联。”③ 应该说仁心的这两面就是仁爱的特性，或者我们根本就不用分出这两面，基于亲亲之情又能超越狭隘亲亲之爱的“仁爱”，就是一种大爱、至爱，所以仁爱之心的情感感受也自然不是简单的快乐，而应该是对“哀乐相生”的深刻体验，这是乐中有哀、哀中有乐、超越哀乐、无哀无乐的心灵安静，是对天地之情的深刻理解。

---

① 徐复观：《中国人性论史·先秦篇》，北京：九州出版社，2014年，第20页。

② 胡平生、张萌译注：《礼记·乐记》，第725页。

③ 龚建平：《意义的生成与实现——〈礼记〉哲学思想》，第399页。

儒家用“亲亲”之爱为“中心之仁”找到了现实社会的实践起点，但是这种仁爱却不仅限于血亲，“凡生天地之间者，有血气之属必有知，有知之属莫不知爱其类”[①]，因此《表记》中讲：“君天下，生无私，死不厚其子，子民如父母，有憯怛之爱，有忠利之教”“中心憯怛，爱人之仁”[②]，所以憯怛之爱就是比亲亲之爱更扩展了的仁爱。憯怛之爱是一种怎样的心理感受呢?《说文解字》曰：“怛，憯也。憯，痛也”，如何理解这种心痛的仁爱，我们可以借助孟子的“恻隐之心”，孟子曰：“乃若其情，则可以为善矣，乃所谓善也。若夫为不善，非才之罪也。恻隐之心，人皆有之。……恻隐之心，仁也”[③]，孟子将恻隐之心作为仁爱的开端，正是因为同类之间天然存在憯怛情感。这是一种共情，这有些像亚里士多德所说的怜悯之心，“一种由于落在不应当受害的人身上的毁灭性的或引起痛苦的、想来很快就会落在自己身上或亲友身上的祸害所引起的痛苦的情绪”[④]，他认为一切毁灭性的、致命的、不幸的事情都会引起怜悯之情，根据不同的情况还会引发不同的心理感受，比如怜悯、同情和恐惧。憯怛之爱比怜悯之心的含义似乎更为宽泛，亚里士多德用人类的怜悯同情情感来论述悲剧审美感受的合理性，更加强调无过错或者无心之过所必然承受的巨大的悲惨事件，而憯怛之爱所面对的心理感受对象却不一定是多么悲惨的事件，也许是人生无常，也许是生命必然，也许是生活困顿、暂时阻滞等等，因而感受主体的心理不仅仅是“悲”“苦”“痛”感受，而是更为复杂的不“乐”的情感表现，是哀，更是哀而不伤。

我们看到不管是忧患意识还是憯怛之爱，或者恻隐之心、怜悯之情，这些夹杂着痛感的心理感受都是人生之哀，如果说哀乐是硬币的两面，人生的这枚硬币似乎“哀”的一面出现得更为频繁，但是人总是会追求“乐”的，这也是人性的必然。所以，我们正是从这个角度讲，“哀乐相生”是一种自觉的精神追求，经历过哀痛的心灵，并不惧怕伤害，反而更加明白人生的真谛，更愿意激发出自我向上的动力，去完善自我、超越自我，去追求君子之乐，正像颜回“一箪食，一瓢饮，在陋巷，人不堪其忧，

---

① 胡平生、张萌译注:《礼记·三年问》,第1130页。

② 胡平生、张萌译注:《礼记·表记》,第1059、1048页。

③ ［宋］朱熹:《孟子集注》,济南:齐鲁书社,1992年,第159页。

④ ［古希腊］亚里士多德著,罗念生译:《亚里士多德〈诗学〉〈修辞学〉》,上海:上海人民出版社,2015年,第225页。

回也不改其乐”①，这才是哀乐相生的思想内涵，也是礼乐文化的核心观念。

三

情感生于本心，本心是怎样的状态呢？“人生而静，天之性也”②，“静”是心的自然状态，这一点在道家的认知中也是一样的，“致虚极，守静笃。万物并作，吾以观复。夫物芸芸，各复归其根。归根曰静，静曰复命”③。人心本静，因此所有的情感才是动心而成，人为什么会动心呢？“感于物而动，性之欲也”④，看上去是“物”触动了“心”，但实质上是“欲”难以控制。人有七情六欲，情欲是人的本能，“饮食男女，人之大欲存焉；死亡贫苦，人之大恶存焉”⑤，“情”与“欲”紧密联系在一起，“情”是“欲”的“形”，“欲”是“情”的“势”，“情”受“欲”的推动指挥，表现出无常难控的性质，这样的情就是偏向于“欲”的“情”，可以称之为情欲。但是这个层面的“情”只是人本能自然的感性之情，作为情感共通的一个基础条件存在，更多地表现为个体行为，事实上儒家所讲的“情”具有更广义的外延和更深刻的内涵。

“乐也者，情之不可变者也；礼也者，理之不可易者也。乐统同，礼辨异，礼、乐之说，管乎人情矣。……礼、乐偩天地之情，达神明之德，降兴上下之神，而凝是精粗之体，领父子、君臣之节”⑥，天地秩序分明是天地之情，这是情的理据和本源，可以称之为情理，“静”的本然状态也是因为自然有序的天地之情。在情欲与情理之间，是“情”的礼乐化过程，也就是人文教化的过程，儒家之所以认为情欲需要教化，是因为看到了无常之情一旦失于控制，无论是对人还是对社会国家都会是有害的，因此，《礼记》中讲“视不明，听不聪，行不正，不知哀，君子病之”⑦，君子不为是因为君子深知其有害性，因此，君子的情感一定是合乎礼的要求。孔子一再强调礼乐的重要性，因为只有加强礼乐教化才能实现儒家培养君子人格

① 陈晓芬、徐儒宗译注：《论语、大学、中庸》，《论语·雍也》，北京：中华书局，2011年，第66页。
② 胡平生、张萌译注：《礼记·乐记》，第718页。
③ 陈鼓应：《老子注释及评价》，北京：中华书局，1984年，第124页。
④ 胡平生、张萌译注：《礼记·乐记》，第718页。
⑤ 胡平生、张萌译注：《礼记·礼运》，第432页。
⑥ 胡平生、张萌译注：《礼记·乐记》，第739页。
⑦ 胡平生、张萌译注：《礼记·杂记》下，第813页。

的目的，“兴于诗，立于礼，成于乐”①，因而只有君子才可以“乐得其道”。礼制是为了建立尊卑贵贱、长幼有序、男女有别的等级秩序，是一种严格的标准的规则，并带有一定的强制性。情感的礼乐教化正是礼乐文化思想的核心和目的所在，“是故先王之制礼乐，人为之节。衰麻哭泣，所以节丧纪也；钟鼓干戚，所以和安乐也；昏姻冠笄，所以别男女也；射乡食飨，所以正交接也。礼节民心，乐和民声，政以行之，刑以防之。礼、乐、刑、政，四达而不悖，则王道备矣”②。这里对于礼乐的作用与分工讲得非常明确，礼负责节制，分而治之，乐负责同化，和而乐之。“和”也是儒家思想最核心最重要的范畴与观念，是礼乐文化的根本原则与理想追求，“喜怒哀乐之未发，谓之中；发而皆中节，谓之和。中也者，天下之大本也；和也者，天下之达道也。致中和，天地位焉。万物育焉”③。有了“中和”之道，礼乐才能具有一刚一柔、一动一静的教化功能，有了“中”的原则，才可以判断出“其声哀而不庄，乐而不安，慢易以犯节，流湎以忘本”④，有了“和”的本源，也才可能从实现五音不乱到乐行伦清，从血气和平到天下皆宁，同样，也才能够谈论和理解“哀乐相生”。如果说“和”作为儒家思想最核心的观念和最高的审美理想，在不同的层面和领域有着不同的表现的话，那么在心理和情感的层面，“和”更为具体的表现为“安”。《说文解字》曰“安，静也”，“静”作为事物的本质属性，“安”则是“静”的一种状态，儒家讲“安身立命”，就是看到了个我的身安心安与天下安的必然联系，礼乐文化正是让个我“安”的保障和途径，“乐也者，动于内者；礼也者，动于外者也。故礼主其减，乐主其盈。礼减而进，以进为文；乐盈而反，以反为文。礼减而不进则销，乐盈而不反则放，故礼有报而乐有反。礼得其报则乐，乐得其反则安。礼之报，乐之反，其义一也”⑤。因此，儒家礼乐思想在一开始就发现礼治必须依靠乐教作用于人心，“乐由中出，礼自外作”，也就是说是音乐的性质决定其可以直接作用于人心，同时，乐教可以使教化人心春风化雨，更是因为“乐者，天地之

① 陈晓芬、徐儒宗译注:《论语、大学、中庸》,《论语·泰伯》,第 92 页。
② 胡平生、张萌译注:《礼记·乐记》,第 719 页。
③ 胡平生、张萌译注:《礼记·中庸》,第 1007 页。
④ 胡平生、张萌译注:《礼记·乐记》,第 733 页。
⑤ 胡平生、张萌译注:《礼记·乐记》,第 755 页。

和也；礼者，天地之序也"①，"和"是"乐"的本质，也是"乐"的功能，是"乐"能够教化人心的根本原因。

哀乐实际上也都是一种审美感受，乐是一种快感，哀自然是一种不快感，"快感可以假定为灵魂的一种运动——使灵魂迅速地、可以感受到地恢复到它的自然状态的运动：快感的反面是苦恼。……恢复自然状态，必然是使人愉快的"②。哀乐就像情感的波浪线，波峰与谷底都是精神的紧张状态，只有恢复松弛才代表平静状态的心理愉悦。所以我们更可以从美育的角度来肯定"哀乐相生"的理论价值，如果说孔子是从审美理想的目的出发更加偏好于"乐"，事实上这是在通过道德完善来获得精神自由的审美境界，但是，正像席勒指出的，"如果目的本身就是道德的，那么，艺术就丧失了那种它借以产生力量的唯一东西——它的自由，并且也丧失了那种它借以产生那么普遍影响的东西——快感的魅力"③。儒家思想作为心性哲学，在礼乐文化的设计上，一开始就强调到了刚性原则的礼制规则必须经过人心的接受和反应，所以乐教就是作用于心理、专注于情感的美育思想，"然后发以声音，而文以琴瑟，动以干戚，饰以羽旄，从以箫管。奋至德之光，动四气之和，以著万物之理。是故清明象天，广大象地，终始象四时，周还象风雨。五色成文而不乱，八风从律而不奸，百度得数而有常。小大相成，终始相生。倡和清浊，迭相为经。故乐行而伦清，耳目聪明，血气平和，移风易俗，天下皆宁"④。

从审美感受的角度讲，为什么人们可以从"哀"中获得快感，这一点我们可以借助西方美学家对悲剧审美感受的阐释，亚里士多德在讲到悲剧的功用时就认为悲剧是"借引起怜悯与恐惧来使这种情感得到陶冶"⑤，康德讲崇高时也分析说它仅能间接产生愉快，可以被称为消极的快乐，"它经历着一个瞬间的生命力的阻滞，而立刻继之以生命力的因而更加强烈的喷射，崇高的感觉产生了"⑥。杜卫在谈到悲剧的美育特点和价值时，认为"悲剧的教育是最高级最深刻的美育形态"，并引用了卡西尔在评论亚里士

① 胡平生、张萌译注：《礼记·乐记》，第723页。
② [古希腊]亚里士多德著，罗念生译：《亚里士多德〈诗学〉〈修辞学〉》，第177页。
③ [德]席勒著，张玉能编译：《席勒美学文集》，北京：人民出版社，2011年，第50页。
④ 胡平生、张萌译注：《礼记·乐记》，第735页。
⑤ [古希腊]亚里士多德著，罗念生译：《亚里士多德〈诗学〉〈修辞学〉》，第36页。
⑥ [德]康德著，宗白华译：《判断力批判》（上卷），北京：商务印书馆，1995年，第84页。

多德的悲剧宣泄理论时的一段话，“它的意义是指我们情感本身变为我们积极人生的一个组成部分，而不是消极人生的组成部分。它们被提升到一种新的状态”。[①] 同时，席勒也从美育的角度讲：“我把那种快感称为自由的，指的是精神力量”，“它们通过不快产生快感，因此它们使我们感到一种合目的性（因为快乐产生于合目的性，而痛苦却产生于相反方面），这种合目的性以一种反目的性为前提”，“没有什么合目的性比道德合目的性更加使我们关注，也绝没有什么东西超过我们从这种道德合目的性感受到的快乐”[②]。从这个意义上讲，“哀”作为“乐”的反面，更像是“哀”辅助了“乐”，“哀”成就了“乐”，与其说人生之哀可以走向人生之乐，不如说人生之乐中就包含了人生之哀，经过了心理转化的“哀”不再会给人带来伤害，反而使得“乐”更加丰富和深刻。

从审美教育的角度，我们认为在“哀乐相生”的思想中，“哀”的美育价值还没有被充分发掘，没有得到足够的重视，尤其是对于一直尊奉乐感文化的我们。无论是我们的艺术表达还是新闻传播，对于悲剧的表现都远远不够，对于“丑”的事物、“哀”的情感，我们习惯于将其转化，用以丑衬美、化哀为乐的方式逃避悲伤的氛围和哀痛的冲击，喜欢用大团圆和伪崇高制造幻觉，在消解真实的残酷性的同时，也消解了真实的力量，有时甚至是有意回避，这使得我们民族的心理长期缺乏哀的审美感受力锻炼，并进而使我们缺乏反思的能力和反省的勇气。我们有时候厌恶丑的、不美的，害怕恶的、不善的，于是就会去追求不真的、伪善的，这恰恰是因为我们不能真正理解“哀乐相生”的内涵，没有读懂儒家思想对于“哀”的价值和意义的重视，从这一点上讲，我们需要在美育的实践活动中增加对于“哀”的内容和形式的审美鉴赏，从美学思想上，充分阐释“哀”的思想内涵和审美价值，用“哀乐相生”的思想来诠释社会和人生。

（作者单位：山东大学儒学高等研究院）

---

① 杜卫：《美育论》，北京：教育科学出版社，2000 年，第 288、290 页。

② ［德］席勒，张玉能编译：《席勒美学文集》，第 50—52 页。

论文叙笔

论《四溟诗话》中的“象喻批评”及其诗学意义①

洪树华

摘　要：“象喻批评”是中国古代文学批评中常见的批评方式，在《四溟诗话》中也随处可见。这些“象喻批评”丰富杂多，喻体大致主要有：天体景象（日月、众星、孤霞）；波涛、疾雷、颠风、流泉、江河等自然物象；声响；造酒、酿蜜；瓜果蔬菜；用药疗疾；用兵（作战）、兵法；建房、选材；动物的动态（马行、鸟飞）；植物的枝干；人的行为以及多样物体，等等。这些喻体极具鲜明的、饶有趣味的特色。谢榛运用这种批评方法，对前人的诗歌做出形象化的品评，显示了他的丰富学识、才情及审美想象，具有不可忽视的诗学意义。

关键词：《四溟诗话》；象喻批评；审美想象；诗学意义

“象喻批评”是中国古代文学批评中常见的一种批评方法。关于它的称谓，迄今说法不一。张伯伟在《中国古代文学批评方法研究》一书中归纳为以下几种称谓：或为“比喻的品题”，或为“象征的批评”，或为“意象的喻示”，或为“形象性概念”，或为“形象批评”。张伯伟本人称之为“意象批评”。② 然而，有的学者，如吴果中把它称为“象喻批评”③。无论怎样的称谓，都是对这种极富民族特色的批评思维及方式的肯定。不可置

---

① 基金项目：山东大学（威海）教育教学改革研究项目“新形势下中国文学批评史课堂教学模式的改革与实践”（项目编号：Y2019004）。

② 张伯伟：《中国古代文学批评方法研究》，北京：中华书局，2002 年，第 196 页。

③ 吴果中：《论象喻批评》，《云梦学刊》2001 年第 6 期。

疑的是，这种批评方法被古代诗文理论家广泛运用于评诗论文的批评实践当中。明代诗人谢榛在《四溟诗话》中也继承和发扬了这一传统的批评方法，大量运用了象喻批评。今试图从解读《四溟诗话》中的有趣喻体出发，尽力全面挖掘其中的“象喻批评”，进而分析其诗学意义。

一、《四溟诗话》中的“象喻批评”的有趣喻体

《四溟诗话》，即《诗家直说》，现存多种校点本，如：宛平校点的、由人民文学出版社 1961 年出版的《四溟诗话》；朱其铠、王恒展、王少华校点的、由齐鲁书社 2000 年出版的《谢榛全集》收有《诗家直说》；李庆立、孙慎之笺注的、由齐鲁书社 1987 年出版的《诗家直说笺注》；周维德集校的、由齐鲁书社 2005 年出版的《全明诗话》（第二册）收入《四溟诗话》；陈广宏、侯荣川编校的、由复旦大学出版社 2017 年出版的《明人诗话要籍汇编》（第六册）收入《诗家直说》四卷，等等。然而，李庆立校笺的、由江苏古籍出版社 2003 年出版的《谢榛全集校笺》收入《诗家直说》最为完备，补佚了三十四则，另收《诗家直说自序》一篇。需要指出的是，本文所引谢榛的诗论，均出自该本。“象喻批评”在《四溟诗话》中随处可见。据笔者统计，在《四溟诗话》中可以见到七十多处的“象喻批评”。这些“象喻批评”的喻体丰富杂多，极具鲜明的、饶有趣味的特色。

（一）取喻之天体景象

在中国古代文学中，常常可以见到涉及日、月的诗文，如《诗经》中的《月出》《日月》、唐人李白《静夜思》及宋代苏轼《水调歌头》等。可以说，日、月成为中国文学歌咏不尽的题材。不过，谢榛在《四溟诗话》中，用日、月的光彩比喻诗歌的气韵，如他说：“诗无神气，犹绘日月而无光彩。”① “神气”，本是指人的精神风貌。诗人不同的性格特征，会表现在作品中，形成不同的风貌。那么，诗歌的内在精神和气韵，就是谢榛说的“神气”。谢榛把诗无神气比作绘日月无光彩，也就是把诗的神气比作日月的光彩，显然隐含了他注重诗歌的神韵、精神。谢榛论诗，重视神气，如他说：“当以神气为主，全篇浑成，无饾饤之迹。唐人间有此法。”② 谢榛

---

① ［明］谢榛著，李庆立校笺：《谢榛全集校笺》（下册），南京：江苏古籍出版社，2003 年，第 1122 页。

② ［明］谢榛著，李庆立校笺：《谢榛全集校笺》（下册），第 1141 页。

还在《四溟诗话》中涉及评论作诗繁简的问题时，以众星与孤霞作为喻体，如：“作诗繁简各有其宜，譬诸众星丽天，孤霞捧日，无不可观。若《孔雀东南飞》《南山有鸟》是也。”① 谢榛以《孔雀东南飞》（即《古诗为焦仲卿妻作》）、《南山有鸟》（即《吴王女玉歌》）为例，说明作诗繁简各有美丽的特点，比作“众星丽天”与“孤霞捧日”。

（二）取喻之波涛、疾雷、颠风、流泉、江河等自然物象

波涛、疾雷、颠风、流泉、江河等都是人们在生产实践、日常生活中常见的自然物象。其中波涛汹涌、雷鸣电闪有时会给人惊奇的审美意象。谢榛把这些自然物象用之于评诗论诗之中。如针对长篇诗歌的作法，谢榛说：“长篇之法，如波涛初作，一层紧于一层。拙句不失大体，巧句最害正气。”② 谢榛以“波涛初作”为喻，用波涛的“一层紧于一层”说明长篇诗歌的写法是诗意层层相扣，层层推进，毫无松弛。又说：“江淹有《古离别》，梁简文、刘孝威皆有《蜀道难》，及太白作《古离别》《蜀道难》，乃讽时事，虽用古题，体格变化，若疾雷破山，颠风簸海，非神于诗者不能道也。”③ 在此赞扬了李白借用前人的诗题，写出了讽喻时事的富有新意的诗篇，导致古题诗歌风格的突破、变化，有如“疾雷破山，狂风簸海”的雄壮奔放的气势。谢榛还说：“甲子岁秋日，予赴晋阳故人之招，栗晋川留饯园亭，以诗志别，分韵得‘秋’字，援笔立就，一气浑成。涌若长江大河，滔滔拍天，而划然中断，其意见于言表，清雅不减刘文房，气格过之。”④ 谢榛自言以“秋”为韵写诗道别，一挥而就，一气浑成。其诗意有如“长江大河滔滔拍天”的雄壮激烈的气势。又说：“夫缙绅作诗者，其形也易腴，其气也易充。贯乎经史，粹乎旨趣，若江河有源，而滔滔弗竭，欲造名家，殊不难矣。”⑤ 谢榛指出作诗的士大夫的体形易丰腴及神气易充满，经史贯通，专一旨趣，就像有源的江河，有滔滔不尽之气势。

除了以波涛、疾雷、颠风等急迫迅疾的自然物象为喻体外，谢榛还用那些具有幽深、舒缓特点的喻体来比喻诗歌，他说：“或曰：‘夫少陵之作，气格浑雄，虽有微疵，不伤大体。譬之沧海，无所不容。适闻斯论，何其

---

① [明]谢榛著，李庆立校笺：《谢榛全集校笺》（下册），第979页。
② [明]谢榛著，李庆立校笺：《谢榛全集校笺》（下册），第1050—1051页。
③ [明]谢榛著，李庆立校笺：《谢榛全集校笺》（下册），第1062页。
④ [明]谢榛著，李庆立校笺：《谢榛全集校笺》（下册），第1249页。
⑤ [明]谢榛著，李庆立校笺：《谢榛全集校笺》（下册），第1194页。

不广也?’四溟子曰：‘予诗如幽涧寒泉，湛然一鉴，自不少容渣滓，务匀净则易纯，使百代之下，知予苦心若是，安敢望于少陵也。’”[①] 谢榛以自然物象“幽溟寒泉”为喻，评价自己的诗作具有纯净悠远、意婉味长的艺术意境。又说：“李空同评孟浩然《送朱二》诗曰：‘不是长篇手段。’浩然五言古诗、近体，清新高妙，不下李、杜；但七言长篇，语平气缓，若曲涧流泉而无风卷江河之势。空同之评是矣。”[②] 谢榛赞扬了孟浩然五言古诗、近体诗“清新高妙”。但对于七言长诗语平气缓，谢榛以“曲涧流泉而无风卷江河之势”为喻，说明孟浩然的七言长诗具有意婉味长的隽永之美，没有激昂雄壮的气势。

（三）取喻之声响

众所周知，爆竹、撞钟，都能发出声响。爆竹声响而易尽，撞钟声响而有余音。谢榛用它们来比拟诗歌的起句与结句。他说：“凡起句当如爆竹，骤响易彻；结句当如撞钟，清音有余。郑谷《淮上别友》诗：‘君向潇湘我向秦。’此结如爆竹而无余音。予易为起句，足成一首，曰：‘君向潇湘我向秦，杨花愁杀渡江人。数声长笛离亭外，落日空江不见春。’”[③] 谢榛认为，诗歌的起句要如爆竹，骤响易尽而有气势；结句应如撞钟而有余音，韵味深远，指出唐人郑谷的七绝诗《淮上别友》的结句，写得太直白，没有余味。又说：“予初赋《侠客行》曰：‘笑上胡姬卖酒楼，赌场赢得锦貂裘。酒酣更欲呼鹰去，掷下黄金不掉头。’此结亦如爆竹而无余音。”[④] 谢榛指出自己初写《侠客行》，不满结句“掷下黄金不掉头”如爆竹而无余音。谢榛提及的“余音”，就是耐人寻味，有余韵。从上述的话语看出，谢榛非常重视句式的结构，尤其是重视富有余韵的结句。

谢榛还以婴儿的哭声为喻，如：“诗有造物。一句不工，则一篇不纯，是造物不完也。造物之妙，悟者得之。譬诸产一婴儿，形体虽具，不可无啼声也。赵王枕易曰：‘全篇工致而不流动，则神气索然。’亦造物不完也。”[⑤] 谢榛把作诗比作“造物”，重视字句的锤炼，认为诗有一句不工巧，那就全篇不美。他以产婴儿不可无啼声为喻，说明诗歌需要有由内而外的

① ［明］谢榛著，李庆立校笺：《谢榛全集校笺》（下册），第1301页。
② ［明］谢榛著，李庆立校笺：《谢榛全集校笺》（下册），第1096页。
③ ［明］谢榛著，李庆立校笺：《谢榛全集校笺》（下册），第1068页。
④ ［明］谢榛著，李庆立校笺：《谢榛全集校笺》（下册），第1073—1074页。
⑤ ［明］谢榛著，李庆立校笺：《谢榛全集校笺》（下册），第985页。

灵动气韵。需要说明的是，谢榛说的“工”，是精工，是对炼字炼句的要求，也兼有对全篇的要求。同时，谢榛对炼句又做了这样要求，他说：“凡炼句妙在浑然。一字不工，乃造物之不完，愚论已详首卷。”[①] 他说的“浑然”，是自然，不露雕琢痕迹。谢榛在炼字上，赞成自然，还说：“自然妙者为上，精工者次之”[②]，在炼字炼句上，他把自然之妙视为上等。

（四）取喻之造酒、酿蜜

造酒，本是指酿酒者（村民农夫）以曲米为料而酿成美味的酒。谢榛却以造酒比作写诗，如：“作诗譬如江南诸郡造酒，皆以曲米为料，酿成则醇味如一。善饮者历历尝之，曰：‘此南京酒也，此苏州酒也，此镇江酒也，此金华酒也。’其美虽同，尝之各有甄别，何哉？做手不同故尔。”[③] 谢榛认为，写诗就像江南各地造酒，不同地方的酒自有不同的特色。善于欣赏诗歌的人，要像“善饮者”那样，能分辨同中之异，能识别不同诗歌的不同特色。

谢榛还用蜜蜂酿蜜来说明写诗的情形，他说：“夫大道乃盛唐诸公之所共由者，予则曳裾蹑屩，由乎中正，纵横于古人众迹之中。及乎成家，如蜂采百花为蜜，其味自别，使人莫之辨也。”[④] 又说：“予以奇古为骨，平和为体，兼以初唐、盛唐诸家，合而为一，高其格调，充其气魄，则不失正宗矣。若蜜蜂历采百花，自成一种佳味，与芳馨殊不相同，使人莫知所蕴。作诗有学酿蜜法者，要在想头别尔。是夜枕上勉成数诗，以示同好，始知予言不谬也。”[⑤] 谢榛在此提出“酿蜜法”，他以形象的比喻说明作诗要像蜜蜂那样采百花酿蜜一样，广泛学习前人的诗歌，仔细研磨，自成一种风格。

（五）取喻之瓜果、蔬菜

瓜果、蔬菜是人们日常生活中不可缺少的食物。《诗经》中就有涉及瓜果、蔬菜，如《召南·甘棠》：“蔽芾甘棠，勿剪勿伐。”[⑥] 甘棠，又名棠梨、杜梨、白棠。《豳风·七月》：“六月食郁及薁，七月亨葵及菽，八月

① ［明］谢榛著，李庆立校笺：《谢榛全集校笺》（下册），第1293页。
② ［明］谢榛著，李庆立校笺：《谢榛全集校笺》（下册），第1305页。
③ ［明］谢榛著，李庆立校笺：《谢榛全集校笺》（下册），第1197页。
④ ［明］谢榛著，李庆立校笺：《谢榛全集校笺》（下册），第1198页。
⑤ ［明］谢榛著，李庆立校笺：《谢榛全集校笺》（下册），第1282—1283页。
⑥ 程俊英、蒋见元：《诗经注析》（上册），北京：中华书局，1991年，第39页。

剥枣，十月获稻。”[1] 郁，郁李，即山李。薁，野葡萄。葵，葵菜。菽，豆角。在《诗经》中出现的瓜果、蔬菜，大多是当时人们的食物。然而，在《四溟诗话》中出现的瓜果、蔬菜不是用来作为食物，而是借用来作象喻的材料。如：“章给事景南过余曰：‘子尝云诗能剥皮，句法愈奇，何谓也?’曰：‘譬如天宝间李谪仙、杜拾遗、高常侍、岑嘉州、王右丞、贾舍人相与结社，每分题课诗，一时宁无优劣？或兴高者先得警策处，援笔立就，自能擅场。如秋间偶过园亭，梨枣正熟，即摘取啖之，聊解饥渴，殊觉爽快人意。或有作，读之闷闷然，尚隔一间，如摘胡桃并栗，须三剥其皮，乃得佳味。凡诗文有剥皮者，不经宿点窜，未见精工。欧阳永叔作《醉翁亭记》，亦用此法。’”[2] 谢榛以李白、杜甫等人结社作诗为例，一时优劣在于先得警句，援笔立就，他以摘食正熟的梨枣用以解渴为喻，说明创作主体持笔迅速成诗，让人觉得爽快适意、无须玩味细悟的情形。同时，谢榛提出了鉴赏诗歌的“剥皮”说，以“摘胡桃并栗，须三剥其皮”为喻，说明有些诗歌需要鉴赏者反复推敲，仔细斟酌，才能领会其中佳味。针对鉴赏方法，谢榛还认为，有些作品不用“剥皮”法，他说：“祢正平《鹦鹉赋》，走笔立成，脍炙千古。譬如丹柰有色有味，到口即佳，不假于剥皮也。”[3] 东汉末年辞赋家祢衡的《鹦鹉赋》，是一篇“走笔立成，脍炙千古”的情思浓烈的小赋。谢榛用“有色有味，到口即佳”的刚熟的丹柰比喻鉴赏者对情思饱满、意味浓烈的作品的审美感受。对待这样的作品，读者不需要细加品味，不需要反复推敲。

谢榛有时用野蔬作为粗俗字的比喻材料，如：“诗忌粗俗字，然用之在人，饰以颜色，不失为佳句。譬诸富家厨中，或得野蔬，以五味调和，而味自别，大异贫家矣。绍易君曰：‘凡诗有‘鼠’字而无‘猫’字，用则俗矣，子可成一句否?’予应声曰：‘猫蹲花砌午。’绍易君曰：‘此便脱俗。’”[4] 谢榛把粗俗字比喻为野蔬。以野蔬用五味调和，自有另一种美味，形象化说明了不是一律忌用粗俗字，而是用之在人，运用修辞技巧，就成佳句好诗了。谢榛又说：“诗中罕用‘血’字，用则流于粗恶。李长吉《白虎行》云：‘衮龙衣点荆卿血。’顾逋翁《露青竹鞭歌》云：‘碧鲜似染

① 程俊英、蒋见元：《诗经注析》（上册），第 413 页。

② ［明］谢榛著，李庆立校笺：《谢榛全集校笺》（下册），第 1199 页。

③ ［明］谢榛著，李庆立校笺：《谢榛全集校笺》（下册），第 1200 页。

④ ［明］谢榛著，李庆立校笺：《谢榛全集校笺》（下册），第 1184 页。

苌弘血。’二公妙于句法。不假调和，野蔬何以有味？”[①] “血”本来是俗字，谢榛以李贺、顾况两人的诗句为例，说明诗句带“血”字，是两人妙用句法。以“不假调和，野蔬何以有味”，比喻灵活运用，俗字就有韵味。

（六）取喻之用药疗疾

谢榛略知医术一二，在《四溟诗话》中有三处涉及以用药疗疾作为比喻，如：“凡制作系名，论者心有同异，岂待见利而变哉？或见有佳篇，面虽云好，默生毁端，而播于外，此诗中之忌也。或见有奇句，佯为沉思，欲言不言，俾其自疑弗定，此诗中之奸也。或见名公巨卿所作，不拘工拙，极口称赏，此诗中之谄也。谄者利之媒，奸者利之机，忌者利之蠹。然慎交则保名。三者有一，不能无损，如药加硝黄之类，其耗于元气者多矣。”[②] 谢榛以“药加硝黄之类”为喻，批评了三种类型（谄者、奸者、忌者）的诗歌阅读者的恶俗弊端。他又指出诗能治病的功效：“浚人卢浮邱名柟者，过邺，访予草堂。樽酒款洽，因谈作诗有难易、迟速，方见做手不同。……卢曰：‘凡走笔率成一篇，虽欲求疵而治，竟不可得，做手定矣，奈何？’曰：‘观子直写胸中所蕴，由乎气胜，专效背水阵之法，久而虽熟，未必皆完篇也。子所作，惟以仙丹而疗人间百病；予诗如扁鹊胗脉，用药不失病源。’”[③] 谢榛认为，卢柟的诗歌创作是直写胸臆，有如“以仙丹而疗人间百病”。同时，指出自己的诗像扁鹊诊脉治病的情形。谢榛还说：“许彦周曰：‘作诗浅易鄙陋之气不除，熟读李义山、黄鲁直之诗，则去之。’譬诸医家用药，稍不精洁，疾复存焉，彦周之谓也。”[④] 谢榛以医生用药为喻，说明作诗要清除浅易鄙陋之气。

（七）取喻之用兵（作战）、兵法

谢榛以用兵、兵法来做比喻，说明作诗的要领及读诗的感受。如他说：“作诗譬诸用兵，慎敌则胜。命题虽易，不可率然下笔。至于浑化，无施不可。”[⑤] 这是写诗的甘苦之谈，谢榛以用兵为喻，说明作诗要谨慎，不可轻率下笔。又说：“走笔成诗，兴也；琢句入神，力也。句无定工，疵无定处，思得一字妥帖，则两疵复出；及中联惬意，或首或尾又相妨。万转心

① ［明］谢榛著，李庆立校笺：《谢榛全集校笺》（下册），第1247页。
② ［明］谢榛著，李庆立校笺：《谢榛全集校笺》（下册），第1200—1201页。
③ ［明］谢榛著，李庆立校笺：《谢榛全集校笺》（下册），第1210—1211页。
④ ［明］谢榛著，李庆立校笺：《谢榛全集校笺》（下册），第1085页。
⑤ ［明］谢榛著，李庆立校笺：《谢榛全集校笺》（下册），第1003页。

机，乃成篇什。譬如唐太宗用兵，甫平一僭窃，而复干戈迭起；两献捷方欲论功，余寇又延国讨。百战始定，归于一统，信不易为也。夫一律犹一统也，两联如中原，前后如四边，四边不宁，中原亦不宁矣。思有无形之战，成有不赏之功，子建以词赋为勋绩是也。”[①] 谢榛以唐太宗用兵多年统一天下为喻，说明诗歌创作实在不容易。又说：“陆士衡《为周夫人寄车骑》云：‘昔者得君书，闻君在高平；今者得君书，闻君在京城。’及观刘采春《啰唝曲》云：‘那年离别日，只道往桐庐；桐庐人不见，今得广州书。’此二绝同意，作者粗直，述者深婉。然将种临敌而不胜女兵，所谓小战则怯是也。”[②] 谢榛以西晋陆机《为周夫人寄车骑》和唐代女诗人刘采春《啰唝曲》为例，以“将种临敌而不胜女兵”为喻，把陆机之作比作“将种”，把刘采罗之作比作“女兵”，称道刘采春的抒发离愁的深婉之作。

谢榛还以兵法为喻，说明作诗的作用和出奇的特点，他说：“予著《诗说》，犹孙武子作《兵法》，虽不自用神奇以平列国，能使习之者戡乱策勋，不无补于世也。”[③] 谢榛以孙武著《兵法》为喻，说明自己写诗有补于世。又说：“夫情景相触而成诗，此作家之常也。或有时不拘形胜，面西言东，但假山川以发豪兴尔。譬若倚太行而咏峨嵋，见衡漳而赋沧海，即近以彻远，犹夫兵法之出奇也。予客晋阳，《对西山诗》云：‘好山俱在目，楼上坐移时。碧树亦佳侣，白云非远期。心闲聊对景，兴转别成诗。操笔有常变，兵家韩信知。’冯少洲评曰：‘老子每每自负。’”[④] 谢榛认为，情景相触而成诗，这是作家的正常创作规律。有时创作不拘一格，犹如兵法之出奇制胜。另外，《补佚诗家直说》：“作诗别有想头，能暗合古人妙处，法在其中矣。如为将者，当熟读兵书，又不可执泥，神奇自从里许来。”[⑤] 谢榛认为，写诗要有别样的构思。他以将领熟读兵书为喻，说明诗人要熟知既有的法则，但作诗不可拘泥于原来的法则，这样神奇就会自然而来。

（八）取喻之建房、选材

建房、选材，完全是涉及建筑的话题。一般来说，诗歌创作是难以触及的。中国古代文学理论也很少有所涉及，如谢榛说：“夫缙绅作诗者，其

① ［明］谢榛著，李庆立校笺：《谢榛全集校笺》（下册），第 1202—1203 页。
② ［明］谢榛著，李庆立校笺：《谢榛全集校笺》（下册），第 1278 页。
③ ［明］谢榛著，李庆立校笺：《谢榛全集校笺》（下册），第 1289 页。
④ ［明］谢榛著，李庆立校笺：《谢榛全集校笺》（下册），第 1295 页。
⑤ ［明］谢榛著，李庆立校笺：《谢榛全集校笺》（下册），第 1322 页。

形也易腴，其气也易充。贯乎经史，粹乎旨趣……凡择韵平妥，用字精工，此虽细事，则声律具焉。必先固基址而高其梁栋，楼成壮丽，乃见工输之大巧也。予昔游都下，力拯卢楠之难，诸缙绅多其义，相与定交。草茅贱子，至愚极陋，但以声律之学请益，因折衷四方议论，以为正式。"① 谢榛以固基址而高其梁栋，建成壮丽的楼房为喻，说明了择韵平妥、用字精工的重要性。他又说："予试扩公输子之法，遽造宫殿、楼阁、台馆、亭榭，并筑基址，齐构梁栋，及其妙转心机，诘旦历观落成，则轮奂一新，丹碧相耀，此见作手变化也。夫欲成若干诗，须造若干句，皆用紧要者，定其所主，景出想像，情在体贴，能以兴为衡，以思为权，情景相因，自不失重轻也。"② 谢榛以公输子建房的方法为喻，说明要写若干诗，必须先写若干诗句，用关键的诗句，确定诗的主旨，"景出想像，情在体贴，能以兴为衡，以思为权，情景相因"，然后成诗。另外，谢榛还以选材为喻，论述诗歌创作，他说："凡五、七言造句，以情会景，可长者工而健，可短者简而妙，若良匠选材，长短各适其用尔。"③ 谢榛以良匠选材为喻，说明五七言创作，以情融景，长短各有特点。又说："作诗亦有权宜，或先句法而后体制。譬匠氏选材，虽有巨细长短，而各致其用，可堂则堂，不可则亭矣。"④ 谢榛以工匠变通选材为喻，说明作诗有权宜（变通），有时可以先句法而后考虑体式。谢榛还在《诗家直说自序》中说："予梓《诗说》若干篇，譬诸筑基起楼，势必高大，所思不无益也。"⑤ 谢榛把刊刻《诗家直说》比作打地基盖高楼，"势必高大"，有关诗歌写作的想法是有益处的。

（九）取喻之动物的动态（马行、鸟飞）

鸟飞，马行，属于自然界中的动物动态。谢榛以之为取喻的对象说明诗歌创作。如："律诗无好结句，谓之虎头鼠尾。即当摆脱常格，夐出不测之语。若天马行空，浑然无迹。张祜《金山寺》之作，则有此失也。"⑥ 谢榛以天马行空为喻，说明好诗要摆脱常格，有不测之语，浑然无迹。众所周知，诗的声律有平仄之分，声调有抑扬之别，谢榛认为："夫平仄以成

---

① ［明］谢榛著，李庆立校笺：《谢榛全集校笺》（下册），第1194页。
② ［明］谢榛著，李庆立校笺：《谢榛全集校笺》（下册），第1233页。
③ ［明］谢榛著，李庆立校笺：《谢榛全集校笺》（下册），第1295页。
④ ［明］谢榛著，李庆立校笺：《谢榛全集校笺》（下册），第1300页。
⑤ ［明］谢榛著，李庆立校笺：《谢榛全集校笺》（下册），第1327页。
⑥ ［明］谢榛著，李庆立校笺：《谢榛全集校笺》（下册），第1156页。

句，抑扬以合调。扬多抑少，则调匀；抑多扬少，则调促。”① 他还以鸟飞为喻，说明诗的声律：“予一夕过林太史贞恒馆留酌，因谈诗法：妙在平仄四声而有清浊抑扬之分。试以‘东’‘董’‘栋’‘笃’四声调之，‘东’字平平直起，气舒且长，其声扬也；‘董’字上转，气咽促然易尽，其声抑也；‘栋’字去而悠远，气振愈高，其声扬也；‘笃’字下入而疾，气收斩然，其声抑也。夫四声抑扬，不失疾徐之节，惟歌诗者能之，而未知所以妙也。非悟何以造其极，非喻无以得其状。譬如一鸟，徐徐飞起，直而不迫，甫临半空，翻若少旋，振翮复向一方，力竭始下，塌然投于中林矣。沈休文固已订正，特言其大概。若夫句分平仄，字关抑扬，近体之法备矣。凡七言八句，起承转合，亦具四声，歌则扬之抑之，靡不尽妙。”② 谢榛在此提及诗法，指出妙在四声平仄而有清浊抑扬之分，以“东”“董”“栋”“笃”四字来说明四声之抑扬、疾徐之节奏。他以鸟的飞起至降落的一系列的飞行状态为喻，非常形象地说明了平仄四声抑扬。他说的“徐徐飞起，直而不迫”，就是以形象说明平声的“平平直起，气舒且长”，属扬声；“甫临半空，翻若少旋”，就是形象说明音调上转，“气咽促然易尽”，属抑声；“振翮复向一方”，就是形象说明去声悠远，“气振愈高”，属扬声；“力竭始下，塌然投于中林矣”，就是形象说明字声“下入而疾，气收斩然”，属抑声。

（十）取喻之植物的枝干

在中国文学批评史上，有以植物的枝干、花卉来比喻诗歌，如白居易在《与元九书》中说：“就六经而言，《诗》又首之。何者？圣人感人心而天下和平。感人心者，莫先乎情，莫始乎言，莫切乎声，莫深乎义。诗者，根情，苗言，华声，实义。”③ 白居易认为，诗是以情感为根，以语言为苗叶，以声韵为花朵，以义为果实。即他把诗歌中的情、言、声、义分别比作根、苗、花、实。在《四溟诗话》中，谢榛以“根”“标”（树梢）谈论语言之“正”与“奇”之关系，他说：“嘉靖间，有初学诗者，开口便多奇气。此虽天赋美质，其成之败之，则又在乎人矣。专尚奇者，乃盛唐之端，晚唐之渐也。……正者，奇之根；奇者，正之标。二者自有重轻。

---

① ［明］谢榛著，李庆立校笺：《谢榛全集校笺》（下册），第1204页。

② ［明］谢榛著，李庆立校笺：《谢榛全集校笺》（下册），第1203页。

③ 郭绍虞主编：《中国历代文论选》（第二册），上海：上海古籍出版社，1979年，第96页。

若岐而又奇，则堕于长吉之下。惜乎！长吉不与陈拾遗同时，得一印正，则奇正相兼，造乎大家，无可议者矣。”① 谢榛在此说的“正”是指平易而合乎法则的语言；“奇”是指造语新奇，运用夸张、想象等艺术手法来表达内容。他认为“奇”与“正”的关系是：“正”是奇之根，“奇”是正之标（树梢）。显然，他重视的是“正”，把语言的规范化视为作诗的根本。关于“奇”与“正”的关系，他还用一个比喻来表示，提出“奇正参伍之法”，他说：“李靖曰：‘正而无奇，则守将也；奇而无正，则斗将也；奇正皆得，国之辅也。’譬诸诗，发言平易而循乎绳墨，法之正也；发言隽伟而不拘乎绳墨，法之奇也；平易而不执泥，隽伟而不险怪，此奇正参伍之法也。白乐天正而不奇；李长吉奇而不正；奇正参伍，李、杜是也。”② 谢榛在此对“正”与“奇”做了解释，认为诗的语言平易而合乎规范，这就是“法之正”；诗的语言隽伟而不合乎规范，这就是“法之奇”。并且评价白居易的语言“正而不奇”，李贺的语言“奇而不正”，只有李白、杜甫做到“奇正参伍”。

特别要指出的是，谢榛还引他人用梅花、海棠来比喻“格高”与“韵胜”的话语：

> 《扪虱新话》曰：“诗有格有韵。渊明‘悠然见南山’之句，格高也；康乐‘池塘生春草’之句，韵胜也。格高似梅花，韵胜似海棠。”欲韵胜者易，欲格高者难。兼此二者，惟李、杜得之矣。③

然而，针对上述引文，宛平校点的《四溟诗话》卷二是这样的：《扪虱新话》曰：“诗有格有韵。渊明‘悠然见南山’之句，格高也；康乐‘池塘生春草’之句，韵胜也。”格高似梅花，韵胜似海棠。韵胜者易，欲格高者难。兼此二者，惟李、杜得之矣。④

经比较，发现宛平校点是有错误之处。今从刘德重、张培生编纂的《陈善诗话》，发现《扪虱新话》以下文字是这样的：

---

① ［明］谢榛著，李庆立校笺：《谢榛全集校笺》（下册），第1220页。
② ［明］谢榛著，李庆立校笺：《谢榛全集校笺》（下册），第1149页。
③ ［明］谢榛著，李庆立校笺：《谢榛全集校笺》（下册），第1084页。
④ ［明］谢榛著，宛平校点：《四溟诗话》，北京：人民文学出版社，1961年，第35页。

予每论诗，以陶渊明、韩、杜诸公皆为韵胜。一日，见林倅于径山，夜话及此，林倅曰："诗有韵有格，故自不同。如渊明诗，是其格高；谢灵运'池塘春草'之句，乃其韵胜也。格高似梅花，韵胜似海棠花。"予时听之，瞿然若有所悟，自此读诗顿进，便觉两眼如月，尽见古人旨趣。然恐前辈或有所未闻。①

可见，"格高似梅花，韵胜似海棠花"不是谢榛所言，而是林倅的话。林倅说的"格"是指格调高远的气格，"韵"是指气韵。他把格高比作梅花，把韵胜比作海棠。谢榛是赞赏林倅的比喻说法，指出韵胜容易，想格高很难，只有李白、杜甫兼有格高与韵胜。从中可以看出，谢榛崇尚诗歌具有格高与韵胜的艺术特点。

（十一）取喻之人的行为

谢榛以人的系列行为作为比喻，说明作诗的方法。他说："作诗譬如有人日持箕帚，遍于市廛，扫沙簸而拣之，或破钱折簪、碎铜片铁，皆投之于袋，饥则归饭，固不如意，往复不废其业。久而大有所获，非金则银，足赡卒岁之需。此得意在偶然尔。夫好物得之固难，警句尤不易得。扫沙不倦，则好物出；苦心不休，则警句成。"② 谢榛在此提出了"扫沙不倦"的方法，用绝妙的形象譬喻，说明学诗者在知识经验的积累过程中，要持续不停，"久而大有所获""得意在偶然"。指出诗歌的好句得之于偶然，警句不易得。如果苦心不休，就有警句出现。谢榛还以孙登的行为作为比喻，说明作近体诗的方法，他说："宗考功子相过旅馆曰：'子尝谓作近体之法，如孙登请客。未喻其旨，请详示何如?'曰：'凡作诗先得警句，以为发兴之端，全章之主。格由主定，意从客生。若主客同调，方谓之完篇。譬如苏门山深松草堂，具以琴樽，其中纶巾野服，兀然而坐者，孙登也。如此主人，庸俗辈不得跻其阶矣。惟竹林七贤，相继而来，高雅如一，则延之上坐，始足其八数尔。'"③ 谢榛以三国时期志洁高雅的魏人孙登会见儒雅士人的形象化比喻，说明作近体诗要先确立警句，把"警句"比喻为"孙登"，把余下的句子比喻为"竹林七贤"，认为"警句"是创作发兴的

---

① 吴文治编：《宋诗话全编》（六），南京：凤凰出版社，1998年，第5569页。

② ［明］谢榛著，李庆立校笺：《谢榛全集校笺》（下册），第1213页。

③ ［明］谢榛著，李庆立校笺：《谢榛全集校笺》（下册），第1219页。

开始，全章之主。同时，认为格调（格）由警句（主）而定，意味（意）随客体（客）而生。主客同调，方能完美成篇。从中看出，谢榛重视精炼扼要而含意深刻的警句在诗歌中的作用。

在作诗是专用学问与不用学问上，谢榛也用象喻来说明。他说：“作诗有专用学问而堆垛者，或不用学问而匀净者，二者悟不悟之间耳。惟神会以定取舍，自趋乎大道，不涉于歧路矣。譬如杨升庵状元谪戍滇南，犹尚奢侈，其粳、糯、黍、稷、脯、膂、殺、鲙种种罗于前，而箸不周品。此乃用学问之癖也。又如客游五台山访禅侣，厨下见一胡僧执爨，但以清泉注釜，不用粒米，沸则自成饘粥。此无中生有，暗合古人出处。此不专于学问，又非无学问者所能到也。”① 谢榛以杨慎被贬滇南，仍生活奢侈为喻，形象地说明作诗堆垛学问。以客游五台山见僧侣不用米粒煮粥为喻，形象地说明作诗“不专于学问，又非无学问者所能到也”。针对学诗者，谢榛以象喻的方式表达了“奇正相兼”的看法，他说：“嘉靖间，有初学诗者，开口便多奇气。此虽天赋美质，其成之败之，则又在乎人矣。专尚奇者，乃盛唐之端，晚唐之渐也。譬游五岳，出门有伴引之，循乎大道而不失其正；否则歧路之间，又分歧路，愈失愈远，而流荡莫之返矣。”② 谢榛以游五岳，出门有伴引导走大路为喻，形象地说明了初学诗者不要过分追求奇异而失其正。在对待他人的态度上，谢榛也使用形象的比喻，提出了“爱憎系乎为人，诗何与焉”的主张，他说：“予客京师，有一缙绅相善，尝谓予曰：‘每见人恶诗，予意憎之而不乐交也。’曰：‘予则异于是。若以诗定交，海内宁几人邪？或有不读书者，知我为诗人而加礼，岂可沮其诚乎？譬如郊外古刹，凡田翁村妪，往往焚香礼佛，惟恐竭诚不逮，安知有三乘五蕴之妙？使如来复生，亦不鄙其愚也。夫作诗才有不同，各由工拙。爱憎系乎为人，诗何与焉！’缙绅笑而然之。吴僧道潜嗜诗，憎凡子如雠，此性褊尤甚。”③ 谢榛以田翁村妪焚香礼佛为喻，形象地说明了要有宽容通达的心对待不同意见的人，不要“以诗定交”，并且批评了僧人道潜心胸过于狭窄。在涉及艺术真实的问题上，谢榛也用了象喻批评，他说：“凡作诗不宜逼真。如朝行远望，青山佳色，隐然可爱，其烟霞变幻，难于名

① ［明］谢榛著，李庆立校笺：《谢榛全集校笺》（下册），第1239页。
② ［明］谢榛著，李庆立校笺：《谢榛全集校笺》（下册），第1220页。
③ ［明］谢榛著，李庆立校笺：《谢榛全集校笺》（下册），第1228页。

状；及登临，非复奇观，惟片石数树而已：远近所见不同。妙在含糊，方见作手。”① 谢榛以朝行远望、登临观景为喻，说明作诗不宜过于逼真（切实），逼真无余味，而要妙在含糊（隐约），给人以想象的余地，富有含蓄蕴藉之美。谢榛此番言论，也似乎涉及了生活真实与艺术真实的关系，诗歌确实需要反映现实生活，但又不是现实生活的简单记录。

（十二）取喻之多样物体

谢榛有时为了表达对作诗的要求，以多样物体为喻来说明。如：“凡作近体，诵要好，听要好，观要好，讲要好。诵之行云流水，听之金声玉振，观之明霞散绮，讲之独茧抽丝。此诗家四关。使一关未过，则非佳句矣。”② 谢榛在近体诗鉴赏方面提出了要求，并以“行云流水”“金声玉振”“明霞散绮”“独茧抽丝”为喻体，对诵、听、观、讲做了要求。李庆立先生做了简要解释，认为“行云流水”，比喻诗文流畅自然；“金声玉振”，比喻音韵响亮和谐；“明霞散绮”，比喻诗文气象绚烂；“独茧抽丝”，比喻诗文条理分明，脉络清晰。③ 那么，“诵之行云流水”，就是要求诗句诵读起来具有流畅自然而有节奏之美感；“听之金声玉振”，比喻就是要求诗歌具有音调铿锵响亮和谐的声律之美；“观之明霞散绮”，就是要求诗歌要有“色”，即有文采，这是对诗歌的视觉审美要求；“讲之独茧抽丝”，就是要求诗歌条理分明，脉络清晰，也可以说要求欣赏者仔细咀嚼，玩味诗歌的无穷余味之美。谢榛形象地说明作近体诗在诵、听、观、讲四个方面要“好”。如果有这四个方面的“好”，那么这样的诗歌就是好诗了。一般来说，诗歌的语言，大体有清新、自然、富丽等之分，谢榛在对待诗歌语言的看法上，运用象喻批评，如：“作诗虽贵古淡，而富丽不可无。譬如松篁之于桃李，布帛之于锦绣也。”④ 谢榛以形象化的比喻，说明诗歌的语言问题，主张作诗虽贵质朴（古淡），但不可无辞采华美（富丽）。由此看出，谢榛在诗歌的语言风格方面，既重视古淡质朴，又重视辞藻华美。在“意”与“辞”的看法上，谢榛说：“凡立意措辞，欲其两工，殊不易得。辞有短长，意有小大，须构而坚，束而劲，勿令辞拙意妨。意来如山，巍然置之河上，则断其源流而不能就辞；辞来如松，挺然植之盘中，窘其造物而

① ［明］谢榛著，李庆立校笺：《谢榛全集校笺》（下册），第1198页。
② ［明］谢榛著，李庆立校笺：《谢榛全集校笺》（下册），第983—984页。
③ ［明］谢榛著，李庆立校笺：《谢榛全集校笺》（下册），第984页。
④ ［明］谢榛著，李庆立校笺：《谢榛全集校笺》（下册），第987页。

不能发意。夫辞短意多，或失之深晦；意少辞长，或失之敷演。名家无此二病。”① 谢榛认为，立意措辞，要做到两工，“殊不易得”。并指出，辞有短长，意有小大，作诗要“构而坚，束而劲，勿令辞拙意妨”。他以“意来如山”“辞来如松”形象精妙的比喻，说明“意”与“辞”之间存在的矛盾，指出“辞短意多”的缺点是“深晦”，“意少辞长”的缺点是“敷演”。

谢榛还以多样化的物体为喻说明诗歌的不同风格。如：“自古诗人养气，各有主焉。蕴乎内，著乎外，其隐见异同，人莫之辨也。熟读初唐、盛唐诸家所作，有雄浑如大海奔涛，秀拔如孤峰峭壁，壮丽如层楼叠阁，古雅如瑶瑟朱弦，老健如朔漠横雕，清逸如九皋鸣鹤，明净如乱山积雪，高远如长空片云，芳润如露蕙春兰，奇绝如鲸波蜃气，此见诸家所养之不同也。学者能集众长，合而为一，若易牙以五味调和，则为全味矣。”② 谢榛指出，熟读初唐、盛唐诸家诗歌，这些诗歌有雄浑、壮丽、古雅、老健、清远、明净、高远、芳润、奇绝等不同风格，各以精彩的形象化的比喻加以说明。他还认为，这些不同风格是由于诸家各有不同的养气，学诗者如果能集众长，合而为一，就像春秋时期的厨师易牙调和五味，那就是全味了。谢榛又说：“予夜观李长吉、孟东野诗集，皆能造语奇古，正偏相半，豁然有得，并夺搜奇想头，去其二偏：险怪如夜壑风生、暝岩月堕，时时山精鬼火出焉；苦涩如枯林朔吹，阴崖冻雪，见者靡不惨然。”③ 谢榛以夜览李贺、孟郊两人的诗集而获得感受，认为李、孟两人诗歌的语言奇古，正偏各半。他说的“正”是指语言的古朴、平和，“偏”是指“奇”之极端，如语言的“险怪”“苦涩”。他以奇妙的比喻，说明要去掉“险怪”“苦涩”的特点。其实，“险怪”“苦涩”正是李贺、孟郊的诗歌特色。

除了上述各类精彩的喻体之外，谢榛还在《四溟诗话》中取喻之其他物象。譬之水中月、镜中花，如：“诗有可解、不可解、不必解，若水月镜花，勿泥其迹可也。”④ 谢榛论诗有时贵在“含糊”，对诗歌鉴赏提出了独到的见解，认为诗有“可解、不可解、不必解”三种类型，反对穿凿附会，

---

① ［明］谢榛著，李庆立校笺：《谢榛全集校笺》（下册），第1188—1189页。
② ［明］谢榛著，李庆立校笺：《谢榛全集校笺》（下册），第1188页。
③ ［明］谢榛著，李庆立校笺：《谢榛全集校笺》（下册），第1282页。
④ ［明］谢榛著，李庆立校笺：《谢榛全集校笺》（下册），第974页。

不要死板理解。他以“水月镜花”（即水中之月，镜中之花）为喻体，比喻诗歌的境界虚幻，表明了谢榛认识到诗歌意境具有含蓄不尽、意在言外的朦胧特点。关于诗歌意境的美学特征，前人已有论述，如晚唐诗人、诗论家司空图在《与极浦书》中说：“戴容州云：‘诗家之景，如蓝田日暖，良玉生烟，可望而不可置于眉睫之前也。’象外之象，景外之景，岂容易可谈哉?”① “象外之象，景外之景”，是司空图对诗歌意境的美学特征的概括。这种朦胧的虚境是难以用语言所表达。南宋诗论家严羽在《沧浪诗话·诗辩》中说：“盛唐诸人，惟在兴趣，羚羊挂角，无迹可求。故其妙处透彻玲珑，不可凑泊。如空中之音，相中之色，水中之月，镜中之象，言有尽而意无穷。”② 严羽以禅理喻诗，认识到诗歌意境具有含蓄深远、意味无穷的特点。从上述言论看，谢榛的诗论显然是受司空图、严羽诗论的影响。针对“可解、不可解、不必解”，谢榛后来做了说明：“黄山谷曰：‘彼喜穿凿者，弃其大旨，取其发兴于所遇林泉、人物、草木、鱼虫，以为物物皆有所托，如世间商度隐语，则诗委地矣。’予所谓‘可解、不可解、不必解’，与此意同。”③ 谢榛的“可解、不可解、不必解”之说，清人何文焕却加以指责：“解诗不可泥，观孔子所称可与言《诗》，及孟子所引可见矣，而断无不可解之理。谢茂秦创为可解、不可解、不必解之说，贻误无穷。”④

谢榛还以舸、舵作比，如在诗人的品德与才学的关系上，认为“德”胜于“才”，他说：“人非雨露，而自泽者，德也；人非金石，而自久者，名也。心非源泉，而流不竭者，才也；心非鉴光，而照无偏者，神也。非德无以养其心，非才无以充其气。心犹舸也，德犹舵也。鸣世之具，惟舸载之；立身之要，惟舵主之。士衡、士龙有才而恃，灵运、玄晖有才而露。大抵德不胜才，犹泛舸中流，舵师失其所主，鲜不覆矣。”⑤ 上述论述涉及人的“德”“名”（品格）、“才”“神”（神气）。谢榛重视诗人的“德”与“才”，认为“非德无以养其心，非才无以充其气”。他用形象的比喻来说明，把心比作舸，把德比作舵，指出德胜于才的重要性。谢榛还以女工

---

① 郭绍虞主编:《中国历代文论选》(第二册),第201页。
② [清]何文焕辑:《历代诗话》(下),北京:中华书局,2004年,第688页。
③ [明]谢榛著,李庆立校笺:《谢榛全集校笺》(下册),第1007页。
④ [清]何文焕辑:《历代诗话》(下),第823页。
⑤ [明]谢榛著,李庆立校笺:《谢榛全集校笺》(下册),第1213页。

做比喻，如：“唐律，女工也。六朝、隋、唐之表，亦女工也。此体自不可少。”①

谢榛以女工为喻，说明唐代律诗与六朝、隋、唐之古文体（表）的精细的写作特点。女工，其实是女子手工艺，即指女子刺绣、纺织、缝纫等细活儿。针对谢榛的这一说法，清人何文焕在《历代诗话考索》中做了这样批评：“谢山人《四溟诗话》以唐律、六朝诗为是女工，真堪一笑。”②谢榛又说：“凡作长歌有两说：通篇一韵，择字成章，若蜀栈驭马，形虽太局而神自飘逸，勿令赘言夺气；几韵一篇，意到为主，若河源西来，荡乎九曲，力在转折而欲达。二者殊不易得。”③ 谢榛以蜀栈驭马为喻，说明长诗通篇一韵的情形；以河源西来、荡乎九曲为喻，说明一篇几韵，意到为主。他还说：“凡造句迟则愈见其工，铿然彻耳，焕然夺目。其充盛何如也？譬诸西洋贾客，携所有张肆，其珠玉、金宝、珊瑚、琥珀、犀角、象牙之类，具罗满前，以惬众观，增之弗觉其多，减之弗觉其少，不免冗句杂于中焉。有时翻然改削，调乃自调，格乃自格耳。”④ 谢榛以西洋商人携带珠玉、金宝等物，罗列于前为喻，形象地说明了造句要去除冗句，要精工，达到“铿然彻耳，焕然夺目”。

谢榛还以鸟尾为喻体，他说：“诗文以气格为主，繁简勿论。或以用字简约为古，未达权变。善用助语字，若孔鸾之尾，不可少也。太白深得此法。”⑤ 谢榛以孔雀、鸾鸟之尾来比喻在诗文中不可缺少助语字，即虚字。谢榛有时对诗中用虚字表达了赞赏的态度，如他说：“子美《和裴迪早梅相忆》之作，两联用二十二虚字，句法老健，意味深长，非巨笔不能到。韦应物曰：‘江汉曾为客，相逢每醉还。浮云一别后，流水十年间。欢笑情如旧，萧疏鬓已斑。何由不归去，淮上有秋山。’此篇多用虚字，辞达有味。”⑥ 可知，谢榛对杜甫的《和裴迪早梅相忆》和韦应物的《淮上喜会梁州故人》两首诗运用大量虚字表示肯定。

谢榛还以弹奏乐器为喻，如：“四言古诗，当法《三百篇》，不可作

---

① [明]谢榛著，李庆立校笺：《谢榛全集校笺》（下册），第986页。
② [清]何文焕辑：《历代诗话》（下），第823页。
③ [明]谢榛著，李庆立校笺：《谢榛全集校笺》（下册），第1324页。
④ [明]谢榛著，李庆立校笺：《谢榛全集校笺》（下册），第1325页。
⑤ [明]谢榛著，李庆立校笺：《谢榛全集校笺》（下册），第978页。
⑥ [明]谢榛著，李庆立校笺：《谢榛全集校笺》（下册），第1033页。

秦、汉以下之语。颜延年《宴曲水诗》曰：‘航琛越水，辇赆逾嶂。’《郊祀歌》曰：‘月御案节，星驱扶轮。’譬如清庙鼓瑟，筝以和之，审音者自不乱其听也。”① 以弹筝鼓瑟为喻，说明鉴赏者区分效法《三百篇》的四言古诗与秦汉以后的四言诗。谢榛又以“宛然”一词引出喻体，如：“子美曰：‘细雨荷锄立，江猿吟翠屏。’此语宛然入画，情景适会，与造物同其妙，非沉思苦索而得之也。”② 又如：“然其佳句甚多，予每称赏，但不能悉记。如‘读书秋草园’，情景俱到，宛然入画，比康乐‘春草’之句，更觉古老。妙哉句也！固哉人也！”③ 再如：“吕居仁《春日即事》；‘雪消池馆初春后，人倚阑干欲暮时。’或云：‘清景入画，人之情意，物之容态，二句尽之。’予观此作，宛然一美人图也。”④ 从上述所引看，谢榛以“宛然入画”“宛然一美人图”为喻，形象地说明他本人读诗的深刻感受与鲜明的印象。这些都可以纳入“象喻批评”之中。

此外，谢榛在论作诗之法时，也使用了“象喻批评”，如：“提魂摄魄之法”“临字之法”“先江南而后河东之法”“野蔬借味之法”“专效背水阵之法”“缩银法”“取鱼弃筌之法”“无米粥之法”“戴帽子之法”“割爱之法”“孙膑减灶之”与“虞诩增灶之法”，等等。这些都是以“象喻批评”的方法论述作诗之法，确实非常形象有趣。

二、《四溟诗话》中的“象喻批评”的诗学意义

谢榛是明代后七子中的重要人物，堪称明代著名的布衣诗人。他一生勤奋写诗，但他的诗散失很多。现存有五言古体诗、七言古体诗、五言律诗、七言律诗、五言排律、七言排律、五言绝句、七言绝句，尤以律诗最多。他还著有《诗家直说》四卷，共有四百余条。针对谢榛的成就，当代学者朱其铠这样说：“他的诗散佚甚多，但现存诗仍有二千五百余首及诗论四百余条。他在诗歌创方面是一位多产作家，在诗歌理论方面又是一位卓有建树的诗学大家。”⑤ 朱其铠对谢榛在诗歌创作及诗学方面的成就给予高

---

① ［明］谢榛著，李庆立校笺：《谢榛全集校笺》（下册），第1048页。

② ［明］谢榛著，李庆立校笺：《谢榛全集校笺》（下册），第1159—1160页。

③ ［明］谢榛著，李庆立校笺：《谢榛全集校笺》（下册），第1211页。

④ ［明］谢榛著，李庆立校笺：《谢榛全集校笺》（下册），第1268页。

⑤ ［明］谢榛著，朱其铠、王恒展、王少华校点：《谢榛全集》，济南：齐鲁书社，2000年，“前言”，第3页。

度评价。然而，清人在《四库全书总目》中对谢榛的诗歌及论诗有这样的评述：“榛诗足以传，而论诗之语则多迂谬。”① 可见，清人对谢榛诗歌的成就是肯定的，而对谢榛论诗之语评价则为“多迂谬”。这样的评论是否恰当，值得后人深思。不过，从谢榛的评诗论诗之语看，《四溟诗话》中的“象喻批评”具有不可低估的诗学意义。

首先，传承了中国古代诗论的批评思维及方式。

从中国文学批评的发展历程看，“象喻批评”大约可追溯至魏晋时期，如曹丕的《典论·论文》：“斯七子者，于学无所遗，于辞无所假，咸以自骋骥騄于千里，仰齐足而并弛，以此相服，亦良难矣。”② 曹丕以驰骋千里的良马做比喻，形象地说明孔融、陈琳等七位作家的写作才能。西晋陆机在《文赋》里多次使用“象喻批评”，如：“浮天渊以安流，濯下泉而潜浸。”③ 这是用形象化的比喻说明想象来临的情形：有时会平稳地漂流在天河，有时又如深入到地泉而洗濯浸泡。“于是沈辞怫悦，若游鱼衔钩，而出重渊之深；浮藻联翩，若翰鸟缨缴，而坠曾云之峻。”④ 陆机用游鱼衔钩、飞鸟中箭比喻构思时言词艰涩不顺。东晋李充和谢混等人也运用“象喻批评”对潘岳等人作品的评价，如《诗品》卷上“晋黄门郎潘岳”条云：“《翰林》叹其翩翩然如翔禽之有羽毛，衣服之有绡縠，犹浅于陆机。谢混云：‘潘诗灿若舒锦，无处不佳，陆文如披沙简金，往往见宝。’”⑤ 从引文中可知，李充在《翰林论》赞叹潘岳诗歌文辞很美，像飞翔的鸟有美丽的羽毛，衣服有美丽的轻纱薄纱。谢混评价潘岳的诗灿烂像舒展开的锦缎，陆机的作品像扒开沙砾淘金粒。自南北朝开始，“象喻批评”被广泛运用于文学批评理论著作，如刘勰的《文心雕龙》、钟嵘的《诗品》、严羽的《沧浪诗话》等。可以说，“象喻批评”是中国古代极富民族特色的批评方式，被古代文论家普遍运用于评诗论文之中。

综观中国古代文论，“象喻批评”在评诗论文中的运用各种各样，或以植物象喻，如南朝梁代的钟嵘在《诗品》中曾引南朝诗人汤惠休对颜延之诗歌与谢灵运诗歌的评价：“汤惠休曰：‘谢诗如芙蓉出水，颜如错彩镂

① ［清］永瑢等撰:《四库全书总目》(下册),北京:中华书局,1965 年,第 1511—1512 页。
② 郭绍虞主编:《中国历代文论选》(第一册),第 158 页。
③ 郭绍虞主编:《中国历代文论选》(第一册),第 170 页。
④ 郭绍虞主编:《中国历代文论选》(第一册),第 170 页。
⑤ ［清］何文焕辑:《历代诗话》上册,第 8 页。

金。’颜终身病之。”[①] 这样的评论在《南史·颜延之传》也有类似的记载："延之尝问鲍照己与灵运优劣。照曰：‘谢五言如初发芙蓉，自然可爱。君诗若铺锦列绣，亦雕缋满眼。’"[②] 或以人为喻，如《沧浪诗话·诗评》："少陵诗法如孙吴，太白诗法如李广，少陵如节制之师。"[③] 又《诗家直说》："《霏雪录》曰：‘唐诗如贵介公子，举止风流；宋诗如三家村乍富人，盛服揖宾，辞容鄙俗。’殊不知老农亦有名言，贵介公子不能道者。"[④] 从引文可知，明人镏绩在《霏雪录》中以形象化的语言评价了唐诗与宋诗的不同特色。或以书法为喻，如严羽的《答吴景仙书》："坡、谷诸公之诗，如米元章之字，虽笔力劲健，终有子路未事夫子时气象。盛唐诸公之诗，如颜鲁公书，既笔力雄壮，又气象浑厚，其不同如此。"[⑤] 或以泉流象喻，如北宋苏轼评价自己的文章："吾文如万斛泉源，不择地皆可出，在平地滔滔汩汩，虽一日千里无难。及其与山石曲折，随物赋形，而不可知也。所可知者，常行于所当行，常止于不可不止，如是而已矣。其他，虽吾亦不能知也。"[⑥] 或以多样喻体来比喻，如《沧浪诗话·诗评》："李、杜数公，如金鳷擘海，香象渡河，下视郊、岛辈，直虫吟草间耳。"[⑦] 总之，从中国古代文学批评的实际情形看，喻体是各种各样的。

"象喻批评"，不仅被运用于古代文学批评当中，而且也被广泛用于评书论画之中。如南朝齐梁间的袁昂在《古今书评》一文中评价书法说："王右军书如谢家子弟，纵复不端正者，爽爽有一种风气。""羊欣书如大家婢为夫人，虽处其位，而举止羞涩，终不似真。""崔子玉书如危峰阻日，孤松一枝，有绝望之意。""师宜官书如鹏羽未息，翩翩自逝。""韦诞书如龙威虎振，剑拔弩张。""皇象书如歌声绕梁，琴人舍徽。"[⑧] 明代李开先在《画品》中评论绘画作品说："戴文进之画，如玉斗，精理佳妙，复为巨器。吴小仙如楚人之战钜鹿，猛气横发，加乎一时。陶云湖如富春先生云白山青，悠然野逸。杜古狂如罗浮早梅，巫山朝云，仙姿靓洁，不比凡品。

---

① [清]何文焕辑：《历代诗话》（上册），第13—14页。
② [唐]李延寿：《南史》（第三册），北京：中华书局，1975年，第881页。
③ [清]何文焕辑：《历代诗话》（下册），第697页。
④ [明]谢榛著，李庆立校笺：《谢榛全集校笺》（下册），第1004页。
⑤ [清]何文焕辑：《历代诗话》（下册），第707页。
⑥ [宋]苏轼：《苏轼全集》（下册），上海：上海古籍出版社，2005年，第2100页。
⑦ [清]何文焕辑：《历代诗话》（下册），第698页。
⑧ 潘运告编著：《汉魏六朝书画论》，长沙：湖南美术出版社，1997年，第203—204页。

庄麟如山色早秋，微雨初歇，娱逸人之心，来词客之兴。倪云林如几上石蒲，其物虽微，以玉盘盛之可也。”① 在这些评书论画之中，喻体是多种多样：有人物，有山峰及孤松等自然景物，有鹏鸟羽毛，有复合喻体等。

“象喻批评”作为中国传统文论中最基本的批评方式，在谢榛的《四溟诗话》中得到了继承和发扬。从《四溟诗话》看，“象喻批评”可谓俯拾即是，多达七十多处，其中的喻体也是各种各样。谢榛在《四溟诗话》中大量运用了“象喻批评”方法，在自己的诗歌创作实践的基础上，传承了这种极富民族特色的批评思维及方式。

其次，彰显了作者的学识、才情与审美想象。

中国古代的文学理论，较之西方的文学理论，具有自身的鲜明特色。它是由批评者在自身创作实践的基础上对作品的感知，伴随着深刻的体会与审美鉴赏，说出了那些或片段，或篇长的言论。这从“象喻批评”就可以得到验证。然而，批评者能熟练运用“象喻批评”方式进行评诗论诗，需要自身的理论素养、艺术素养、知识素养、人格素养等。据《四溟诗话》中随处可见的“象喻批评”，可知谢榛的丰富学识、才情及审美想象。

从丰富杂多的喻体看，有取喻之天体景象（日月、众星与孤霞），取喻之波涛、疾雷、颠风、流泉、江河等自然物象，取喻之爆竹、撞钟、婴啼等声响，取喻之造酒、酿蜜，取喻之瓜果、蔬菜，取喻之用药疗病，取喻之用兵（作战）、兵法，取喻之建房、选材，取喻之动物的动态（马行、鸟飞），取喻之植物的枝干，取喻之人的行为，取喻之多样物体，等等，喻体各种各样，五花八门。可见，谢榛的知识面非常广，学识丰富。倘若学识狭窄，谢榛就不可能进行如此数量众多的“象喻批评”。正如南朝刘勰曾经说：“凡操千曲而后晓声，观千剑而后识器；故圆照之象，务先博观。”②

从喻体所涉及的诗人及作品看，涉及的作品有《孔雀东南飞》《南山有鸟》、江淹《古离别》、梁简文《蜀道难》、刘孝威《蜀道难》、陆机《为周大人寄车骑》、祢衡《鹦鹉赋》、谢庄《月赋》、李白《古离别》《蜀道难》、孟浩然《送朱二》、郑谷《淮上别友》、杜甫《少年行》、刘采春《啰唝曲》、张祜《金山寺》、王勃《七夕赋》、许浑《送韦明府南游》、欧

① ［明］李开先著，卜键笺校：《李开先全集》（下册），北京：文化艺术出版社，2004 年，第 1363 页。

② ［南朝梁］刘勰著，范文澜注：《文心雕龙注》，北京：人民文学出版社，1958 年，第 714 页。

阳修《醉翁亭记》、吕本中《春日即事》、镏绩《霏雪录》，等等。由此可知，谢榛读书极多，涉猎广泛，对前人，尤其是汉魏以来至唐宋时期的作品非常熟悉。

从喻体的运用看，谢榛极富才情及审美想象。他说："甲子岁秋日，予赴晋阳故人之招，栗晋川留饯园亭，以诗志别，分韵得'秋'字，援笔立就，一气浑成。涌若长江大河，滔滔拍天，而划然中断，其意见于言表，清雅不减刘文房，气格过之。"① 谢榛以"秋"字为韵，把援笔立就、一气浑成的气势，取喻为"涌若长江大河，滔滔拍天"，气势雄壮。又说："自古诗人养气，各有主焉。蕴乎内，著乎外，其隐见异同，人莫之辨也。熟读初唐、盛唐诸家所作，有雄浑如大海奔涛，秀拔如孤峰峭壁，壮丽如层楼叠阁，古雅如瑶瑟朱弦，老健如朔漠横雕，清逸如九皋鸣鹤，明净如乱山积雪，高远如长空片云，芳润如露蕙春兰，奇绝如鲸波蜃气，此见诸家所养之不同也。学者能集众长，合而为一，若易牙以五味调和，则为全味矣。"② 谢榛以象喻的批评方式对初唐、盛唐诸家诗歌的风格（雄浑、秀拔、壮丽、古雅、老健、清远、明净、高远、芳润、奇绝）做了非常形象化的说明。从这些生动形象的描绘中，可以看出谢榛对初唐、盛唐诸家诗歌风格进行全面而又细致的把握，足见谢榛的才情与丰富的审美想象。

综上所论，作为中国古代文学批评中常见的批评方式，"象喻批评"在《四溟诗话》中得到了继承和发扬。谢榛运用这种批评方法，对前人的诗歌作出形象化的品评，显示了他的丰富学识、才情及审美想象，具有不可忽视的诗学意义。在中国文学批评史上，谢榛的《四溟诗话》应引起当今学者的高度重视。

［作者单位：山东大学（威海）文化传播学院］

① ［明］谢榛著，李庆立校笺：《谢榛全集校笺》（下册），第1249页。

② ［明］谢榛著，李庆立校笺：《谢榛全集校笺》（下册），第1188页。

曹植《文帝诔》"其乖甚矣"辨析

佟子璇

摘　要：《文心雕龙·诔碑》篇认为曹植的《文帝诔》是"旨言自陈"，因而评其为"其乖甚矣"，并以"陈思叨名"对曹植所有的诔文都予以否定。然而，《文帝诔》的"旨言自陈""体实繁缓"突破了诔文旧有体制，在诔文叙事、抒情方面进行了变革。所谓的"陈思叨名"，又恰是曹植诔文创作中，扩大诔文对象、提升诔文文学性和突出其传体特征的一种创新。

关键词：曹植；《文帝诔》；《文心雕龙·诔碑》；"其乖甚矣"

《文心雕龙·诔碑》篇是我国文体学史上第一篇研究诔文和碑文创作的理论文章，从文体的发展流变、历代作家作品之得失、文体写作要点等方面展示了刘勰的诔文创作观。刘勰在《诔碑》篇中对曹植《文帝诔》进行了严厉批评，认为此篇诔文"旨言自陈，其乖甚矣"①。由于时代和认识的局限，刘勰对诔文创作的看法是比较保守的。实际上，曹植此作强化了诔文"传体"特征，其文创作抒情性、文学性的增强，并且文末的"旨言自陈"在诔文体制中是一个承前启后的创新之举，而并非完全为刘勰所谓的"乖体"。本文拟就这一问题进行辨别分析，从而比较全面、深刻地认识曹植的《文帝诔》，及其在诔文文体发展中所具有的独特意义和价值。

一、"旨言自陈"之辨

刘勰在《文心雕龙·诔碑》篇中，对曹植《文帝诔》结尾的"旨言自

① ［梁］刘勰:《文心雕龙·诔碑》,周振甫:《文心雕龙今译》,北京:中华书局,1986 年,第 110 页。

陈”提出了“其乖甚矣”的批评。从传统诔文创作的角度来看，刘勰对《文帝诔》的否定有其道理，然而，曹植此篇诔文篇末的“旨言自陈”，恰恰是其诔文创作的创新之处。

刘勰评曹植《文帝诔》为“其乖甚矣”，是因为其“旨言自陈”不符合诔文的体制。《诔碑》篇在说明诔文的起源与发展时，提出诔文是表彰死者德行，且与“谥”结合的丧葬礼文，即说明此种文体以诔主为唯一对象进行颂述，“选言录行，传体而颂文，荣始而哀终”①。曹植《文帝诔》篇末的百言自陈却脱离了“诔主”这一范畴，抒发作诔者自身哀情，且打破四字颂体形制，转而以楚辞体创作。作为一篇上奏给皇帝的官诔，这既不符合诔文体制，又有违礼法，故刘勰称之“其乖甚矣”。

刘勰认为，诔文最大特点是为诔主服务，其内容是围绕诔主进行的哀祭创作。而诔文的文体特点又由其文体功用所决定。诔文源于周代丧葬仪式，是书之以赐谥的丧葬应用文。如《周礼·大史》载：“大丧，执法以莅劝防；遣之日，读诔。凡丧事考焉。小丧，赐谥。”郑注：“遣谓祖庙之庭大奠将行时也。人之道终于此，累其行而读之。”② 交代了诔文的应用场合。《诗经·鄘风·定之方中》毛传：“故建邦命龟，田能施命，作器能铭，使能造命，升高能赋，师旅能誓，山川能说，丧纪能诔，祭祀能语。”孔颖达疏：“丧纪能诔者，谓于丧纪之事，能累其行为文辞，以作谥。”③解释了诔文的内容和功用。显然，诔文是在丧葬场合担负作谥功能的一种文体，而作谥必须以死者的行迹为依据。因此，诔文以记载诔主德行生平为旨，它的文本内容围绕诔主而展开。《诔碑》篇曰：

> 周世盛德，有铭诔之文。大夫之才，临丧能诔。诔者，累也；累其德行，旌之不朽也。④

开篇即提出诔文产生源于“周世盛德”，最初目的是为颂扬诔主的品德功勋，使其声名不朽。古代关于诔文创作的理论，如之前挚虞《文章流别论》

---

① ［梁］刘勰：《文心雕龙·诔碑》，周振甫：《文心雕龙今译》，第112页。

② ［清］阮元校刻：《十三经注疏·周礼注疏》卷二十六，《周礼·春官·大史》，北京：中华书局，1980年，第180页。

③ ［清］阮元校刻：《十三经注疏·毛诗正义》卷三，《诗经·鄘风·定之方中》，第48页。

④ ［梁］刘勰：《文心雕龙·诔碑》，周振甫：《文心雕龙今译》，第109页。

云：“嘉美终而诔集。”① 之后萧统《文选序》：“美终则诔发，图像则赞兴。”② 这些都说明早期诔文为死者铭德的原始功用。随着诔文的发展，刘勰注意到春秋时期诔文出现述哀成分。因此，《诔碑》篇曰：“逮尼父之卒，哀公作诔，观其慭遗之辞，呜呼之叹，虽非睿作，古式存焉。至柳妻之诔惠子，则辞哀而韵长矣。”③ 而此时新增的述哀成分同样是紧扣诔主进行叙写，从《柳下惠诔》中“嗟乎惜哉，乃下世兮。庶几遐年，今遂逝兮。呜呼哀哉，魂神泄兮”④，可以看出述哀是为突出对诔主的祭奠，不带个人伤悼之情，从而形成以诔主为中心的公文性伤悼表达。如后世扬雄的《元后诔》、傅毅的《北海王诔》等作品也无一不是用客观性辞句进行述哀，始终围绕诔主其人进行哀情叙写。故而诔文“颂德”是“颂诔主之德”，“述哀”是“述诔主离世之哀”，围绕诔主进行诔文创作便是刘勰尤其强调的传统诔文创作之旨。

此外，诔文脱胎于谥，丧纪礼法要求诔文必须以庄重整饬的体制进行创作，因而诔文一般为工稳精当的四言颂体。《诔碑》篇曰：“读诔定谥，其节文大矣。”范注引陈立疏证“有诔必有谥”⑤，强调早期诔与谥关系的密切，诔文之礼节、规范也由此变得极为重要。即使汉代诔文脱离谥法成为独立文体，依然从属于哀祭类典章，需要遵循严格的丧纪礼法。古朴肃穆的四言颂体因符合哀祭文体庄重严谨的特质而被诔文创作者一直沿用，故成为刘勰所认可的历代诔文创作公认范式。

然而，曹植《文帝诔》文末“旨言自陈”却尽弃诔主之事，转以参差不一的楚辞体陈己之哀情，与传统体制大相径庭。在刘勰看来，背离传统，“其乖甚矣”。《文帝诔》篇末曰：

> 于是俟大队之致功兮，练元辰之淑祯。潜华体于梓宫兮，冯正殿以居灵。顾望嗣之号咷兮，存临者之悲声。悼晏驾之既疾兮，感容车之速征。浮飞魂于轻霄兮，就黄墟以灭形。背三光之昭晰兮，归玄宅

---

① [西晋]挚虞：《文章流别论》，[清]严可均辑：《全上古三代秦汉三国六朝文》卷七十七，北京：中华书局，1958年，第1905页。

② [梁]萧统：《文选序》，[梁]萧统编，[唐]李善注：《文选》，北京：中华书局，1977年，第2页。

③ [梁]刘勰：《文心雕龙·诔碑》，周振甫：《文心雕龙今译》，第109页。

④ [汉]刘向编撰：《古列女传》，《柳下惠妻》，北京：中华书局，1985年，第49页。

⑤ [梁]刘勰：《文心雕龙·诔碑》，范文澜：《文心雕龙注》，北京：人民文学出版社，1958年，第216页。

之冥冥。嗟一往之不反兮，痛滯閟之长扃，咨远臣之渺渺兮，成凶讳以怛惊。心孤绝而靡告兮，纷流涕而交颈。思恩荣以横奔兮，阂阙塞之峣峥。顾衰绖以轻举兮，迫关防之我婴。欲高飞而遥憩兮，惮天网之远经。遥投骨于山足兮，报恩养于下庭。慨拊心而自悼兮，惧施重而命轻。嗟微躯之是效兮，甘九死而忘生。几司命之役籍兮，先黄发而陨零。天盖高同而察卑兮，冀神明之我听。独郁伊而莫诉兮，追顾景而怜形。奏斯文以写思兮，结翰墨以敷诚。呜呼哀哉！①

这一段述哀文字言诔主曹丕离世之悲少，而表达个人伤怀者多。范文澜对此评曰："陈思王所作《文帝诔》，全文凡千余言。诔末自'咨远臣之渺渺兮，感凶讳以怛惊'以下百余言，均自陈之辞。"② 站在传统诔文创作角度，刘勰认为曹植《文帝诔》"旨言自陈"脱离诔主，违背丧纪法制，不符合诔文为诔主服务的基本特点。且诔之对象为帝王曹丕，君臣等级有别，曹植却在文中自陈己事，这无疑把自己与文帝放在同一位置，混同了生者与死者，下臣与帝王的地位。此外，曹植在《上文帝诔表》中曰："陛青云而诞德。"③ 这表明《文帝诔》是上奏给明帝的官诔，属礼法森严的典章之文，本应统一为四言颂体规范述之，却于文末出现参差不齐的楚骚体，打破颂体为文的传统诔法，不仅不符合丧葬礼仪的庄肃性，还忽略朝廷典章的规范性。因此，刘勰评"其乖甚矣"。

然被刘勰评为"其乖甚矣"的《文帝诔》，实是曹植创作的有意为之。由于同诔主曹丕的复杂关系，以及诔文在魏晋初期具体发展情况，《文帝诔》便有了文末的"旨言自陈"。

首先，曹植《文帝诔》与同为亲人之诔的《武帝诔》相比，后者以统一四言韵文诔武帝之迹，诔法严明规范。《文帝诔》却出现"违体"之句，这恰是由于曹植对诔主曹丕有着更为复杂的情感。两人虽是兄弟，更是君臣，篇末自陈主要抒发臣子不被君王重用之怨，兼有兄弟嫌隙之悲。如李兆洛《骈体文钞》云："至其旨言自陈，则思王以同气之亲，积讥谗之愤，

① ［三国］曹植：《文帝诔》，赵幼文：《曹植集校注》，北京：人民文学出版社，1984 年，第 343—344 页。

② ［梁］刘勰：《文心雕龙·诔碑》，范文澜：《文心雕龙注》，第 221 页。

③ ［三国］曹植：《上文帝诔表》，［清］严可均辑：《全上古三代秦汉三国六朝文》卷十五，第 1135 页。

述情切至，溢于自然，正可以副言哀之本致，破庸冗之常态。”[①] “自陈”之句即是曹植个体意识的不自觉流露，意在借诔作抒难平之郁。而私人情感因带有强烈的主观色彩，往往难以抑制，故《文帝诔》之述哀，最终是曹植作为创作者主动参与进诔文哀情表达的一次创新，打破传统诔文客观抒情，表现出“旨言自陈”的对话性与共情性。

其次，曹植敏锐捕捉到魏晋初期诔文写作不再拘泥于实用性，开始朝情文相生的方向发展。而此现象之萌芽可追溯于汉代中后期，诔文内容和形制方面出现的细微变化。就内容主旨而言，东汉中后期一些诔作的叙哀内容渐趋细致丰富。蔡邕《济北相崔君夫人诔》尤能反映此情形，其文中“惨怛孝子，惴惴其惶。靡神不举，无药不将”[②] 等述哀辞句叙写具体生动，真切感人，而“昊天上帝，忍吊遗孤”等句[③]，甚至可看出些许作者主观情感。另外，《平舆令薛君碑》《堂邑令费凤碑》等碑上所刊诔文的“述哀”也皆较前代诔作更细腻真切。直至魏晋，“述哀”便由早期完善诔文哀悼结构的补充因素一跃成为与“颂德”并举的诔作主导因素；从形制来看，汉代一些哀祭类文章，如《西汉文纪》收录《司马相如诔》，东汉蔡邕的诔、哀赞、表中皆出现以楚调述哀的辞句，影响了之后魏晋诔文创作。然而，上述情况虽蕴藏诔文的发展趋势，但在当时只是萌芽，未及全貌。曹植《文帝诔》“旨言自陈”则清楚直白以作者之情入诔文述哀创作，正式肯定哀情叙写在诔文中的地位，使诔文发生了真正意义上的明显转变。因此，刘师培评：“汉代之诔，皆四言有韵，魏晋以后调类《楚辞》，与辞赋哀文为近：盖变体也。开风气之先者，殆《文帝诔》欤?”[④] 曹植之后，诔文发展至作诔者只抒情而忽略为作文对象服务、“累其行迹”的现象，与这些作品相比，曹植篇末的自述哀情的确占的比重很小，且整篇诔文基本完成了诔文体制，并未脱离为诔主言说生平功勋的文体功能。刘师培这一评语肯定了《文帝诔》在诔文发展史上具有“开风气之先”的意义。

再次，打破传统旧制进行变革，掌握创作规律得以创新。曹植正是如

① [清]李兆洛编:《骈体文钞》,上海:上海古籍出版社,2001 年,第 78 页。

② [东汉]蔡邕:《济北相崔君夫人诔》,[清]严可均辑:《全上古三代秦汉三国六朝文》卷七十九,第 898 页。

③ [东汉]蔡邕:《济北相崔君夫人诔》,[清]严可均辑:《全上古三代秦汉三国六朝文》卷七十九,第 898 页。

④ 刘师培撰,陈引驰编校:《中古文学论集》,北京:中国社会科学出版社,1997 年,第 157 页。

此，他并非不懂诔文体制，相反，他对诔文创作体制精熟于心。如《三国志·王粲传》注引《魏略》云，曹植与邯郸淳“评说混元造化之端，品物区别之意，然后论羲皇以来贤圣名臣烈士优劣之差，次颂古今文章赋诔及当官政事宜所先后”①，这说明曹植对诔文创作的领悟相当透彻，且有自己的创作见解。因此，《文帝诔》的“旨言自陈”，是曹植诔文创作的一大创新。

曹植《文帝诔》“旨言自陈”的这一创新，正是其“诔尚及哀”创作观的具体体现。曹植《上下太后诔表》云：

> 臣闻铭以述德，诔尚及哀，是以冒越谅暗之礼，作诔一篇，知不足赞扬明明，贵以展臣《蓼莪》之思，忧荒情散，不足观采。②

“诔尚及哀”，曹植认为哀情抒发是诔文区别于其他文体的特点。因此，《文帝诔》“旨言自陈”的述哀，抒发了作者的哀情。其中如“欲高飞而遥憩兮，惮天网之远经。遥投骨于山足兮，报恩养于下庭。慨拊心而自悼兮，惧施重而命轻”③ 等句，流露出时代伤悼之情与生命感怀之思，体现了汉末魏初诔文抒情化的创作倾向，从而扩大了诔文的文体功能。对此，刘师培评：“陈思王《文帝诔》于篇末略陈哀思，于体未为大违，而刘彦和《文心雕龙》犹讥其乖甚。唐以后之作诔者，尽弃事实，专叙自己，甚至作墓志铭，亦但叙自己之友谊而不及死者之生平，其违体之甚，彦和将谓之何耶?”④ 显然，《文帝诔》“旨言自陈”的述哀，并非“乖体”，而是诔文创作的创新。

因此，《文帝诔》篇末“旨言自陈”并非如刘勰所言“其乖甚矣”。曹植的《文帝诔》体现了他作为一代文豪的新变精神，在诔文文体发展中功不可没。刘勰评论“其乖甚矣”，反而表现出他的偏狭和保守。

二、“体实繁缓”之辨

《诔碑》篇提出了诔文“工在简要”的创作要求。在刘勰看来，“简

---

① ［西晋］陈寿撰，［南朝宋］裴松之注：《三国志》卷二十一，北京：中华书局，1999 年，第 449 页。
② ［三国］曹植：《上下太后诔表》，赵幼文校注：《曹植集校注》，第 417 页。
③ ［三国］曹植：《文帝诔》，赵幼文校注：《曹植集校注》，第 344 页。
④ 刘师培撰，陈引驰编校：《中古文学论集》，第 136—137 页。

要”是诔文创作的基本特点，因此，对于曹植较长篇幅的《文帝诔》，则予以“体实繁缓”之否定评论。然而，正是在这“体实繁缓”之作中，表现了极为丰富的内容，抒发出曹植深切真挚的情感。这其实又是曹植在诔文创作中的一大创新。

刘勰主张“辨絜”的诔文观，他认为《文帝诔》写得过于繁陈迂缓，不符合诔文规范。《诔碑》篇曰：

> 傅毅所制，文体伦序；孝山、崔瑗，辨絜相参。……至如崔骃诔赵，刘陶诔黄，并得宪章，工在简要。①

傅毅之作符合诔文的体制和次序，苏顺、崔瑗的诔文简约明白、文辞细致。刘勰肯定、赞赏的选文，如杜笃《大司马吴汉诔》、傅毅《北海王诔》、苏顺《和帝诔》等，无一不是工巧简要之作，这是由于刘勰从文体性质出发，认为诔文作为一种带有纪念性、哀悼性的应用文体，应简明扼要，直奔为诔主“颂德述哀”的主题以达到作诔目的。

就诔文文体特征来说，烦冗容易造成“颂德述哀”主题的淡化和模糊，因此要简约明了。文章体制是组成文体特征的重要部分，“夫才童学文，宜正体制”②，刘勰认为只有明辨各体的体制，区别不同文体特征，各类文体之间才有清晰的界限，以此便于人们学习和写作。徐师曾《文体明辨序》云：“夫文章之体裁，犹宫室之有制度，器皿之有法式也。”③ 诔文为诔死者一生行迹的文体，应直切文旨，如果事义深隐、文气缓和，则不利于“颂德述哀”的叙写。如被刘勰肯定的苏顺《和帝诔》：“劳谦有终，实惟其性，衣不制新，犀玉远屏。履和而行，威稜上古，洪泽滂流，茂化沾溥。不慭少留，民斯何怙。歔欷成云，泣涕成雨。昊天不吊，丧我慈父。”④ 简洁精要，核字省句，短短几行既颂扬帝王的功勋，又表达浓重的哀情。这是刘勰所认为的诔文正确体制。

此外，刘勰对于“简要”的强调，表明他对齐梁时期文学作品繁缛滥采的一种否定。南朝人吸收了正始繁缛文风，诔文创作也或多或少受到影

① [梁]刘勰:《文心雕龙·诔碑》,周振甫:《文心雕龙今译》,第110页。
② [梁]刘勰:《文心雕龙·诔碑》,周振甫:《文心雕龙今译》,第378页。
③ [明]徐师曾撰,罗根泽校点:《文体明辨序说》,北京:人民文学出版社,1962年,第77页。
④ [汉]苏顺:《和帝诔》,[清]严可均辑:《全上古三代秦汉三国六朝文》卷四十九,第744页。

响，实用性减弱。作为与丧葬之礼密切相关的文体，诔文应重点突出应用性和礼法性，正如《文心雕龙·情采》篇中指出："孝经垂典，丧言不文。"① 值得说明的是，刘勰认为的"简"，并不是简单，浅薄，而是叙事完备又要言不繁。如《诔碑》篇批评挚虞以"沙麓之灵"四句怀疑它就是《元后诔》的全篇，是不正确的，累列德行、叙述尊荣却只用四句无法达到诔文功用，可见刘勰对"简要"的理解是恰如其分、清晰明白地进行诔文写作。

而曹植《文帝诔》篇幅极长，共有1210字，可谓诔文中的"长篇巨制"，同刘勰"工在简要"的要求完全背道相驰。在刘勰看来，其颂德部分自远古三皇写起，述哀部分"旨言自陈"，皆未切文旨，造成整篇文章繁陈迂缓。如吴林伯云："今存植诔之'繁缓'者，以《文帝诔》为代表。盖文帝死时，植仍流滞不乐，实无颂德、序哀之情，惟基于君臣之义而为之诔，虽仿《雅》《颂》，而辞尤铺张。全文千余言，莫不泛美功德，不若潘诔之'新切'，故辞繁冗迟缓。"② 吴林伯评《文帝诔》是敷衍之作，毫无真情。然而，这篇诔文的"繁缓"，实事出有因。并且，这一"繁缓"正是诔文文体发展中一种创新。

《文帝诔》"繁缓"的形成，主要有三个方面的原因。首先，是与此篇诔文创作的背景密切相关。《文帝诔》序云：

> 惟黄初七年五月十七日，大行皇帝崩，呜呼哀哉！……朝闻夕逝，孔志所存。皇虽壹没，天禄永延。何以述德？表之素旃。何以咏功？宣之管弦。③

此篇诔文是曹植于黄初七年（226）曹丕逝世之时所作，于序中已然可感作者的悲痛。此前曹丕与曹植关系疏离，亲情淡薄，如《三国志集解·文帝纪》载有曹丕即位后对曹植打压孤立事件。而且，曹植《责躬》《黄初五年令》《魏德论》《七步诗》等不少作品表现的实际情况，似乎皆与《文帝诔》的情深义重相矛盾。然而，在曹丕逝世前，兄弟俩的关系有所缓和。

---

① ［梁］刘勰：《文心雕龙·诔碑》，周振甫：《文心雕龙今译》，第288页。

② 吴林伯：《〈文心雕龙〉义疏》，武汉：武汉大学出版社，2002年，第148页。

③ ［三国］曹植：《文帝诔序》，赵幼文校注：《曹植集校注》，第341页。

如《三国志·魏志·陈思王植传》载：“六年帝东征，还过雍丘，幸植宫，增户五百。”① 黄初六年曹氏兄弟相见使往日恩怨涣然冰释。为此曹植还在《黄初六年令》中有所记叙，言语间尤可见感激欣喜之情。几个月后曹丕逝世猝不及防，可以想见曹植的悲哀与惊痛，令人无不叹惋。《文帝诔》便成为带有个体情感的典章公文，蕴含着曹植对兄长深厚的情谊。

因此，《文帝诔》“繁缓”行文抒发了曹植对曹丕的深切缅怀，别有深意。颂德部分之所以从三皇五帝写起，是对曹丕建魏称帝的合理性进行铺垫，维护魏文帝曹丕的德行与忠义。如“中和产物，肇有人伦。爰暨三皇，实秉道真。”“降逮五帝，继以懿纯。三代制作，踵武立勋”② 等句，言自天地初开，就有和谐的伦理关系，各代承袭古制，繁荣昌盛。至秦汉则纲常毁坏，汉室之衰微是由于不循古制。而曹丕称帝，即是天命轮回后的必然结果，由此使曹丕称帝有古法可依，维护其圣明形象与曹魏皇权的威严，为赞颂皇帝盛德做准备。故而这部分关于远古三皇的内容实际上也是紧扣曹丕进行的写作，并不是叙述他人他物的多余内容。《文帝诔》中这样的“繁缓”，实则体现了作者的独具匠心。

其次，《文帝诔》是一种“传体”写作方法，以“传体”来“诔其行迹”，述说诔主荣哀，就需要一定的篇幅。《文帝诔》打破传统诔文短小体制，加入更多的叙事成分，对曹丕学识、才华、品行、德政等方面取得的成就进行大力颂扬，突出其功德显赫。例如，诔文中述曹丕称帝改号，“龙飞启祚，合契上玄。正行定纪，改号革年。明明赫赫，受命于天”③；赞扬曹丕夙慧早成，“祥惟圣质，岐嶷幼龄。研几六典，学不过庭”④；述曹丕选贤举能，“拔才岩穴，取士蓬户。唯德是萦，弗拘祢祖”⑤ 等，全面概括文帝一生的事迹。较之前人诔作，《文帝诔》“传体”特征更鲜明，符合刘勰所主张的“序事如传”。因此，《文帝诔》的“繁缓”，实则是“传体”诔文的首创之作。

最后，《文帝诔》的“繁缓”，是文学表现手法的运用而形成的。《文帝诔》中具体生动的文学描写增加了文章的篇幅，使诔文的情感表达更加

---

① 卢弼:《三国志集解》,北京:中华书局,1982 年,第 487 页。

② [三国]曹植:《文帝诔》,赵幼文校注:《曹植集校注》,第 341 页。

③ [三国]曹植:《文帝诔序》,赵幼文校注:《曹植集校注》,第 342 页。

④ [三国]曹植:《文帝诔序》,赵幼文校注:《曹植集校注》,第 342 页。

⑤ [三国]曹植:《文帝诔序》,赵幼文校注:《曹植集校注》,第 342 页。

真切细腻，从而具有了文学审美性。例如，“大行康之”“大行光之”“大行纲之”“大行当之”等句中铺陈手法的运用，使《文帝诔》表现出宫廷典章的气势磅礴，整饬肃穆。文中述哀部分，曹植运用楚骚体，如“顾望嗣之号啕兮，存临者之悲声。悼晏驾之既疾兮，感容车之速征”①；“嗟一往之不反兮，痛濆闼之长扃”② 等句，使诔文之哀更加凄切感人，并且富有文采。整篇诔作的叙写，体现了刘勰对诔文“论其人也，暧乎若可觌；道其哀也，凄焉如可伤”③ 的创作要求，表现出同体制短小之作全然不同的崭新面貌。因此，《文帝诔》的“繁缓”正是曹植别具一格的创新实践。

综上所述，《文帝诔》的“体实繁缓”，以其独特的形式展现出诔文的文体之美。因此，对《文帝诔》的“繁缓”，我们应认识到它的创新之处，以及对于古代诔文文体发展的贡献。

三、“陈思叨名”之辨

《文心雕龙·诔碑》篇评曹植诔文为“陈思叨名”。所谓“叨名”，是指曹植诔作名不副实。刘勰的这一评语，实际上是因《文帝诔》之“乖甚”而对曹植诔文出现的新变予以保守评价，没有完全正确认识到这些创新对诔文发展的意义和价值。

曹植诔文的创新之处，表现为以下几个方面：

第一，扩大诔文对象。早期严格的等级制度形成诔文只能以贵族为单一对象进行创作。然而，曹植诔作的对象却由于其与诔主关系的私人化而得以扩大。在曹植之前，亡者与诔作者之间的关系大多并不亲密，诔文更多从礼仪等实际需要出发，因而其对象极其有限。而曹植的诔文多从悼念亲友的角度出发，其内容由此突破了前代诔文颂德颂美之藩篱，打破诔文对象单一性。值得一提的，曹植《平原懿公主诔》一文，是为魏明帝夭折之女曹淑所作。按照传统诔法，夭折婴儿根本没有被诔资格，说明曹植此作已然无公文式内容，这印证了曹植诔文对象的扩大。与此同时，这样的诔文创作也推动了诔文文体的大众化。并且，影响了后世的诔文创作。如潘岳《杨仲武诔》《从姊诔》，陆机《吴贞献处士陆君诔》等，所诔对象皆

① ［三国］曹植：《文帝诔序》，赵幼文校注：《曹植集校注》，第 344 页。
② ［三国］曹植：《文帝诔序》，赵幼文校注：《曹植集校注》，第 344 页。
③ ［梁］刘勰：《文心雕龙·诔碑》，周振甫：《文心雕龙今译》，第 112 页。

变为平民，完全打破了诔文"诔贵"的等级限制。这正是曹植诔文创作的一个创新。

第二，增强抒情性。曹植诔文中对亲友的哀悼，使得诔文在实用基础上增强了抒情性。如曹植的《卞太后诔》，文中如"昔垂顾复""仰瞻帷幄，俯察几筵""徘徊而柩""伫立以泣"等辞句[①]，通过追忆往昔，表达对母亲离世之悲，情感真切动人。又如，其《王仲宣诔》曰："哀风兴感，行云徘徊，游鱼失浪，归鸟亡栖，呜呼哀哉！吾与夫子，义贯丹青……如何奄忽，弃我夙零。……子犹怀疑……人谁不没，达士徇名，生荣死哀，亦孔之荣。"[②] 文中人称由前文"猗欤侍中""君乃义发"的第三人称到"吾与夫子""子犹怀疑"的第二人称，随情感深入而加以改变，明晰诔文的情感层次。赵幼文评曰："前称君，而此称夫子，称谓变化，亦表达感情之变化。"[③] 这说明，曹植诔文创作开始根据情感变化来选择最佳叙述角度，从而加强了诔文的抒情性。并且，《王仲宣诔》文末流露出的生命自觉意识，由哀悼诔主其人上升到对时代的伤悼和反思，从而开启了魏晋诔文抒情之风。如西晋陆机《文赋》中提出的"碑披文以相质，诔缠绵而凄怆"[④]，直接指出了"缠绵而凄怆"是诔文文体的根本特征。同样，被刘勰赞赏为"易入新切"的潘岳诔文，也突出了其抒情的特点，如其《杨仲武诔》《杨荆州诔》等作品哀情皆凄恻深刻，令人叹息。刘师培对此评曰："欲尽诔体之变，以达述哀之旨，必须参究西晋潘安仁各篇，始克臻缠绵凄怆之致。"[⑤] 由此可知，魏晋诔文已向抒情化转变，而追本溯源，是曹植首开先河，使诔文的情感性得到明显增强。

第三，强化审美性。曹植诔文创作中文学表现手法的运用，使作品强化了审美性。例如，曹植《王仲宣诔》述哀："吾与夫子，义贯丹青，好和琴瑟，分过友生。庶几遐年，携手同征，如何奄忽，弃我夙零。感昔宴会，志各高厉，於戏夫子，金石难弊。人命靡常，吉凶异制，此欢之人，孰先殒越？"[⑥] 这一段文字吸收了傅毅诔文之"序述哀情，则触类相长"的

---

① ［三国］曹植：《卞太后诔》，赵幼文：《曹植集校注》，第418—419页。
② ［三国］曹植：《王仲宣诔》，赵幼文：《曹植集校注》，第164—165页。
③ 赵幼文：《曹植集校注》，第171页。
④ ［西晋］陆机：《文赋》，［梁］萧统编，［唐］李善注：《文选》，第241页。
⑤ 刘师培撰，陈引驰编校：《中古文学论集》，第157页。
⑥ ［三国］曹植：《王仲宣诔》，赵幼文：《曹植集校注》，第164—165页。

手法，融情于景，哀思凄切。此外，曹植诔文中各种文学手法，如铺陈、反衬、比喻等的运用，使诔文开始具有艺术审美性，并影响了后世诔文发展。如晋代潘岳直接吸收了曹植诔文抒情述哀的写作方法，如《杨仲武诔》中"朝济洛川，夕次山隈。归鸟颉颃，行云徘徊"等句①，取自于曹植《王仲宣诔》中"哀风兴感，行云徘徊，游鱼失浪，归鸟亡栖"等②，情景交融，真挚动人。又如，潘岳的《夏侯常侍诔》中，"望子旧车，览尔遗衣。愊抑失声，迸涕交挥。……日往月来，暑退寒袭。零露沾凝，劲风凄急"等句子③，触物感怀，哀情浓郁。至魏晋中后期，诔文已发展成为富有文学审美性的应用文体。

第四，"序事如传"。曹植的诔文具有明显的传体特征，从而使传统诔文焕然一新。例如，曹植的《平原懿公主诔》，如上文所述，此篇是为夭折婴儿曹淑所作的诔文。婴儿自然无功德而言，如按传统的诔法，则无可写之处。然而，曹植将叙事手法引入其中，写得栩栩如生。其曰："生在十旬，察人识物。仪同圣表，声协音律。骧眉识往，俯瞳知来。求颜必笑，和音则该。阿保接手，侍御充旁。常在襁抱，不停笫床。专爱一宫，取玩圣皇。"④ 对公主的细致刻画，使襁褓中的婴儿一颦一笑都历历在目。接着，说明了明帝如何哀女，以及如何盛葬其女之事。整篇诔文叙事如传，其人可观，其事可见，生动形象。

此外，曹植诔文中的"序事如传"，以史传之体涉及诔主的家族世系等，从而使诔文全面详尽。如其《王仲宣诔》，以传体述诔主祖辈功绩、亡者本人才行，以及其"依刘""归汉"等事迹，颂咏王仲宣"身穷志达""不干势权"之气节，表达对好友离世的切肤之痛与惋惜。因此，吴讷《文章辨体序说》曰："唯《文选》录曹子建之诔王仲宣，潘安仁之诔杨仲武，盖皆述其世系行业而寓哀伤之意。"⑤ 这一评语说明了曹植《王仲宣诔》诔文特点是"述其世系行业"，从而"寓哀伤之意"。这与传统诔文出现一定差别。曹植诔文创作的"传体"叙事，颂德与述哀兼而有之，"生荣"与"哀终"浑然天成，具有独到的创新意义。《文选》入选八篇诔文，

---

① ［西晋］潘岳:《杨仲武诔》,［梁］萧统编,［唐］李善注:《文选》,第 783 页。
② ［三国］曹植:《王仲宣诔》,赵幼文:《曹植集校注》,第 164—165 页。
③ ［西晋］潘岳:《杨仲武诔》,［梁］萧统编,［唐］李善注:《文选》,第 785 页。
④ ［三国］曹植:《平原懿公主诔》,赵幼文:《曹植集校注》,第 494 页。
⑤ ［明］吴讷撰,于北山校点:《文章辨体序说》,北京:人民文学出版社,1962 年,第 53 页。

曹植的《王仲宣诔》被列为首篇，这说明萧统对曹植诔文的评价与刘勰截然不同，他充分肯定了曹植诔文创作的成就。

由此可知，《文心雕龙·诔碑》篇所谓“陈思叨名”，这一评价是不确切的。刘勰坚守传统礼制，若只将《文帝诔》作为一篇应用性诔文，刘勰之批评体现了文学理论的一般性原则，言之有理。然刘勰也忽视了诔文的发展趋势，作为一篇抒情性的诔文，此作已然流露出文学作品难能可贵的创新性，因而被其评为“其乖甚矣”的《文帝诔》，正是魏晋时期诔文创新的一篇代表作，在我国古代诔文发展史上具有开创之功，有着重要的意义与影响。

（作者单位：温州大学文学院）

汉字书写的文化特色与功能优长①

——以《庄子》寓言话语和《文心雕龙》范畴的系统建构为例

涂光社

摘　要：汉字是大文明中硕果仅存的象形系统文字，其文化特色与功能之优长往往因习以为常而被忽略。由于它对古代文学传达以及理论范畴创用的影响颇大，本文以《庄子》和《文心雕龙》为例考究汉字这两方面的特点和优长。庄子是两千多年前批判人类异化的先行者，其语汇、范畴创用堪称古籍之最，很能体现汉字运用的文化特色。不仅予约定俗成的范畴某些新义，还创设了一系列形象性的范畴概念，在文学批评史和理论史中皆显示出强大的生命力。齐梁思想理论大家刘勰则以系统的范畴创用成就了享誉千古的文论经典《文心雕龙》。加上论证中标举和运用"剖情析采"的思想方法，在葆有汉字功能优长的同时，很大程度上弥补了古代理论系统建构与剖析论证、作抽象逻辑规定方面的欠缺。

关键词：《庄子》；《文心雕龙》；汉字运用；文化特色；功能优长

汉字是大文明中硕果仅存的象形系统文字，其文化特色与功能之优长往往因习以为常而被国人忽略。它对中国古代文学传达以及理论范畴创用有重要影响，在当今中外文化比较研究中受到重视是顺理成章的。

---

① 基金项目：国家社科基金重大项目"《文心雕龙》汇释及百年'龙学'学案"（批准号：17ZDA253）。

一

先须说说本文以《庄子》和《文心雕龙》为例探讨汉字优长之所以然。

《庄子》是以“寓言十九”表述的子书。屈原《离骚》有诗祖辞宗之誉。文学史上《庄》《骚》双峰并峙，是先秦浪漫主义文学的代表作。

自楚辞始，古诗多了景物的细致刻画，如《九歌·湘夫人》的“袅袅兮秋风，洞庭波兮木叶下”[①]，与《九章·涉江》的“深林杳以冥冥兮，猨狖之所居。山峻高以蔽日兮，下幽晦以多雨。霰雪纷其无垠兮，云霏霏而承宇”[②]。钱锺书先生《管锥编》说：“《悲回风》的‘凭昆仑兮以瞰雾兮，隐岐山以清江。惮涌湍之磕磕兮，听波声之汹汹……悲霜雪之俱下兮，听潮水之相击。’皆开后世诗文景物写景法门，先秦绝无仅有。”[③] 屈子以此渲染一己寂寞孤高和忧国哀民的悲慨愁思。深挚的抒写显现丰富的想象力，《离骚》的“路漫漫其修远兮，吾将上下而求索”[④] 是对真理的执着寻觅；《天问》有对天地万象神明圣贤的叩问；《哀郢》倾吐国势衰微败亡的痛楚……皆为极尽忠忱却遭谗放逐中的深刻反省、悲痛至极的家国情怀。屈赋生成土壤是荆楚风俗文化，其勃兴影响和推动了战国中土的文学发展。

楚辞景物描写如刘勰《物色》篇所说“触类而长”[⑤] 细密充分；《声律》的“楚辞辞楚”[⑥] 道明其辞藻音韵的地域特点。然而其中无大多子书那样的事理论证与言辩。

《庄子》多以寓言故事表述深刻敏锐的哲思，笔触虚拟奇幻，纵横驰骋、汪洋恣肆。王国维先生《屈子文学之精神》中说庄子“言大则若有北溟之鱼，语小则有蜗角之国；语久则大椿冥灵，语短则蟪蛄朝菌；至于襄城之野，七圣皆迷；汾水之阳，四子独往……”[⑦] 梁启超先生《中国韵文里头所表现的情感》说“浪漫文学用想象力构造境界”，“想象力愈丰富、

---

① [宋]洪兴祖:《楚辞补注》,北京:中华书局,1983 年,第 65 页。

② [宋]洪兴祖:《楚辞补注》,第 130 页。

③ 钱锺书:《管锥编》(二),北京:生活·读书·新知三联书店,2001 年,第 358 页。

④ [宋]洪兴祖:《楚辞补注》,第 27 页。

⑤ 范文澜:《文心雕龙注》,北京:人民文学出版社,1958 年,第 694 页。

⑥ 范文澜:《文心雕龙注》,第 553 页。

⑦ 傅杰编校:《王国维论学集》,北京:中国社会科学出版社,1997 年,第 316 页。

愈奇诡，便愈更精彩”[①]，庄子即然，“犹河汉而无极也”[②]。

《庄子》是先秦子书，以“寓言十九”阐发无所羁缚的思考：空间上有“蜗角触蛮”，也有至人“六合”内外的遨游；时间上言及上古“物之初”的起始，也有“千世之后”必有人与人之相食世象的警示；“种有几”一段则说的是生物进化历程……清胡文英《庄子独见·庄子论略》对《庄》《骚》的比较甚为中肯：“庄子最是深情，人第知三闾之哀怨，而不知漆园之哀怨有甚于三闾也。盖三闾之在一国，而漆园之哀怨在天下；三闾之哀怨在一时，而漆园之哀怨在万世。”[③] 庄周的哲思针对的社会政治不止于一家一国和某个时代，而是普遍的生命现象乃至宇宙万物的生存衍化的规律。

《庄子·天下》明谓寓言的“谬悠之说，荒唐之言，无端涯之辞……不谴是非，以与世俗处”[④]，不与意见相左的时人（包括势要和欲参政议政的士人）论争，透露出全身避患的无奈；当然也因其超越时代局限的思考和论断尚无从证实。随后的“其辞虽参差而諔诡可观，彼其充实不可以已”[⑤] 则表明惊世骇俗的寓言涵蕴的哲学思考合乎客观规律，可不断充实拓展，有难能可贵的科学精神。

庄子是两千多年前批判人类异化的先行者。其寓言尽管浪漫主义文学色彩鲜明，毕竟重说理论道而非抒情言志。其语汇、范畴创用堪称古籍之最，很能体现汉字运用的文化特色。不仅予约定俗成的范畴某些新义，还创设了一系列形象性的范畴概念，在文学批评史和理论史中皆显示出强大的生命力。

伴随“自觉时代”文学观念成熟，有标志先秦哲学思辨精神复归、长于范畴论辩的魏晋玄学推动，实现理论跃升的时代条件具备，齐梁思想理论大家刘勰正是以系统的范畴创用成就了享誉千古的文论经典《文心雕龙》。加上论证中标举和运用“剖情析采”的思想方法，在葆有汉字功能优长的同时，很大程度上弥补了古代理论系统建构与剖析论证、作抽象逻辑规定方面的欠缺。

---

① ［清］梁启超：《梁启超全集》，北京：北京出版社，1999 年，第 3950 页。

② 曹础基：《庄子浅注》，北京：中华书局，1982 年，第 9 页。

③ ［清］胡文英：《庄子独见》，上海：华东师范大学出版社，2011 年，第 6—7 页。

④ 曹础基：《庄子浅注》，第 508 页。

⑤ 曹础基：《庄子浅注》，第 508 页。

考究以《庄子》《文心雕龙》为例也是笔者对两书有所偏爱投入甚多的缘故。

二

汉字是当今世界上唯一仍广泛使用的象形系统文字，数千年中经先人屡次改进而避免了被表音文字取代的命运，秦汉以后汉字已被改造成“不象形的象形字”。与“象”密切关联的汉字有一些拼音文字不可企及的功用，它介入并深刻地影响民族的思维方式。

汉字“象形为先”，以表意为第一属性。“独体为文”的基本符号中很多成为偏旁部首，为构字中最常见的义符，金、木、水、火、土、石、气、风、雨、日、月、草、竹、米、禾、虫、鸟、牛、马、羊、犬、豕、鱼、口、耳、鼻、牙、手、足、心、车、舟、门、黑、白、走等。有的字甚至是多个义符的组合，如“鑫”“森”“淼”“焱”“磊”“晶”“犇”，以及“昶”“烨”“章”“境”之类。

“象形”给汉字带来特殊的稳定性。自秦汉规范定型，两千年来汉字的组合方式和笔画书写规范未变，基本义涵也维系如常。即便在使用中赋予新义，仍以字的本义为基础。汉字往往一字多义，通同者常可借代为用；单字多为名词但可动用；大都能独自成词，拥有多向的隐性语义网络（故能做倒装、错位之类处理），词语组合灵便。

汉字运用对语言音韵、节奏和语汇构成方式的影响明显，文学表述上尤其在作形象描绘、模糊传达之时更是如此，故与某些艺术追求乃至思想理念关联。比如文章之美就包括用字和遣词造句之美在内。用于诗词文章、理论思考表述的汉语简约蕴藉，常令运用拼音文字的语种难作直译。运用拼音文字的外语一般逻辑严谨但用汉语不难翻译，较易汲取所长。笔者的《中国古代美学范畴发生论》① 申述过这样的看法，民族特色鲜明的中国古代理论范畴生成的文化土壤与西方不同，在思维及其表达上有“不舍象”与线条符号运用的双绝。

“不舍象”的思维相对于抽象的逻辑思维而言，即不排除感性，甚至对感性体验和意象有所借助的思维。对“象”的倚重也对古代的理论形态、范畴创用和展示方式有重大影响。

① 涂光社:《中国古代美学范畴发生论》,北京:人民教育出版社,1999 年。

以简驭繁的《周易》八卦“以象明意”，卦象也是一种表意的线条符号。

《易》为六经之首，是儒典中最讲究方法论者。从《易经》“以象明意”和王弼“尽意莫如象”的概括可知，“象”的模糊意蕴有高度概括力和相对灵动的指域。《老子》亦有“道之为物，惟恍惟惚。惚兮恍兮，其中有象”① “大象无形，道隐无名”② 等论，亦可一窥华夏民族思维方式“不舍象”的特点和某种优长。

古人哲学思考往往“不舍象”。传统的范畴概念“抽象”程度虽较一般语词为高，但大都未与具体绝缘。“不舍象”的思维有其优势，有对精微处的模糊把握，为进一步的思考以及从片面到整体，从一般认知上升到智慧把握留有余地。

客观事物毕竟是具体的存在，抽象认识固然能从一定层面揭示事物的本质，但不可能包举整个事物的所有方面。马克思在《〈政治经济学批判〉导言》③ 中倡导从抽象回到具体，正是要求以具体事物验证抽象，矫正补充已有的结论和判断，也可为进一步的思考、判断导向。

概念在先秦学术中当属一类有概括性的“名”。有感于战国时代“奇辞起，名实乱”的现象，集先秦学术大成的荀子总结“名”生成、运用上的特点，提出了“约定俗成”的规范。如荀子所说，各个时代都“有循于旧名，有作于新名”④。随着理论思维的进步，范畴概念也在通变：有承袭也有创新；有重心的位移、变异，也有废止。“约定俗成”要求人们对通用的范畴概念保持大致的共识。“约定”之“约”是契约之约，也是大约之约，古代范畴概念大多能广为沿用，论者常用而不释，绝少去做定义，有较大自由发挥的空间。作为不被包容的大概念，范畴同样有生成演变的过程，意涵亦多约定俗成，与其出现的语境关联。

---

① 朱谦之:《老子校释》,北京:中华书局,1984 年,第 88 页。

② 朱谦之:《老子校释》,第 171 页。

③ 马克思《〈政治经济学批判〉导言》说:“从表象中的具体达到越来越稀薄的抽象,直到我达到一些最简单的规定。于是行程又得从那里回过头来,直到我最后又回到人口,但是这回人口已不是一个混沌的关于整体的表象,而是一个具有许多规定和关系的丰富的总体了。”又说:“具体之所以具体,因为它是许多规定的综合,因而是多样性的统一。因此它在思维中表现为综合的过程,表现为结果,而不是表现的起点。虽然它是现实的起点,因而也是直观和表象的起点。在第一条道路上,完整的表象蒸发为抽象的规定;在第二条道路上,抽象的规定在思维行程中导致具体的再现。”(《马克思恩格斯选集》第二卷,北京:人民出版社,2012 年,第 700、701 页。)

④ ［清］王先谦撰,沈啸寰、王星贤点校:《荀子集解》,北京:中华书局,1988 年,第 414 页。

郭绍虞先生《同义词词林·序》指出："汉语以名词为中心，与西语以动词为中心，二者重点不同。"① 最初的单字几乎都是名词。组词以两字为多。流行的诗体从四言、五言、七言；成语多由四字构成……皆与汉语的特点关联。名词有使动用法和意动用法。比如"风"本是名词，指流动的大气；又可作如风般吹动解；亦可形容如风一样无形而可感；乃至是有影响、成气候，以及方向和地域方面的意蕴，《毛诗序》的"风，风也，教也，风以动之教以化之……上以风化下，下以风刺上，主文而谲谏，言之者无罪，闻之者足以戒，故曰风。"② 就是例子。"风"在文论的不同语境中分别有风诗、风尚、讽刺、风格等引申义。

元范畴多为单字，如气、势、象、和、仁、体、风、味、心、神、情、志、意、境等；以后则常为两字组合，如自然、中和、通变、风骨、滋味、气势、比兴、韵味、意象、意境、形象、格调……单字的元范畴基本都有"象形"带来的常能从不同侧面发挥的意蕴；两字的范畴有意蕴的互补，常表现出组合的自由。

汉语也有习惯语序，但并不全依赖它。由于不做语法标识，运用汉语进行一般逻辑表述时，语序的作用或许大于其他语种。然而以不变应万变的方块字带来以象明意的可塑性，以及独立成词所获得的在语义网络上字词搭配的选择性，词序远远称不上"严格"，尤其在文学语言中词序的灵活性大得惊人。

汉语句中的语法关系能够凭借字词间固有的语义网络来确定，常不显于字面，故称此"隐性的语义网络"。即句中字词本身的意蕴可以决定它的词性及其在句中的语法地位，应与句中的那些字词联系毋须标明未必见诸词序。不仅"倒装""错位"（有时是音韵节奏的需要，有时是为取得怵目惊听的艺术效果）常见，甚至有"回文"体、"反复"体的诗文。

如《鄘风·柏舟》的"髧彼两髦"③，《离骚》中的"纷吾既有此内美兮""汩余若将不及"④ 都有修饰词的提前；"错位"者如曹操《短歌行》

---

① 梅家驹等编：《同义词词林》（第二版），上海：上海辞书出版社，1996 年，"郭序"，第 2 页。
② 郭绍虞主编：《中国历代文论选》（一卷本），上海：上海古籍出版社，2001 年，第 30 页。
③ 程俊英、蒋见元：《诗经注析》，北京：中华书局，1991 年，第 122 页。
④ ［宋］洪兴祖：《楚辞补注》，第 4、6 页。

的“慨当以慷”[①]，王勃《滕王阁序》的“渔舟唱晚”[②]，杜甫《秋兴》的“香稻啄馀鹦鹉粒，碧梧栖老凤凰枝”[③]；《春望》的“感时花溅泪，恨别鸟惊心”[④]；柳宗元《江雪》的“独钓寒江雪”[⑤]；李贺《咏马》的“何当金络脑，快走踏清秋”[⑥] ……诗词之外的文辞也有错位，但少许多，如江淹《别赋》中的“使人意夺神骇，心折骨惊”[⑦] 和欧阳修《醉翁亭记》的“酿泉为酒，泉香而酒洌”[⑧]。

传世文集存有“反复”体和“回文”体诗、铭。《艺文类聚》卷七十载东汉李尤的《镜铭》：“铸铜为鉴，整饰容颜，修尔法服，正尔衣冠。”[⑨] 苏轼《题金山寺》也是这种诗。前秦窦滔妻作《璇玑图》表述思念感动夫君的故事更传为美谈。据说此图以五色织成，共八百余言，“纵横反复，皆成章句”[⑩]，可得诗二百余首。传言宋元间僧起宗以意推求，竟又得诗三四千首。所谓“藏头诗”“拆字诗”“灯谜诗”是运用汉字才有的文字游戏。还见到过这样的景德镇瓷茶壶盖，上面一圈镌了“可以清心也”五字以示雅趣。无论从那一个字开头都可读、可解：“以清心也可”“清心也可以”“心也可以清”“也可以清心”。

乐府诗题“春江花月夜”是五个名词的连缀，其间省去了相互关系规定，不仅最大限度地概括了被浓缩的意蕴，五个字将五重意象复合成的美的境界，而且使创作者和欣赏者能以任何一个意象为中心去进行艺术创造或再创造。也就是说，该题目之下的造艺可以“春”为中心，也不妨以“江”或“花”“月”“夜”，甚至以“春江”“花月夜”……为中心。

温庭筠《商山早行》的“鸡声茅店月，人迹板桥霜”[⑪]，六个名词的组

---

① 安徽亳县《曹操集》译注小组:《曹操集译注》,北京:中华书局,1979 年,第 19 页。

② [唐]王勃著,蒋清翊注:《王子安集注》,上海:上海古籍出版社,1995 年,第 232 页。

③ [唐]杜甫著,[清]仇兆鳌注:《杜诗详注》,北京:中华书局,1979 年,第 1497 页。

④ [唐]杜甫著,[清]仇兆鳌注:《杜诗详注》,第 320 页。

⑤ [唐]柳宗元著,王国安笺释:《柳宗元诗笺释》,上海:上海古籍出版社,1993 年,第 268 页。

⑥ [唐]李贺著,[清]王琦等注:《李贺诗歌集注》,上海:上海人民出版社,1977 年,第 101 页。

⑦ [明]胡之骥注:《江文通集汇注》,北京:中华书局,1984 年,第 40 页。

⑧ [宋]欧阳修著,洪本健校笺:《欧阳修诗文集校笺》,上海:上海古籍出版社,2009 年,第 1021 页。

⑨ [唐]欧阳询撰,汪绍楹校:《艺文类聚》,北京:中华书局,1965 年,第 1228 页。

⑩ [唐]武则天:《织锦回文记》,[清]董诰等编:《全唐文》卷九十七,北京:中华书局,1983 年,第 1006 页。

⑪ [唐]温庭筠著,[清]曾益等笺注:《温飞卿诗集笺注》,上海:上海古籍出版社,1980 年,第 155 页。

合就构成一幅拂晓的清寂画面，传达出深秋兼程早行的艰辛；一连串略加点染的名词如同扫描的镜头展示自然而苍凉的旅途景象，在简明短促的节奏中迭印出丰富的意象，省略了主人翁或者更早启程的一位征人，只用“空镜头”记录在报晓鸡鸣和残月映衬下留在板桥薄霜上的足迹。“茅店”也许还暗示投宿的匆迫……马致远《天净沙·秋思》的“枯藤、老树、昏鸦；小桥、流水、人家；古道、西风、瘦马”① 也可异曲同工。大观楼长联的“半江渔火”“一枕清霜”笔下未见其人，读来却能体味到其人内心充斥历史沧桑感的孤寂与悲凉。

古代诗词中不仅有名词组成的连缀句，动词、形容词也可以叠字连缀：“寻寻、觅觅；冷冷、清清；凄凄、惨惨、戚戚”②（李清照《声声慢》）的音义声调传达出女主人公晚年朦然可感的处境和心态，一字紧似一字，连绵的节奏由散缓而趋急促，串联着丰富的意象：有迷茫恍惚若有所失的行为举止，有冷清落寞孤独寂寥的环境氛围，更有无可告诉的凄楚悲戚的情结意绪……李清照这种天才的艺术创造若非运用汉语文字是很难进行的。其《临江仙词序》中曾说：“欧阳公《蝶恋花》有‘庭院深深深几许’之句，予酷爱之，用其语作‘庭院深深深’数阙。”③ 可谓一位宋词大家叠字运用的会心之语。《漱玉词》中今存此类词二首。

汉字运用还带来骈俪的修辞手段，除骈文和诗赋必有外，词、曲中也常见。词曲常分为上、下两阕，因按同一乐谱演唱，两阕词句声调一致。如李清照《醉花阴》词：“薄雾浓云愁永昼，瑞脑消金兽。佳节又重阳，玉枕纱厨，半夜凉初透。东篱把酒黄昏后，有暗香盈袖。莫道不消魂，帘卷西风，人比黄花瘦。”④

不入乐的骈体文辞，对偶复句前后往往声调抑扬、相互衬托。比如对联，上下联声调抑扬映照，能字字平仄对应。清人孙髯所作昆明滇池大观楼长联是很好的一例，其上、下两联共一百八十字：

五百里滇池，奔来眼底。披襟岸帻，喜茫茫空阔无边。看东骧神骏，西翥灵仪，北走蜿蜒，南翔缟素；高人韵士，何妨选胜登临。趁

① 隋树森选编：《全元散曲简编》，上海：上海古籍出版社，1984 年，第 101 页。
② ［宋］李清照著，徐培均笺注：《李清照集笺注》，上海：上海古籍出版社，2002 年，第 161 页。
③ ［宋］李清照著，徐培均笺注：《李清照集笺注》，第 105 页。
④ ［宋］李清照著，徐培均笺注：《李清照集笺注》，第 52—53 页。

蟹屿螺洲，梳裹就风鬟雾鬓，更苹天苇地，点缀些翠羽丹霞；莫辜负，四围香稻，万顷晴沙，九夏芙蓉，三春杨柳。

数千年往事，注到心头。把酒凌虚，叹滚滚英雄谁在。想汉习楼船，唐标铁柱，宋挥玉斧，元跨革囊；伟业丰功，费尽移山心力。尽珠帘画栋，卷不及暮雨朝云，便断碣残碑，都付与苍烟落照；只赢得，几杵疏钟，半江渔火，两行秋雁，一枕清霜。

紧扣滇池特有的地理环境风物和历史，上联勾勒景致，下联追述过往。笔触要妙精警，可见作者博大胸怀、卓越见识，以及对世代更迭功业兴衰的深沉感慨。

以上所引这些佳句如何可能在译成外语后还葆有原来的意味呢?

许多华章名句千百年来从莘莘学子到初通文墨的妇孺小民、贩夫走卒中广为流传。无可计数的格言、成语、谣谚极大地丰富了古今语汇，传承着人们的道德意识、文化品位和审美情趣。

三

寓言在先秦子书中不少见，但在论说中的地位远不及《庄子》。《史记·老子韩非列传》评介庄周说："其学无所不窥，然其要本归于老子之言。其著书十余万言，大抵率寓言也。"①

《庄子》的语汇和范畴概念丰富，他书难以企及。如"内篇"：

《逍遥游》：鲲鹏图南、越俎代庖、扶摇而上、无所至极、大相径庭、不近人情、大而无当以及游、志怪、磅礴、陶铸、绰约、彷徨……

《齐物论》：朝三暮四、大梦大觉、师其成心、存而不论，以及天籁、真宰、孟浪、宇宙、吊诡、曼衍、有待……

《养生主》：庖丁解牛、薪尽火传、游刃有余、踌躇满志、依乎天理、安时处顺，以及神遇、肯綮……

《人间世》：螳臂当车、无可奈何、无用之大用，以及师心、心斋、坐驰、风波、散木、栋梁、溢美……

《德充符》：死生亦大、鉴于止水、以及彀中、一贯、灵府……

《大宗师》：相濡以沫、善始善终、唯命是从，以及真知、屈服、天机、

---

① ［汉］司马迁:《史记》卷六十三,北京:中华书局,2011 年,第 2143 页。

自适、莫逆、造物者、造化、附赘、端倪、安排、坐忘……

《应帝王》：泣涕沾襟、虚以委蛇、雕琢复朴、体尽无穷、劳形怵心，以及心醉、气机、浑沌……

“外篇”“杂篇”中也不少，如《马蹄》的攀援、纯朴和中规中矩；《胠箧》的世俗、权衡、利器，以及窃钩者诛，窃国者为诸侯；《在宥》的烂漫、无视、郁结、猖狂、无端与拊髀雀跃、万分之一、独往独来；《天地》的厌世、机械、体性、蠢动、飞扬和螳臂当车；《天道》的虚静、精神、漠然，与明烛须眉、得心应手；《天运》的推行、运转、披拂、充满、鉴照、可耻、陈迹、风化以及劳而无功；《刻意》的刻意、闲暇、导引、澹然，以及吐故纳新、虚无恬淡；《缮性》的蒙蔽、淡漠；《秋水》的望洋兴叹、井蛙之见、邯郸学步、猜意鹓鶵、一日千里、管窥锥指；《至乐》的夜以继日、箕踞鼓盆而歌；《达生》的佝偻承蜩、昭然若揭；《山木》有似是而非、得终天年；《田子方》有目击道存、解衣槃礴、瞠乎其后、亦步亦趋、失之交臂；《知北游》的每下愈况、腐臭化为神奇、天地有大美而不言、人生若白驹过隙；《徐无鬼》有尚大不惑、匠石运斤；《则阳》有陆沉、鸡鸣狗吠、蜗角触蛮、得其环中；《外物》有辙中鲋鱼、得意忘言；《让王》有劳动、捉襟见肘；《盗跖》有横行天下、摇唇鼓舌；《渔父》有虚心、精诚与法天贵真、分庭抗礼；《列御寇》有觉悟、呻吟，与屠龙之技、渊骊颔珠；《天下》有参验、荒唐、纵恣、与沐风栉雨、变化无常、学富五车……无不创意独特，众所熟悉，被广为沿用。

《庄子》本是哲学巨著，却主要以荒诞的“寓言”表述，有突出的文学性，文学史上曾《庄》《离骚》并称，被标举为先秦浪漫主义作品的典范。

随机频出的寓言中表述深刻的哲学思考，虽坦言全为虚构幻设的故事，所揭示的却多是事物生存衍化规律及其运动变化的机理，与近现代许多高水准的科学理念切近，其浪漫笔触则与中外科学幻想小说类同。

下面所作补充中或可略窥其卓异的精神视野：

庄周有古今哲人难以企及的宇宙观、人生观和社会发展观，不能不惊叹其思维方式、生命理念及其政治学说中的卓越见解，确信其逾越时空局限的非凡价值。

首篇《逍遥游》开端就是北冥鲲鹏变身南翔，由北冥飞赴南冥的鲲鹏引导读者思考实现对身观时空局限的超越；“游”譬喻思维与精神活动的充分自由。

《齐物论》说万事万物的构成皆有“齐与不齐”的对立统一。从“道通为一”上看，是与非、生与死、贵与贱、荣与辱、成与毁、小与大、寿与夭、然与不然、可与不可等等，都可以是无差别的。说到“六合”内外的游履，有“宇宙”概念的创用，空间观念的拓展何其了得！《庄子·知北游》“外不观乎宇宙”一句下有疏云：“天地四方曰宇，往古来今曰宙。”①

《庄子》从多层面论及生命现象。

《养生主》有合规律“游刃有余”的养生之道。《刻意》说“吹呴呼吸，吐故纳新，熊经鸟伸，为寿而已矣。此导引之士，养形之人，彭祖寿考者之所好也。”②

与宗教典籍类似，多抚慰世人生命有限的叙述：《德充符》中强调“死生亦大”③。《大宗师》用拟人或拟神的比况，说到创生万物的“造物者”；有“大块载我以形，劳我以生，佚我以老，息我以死”④ 的自然归宿论；《齐物论》说：“昔者庄周梦为胡蝶，栩栩然胡蝶也。自喻适志与！不知周也。俄然觉，则蘧蘧然周也。不知周之为胡蝶与？胡蝶之梦为周与？周与胡蝶，则必有分矣。此之为物化。”⑤ 梦中的生命转化，也可谓对死生转化给的一种诠释；当然，各篇对神人、圣人、至人之类高士与彭祖等长寿者的描述也带有宗教意味。

《至乐》末尾的“种有几”一段描述了生物从初级发展演进到高等的过程：始生水中，继而上了陆地，又部分成为鸟类，最后由马而达至人类的生物进化论。

社会政治方面，多篇有圣贤训导和固陋认知的质疑。《徐无鬼》中黄帝寻访“为天下”之大道，在“襄城之野，七圣皆迷”。路遇牧马童子。黄帝问“为天下”，小童回答说：“夫为天下者，亦奚异乎牧马哉！亦去其害马者而已哉！”⑥ 点明无为而治之精髓：摒弃一切有害天下民众自然生存发

---

① ［清］郭庆藩撰，王孝鱼点校：《庄子集释》，北京：中华书局，1961 年，第 759 页。
② 曹础基：《庄子浅注》，第 227 页。
③ 曹础基：《庄子浅注》，第 73 页。
④ 曹础基：《庄子浅注》，第 102 页。
⑤ 曹础基：《庄子浅注》，第 41 页。
⑥ 曹础基：《庄子浅注》，第 367 页。

展的作为。

《知北游》仲尼说："山林与，皋壤与，使我欣欣然而乐与！"[①]《外物》庄子亦云："大林丘山之善于人也。"[②]

《山木》描述了"建德之国"自然浑朴的社会图景："南越有邑焉，名为建德之国。其民愚而朴，少私而寡欲；知作而不知藏，与而不求其报；不知义之所适，不知礼之所将；猖狂妄行，乃蹈乎大方；其生可乐，其死可葬。"[③] 人死生乐得其所的"建德之国"颇有原始共产主义社会的意味。

《天地》中说，抱瓮丈人不愿用机械提水，以为"有机械者必有机事，有机事者必有机心。机心存于胸中，则纯白不备；纯白不备，则神生不定；神生不定者，道之所不载也。"[④] 技术进步、效率提高，物质丰富是否只会导致社会进步和人思想境界的提升？"机事""机心"会不会刺激物欲，给社会关系带来负面影响呢？

《庚桑楚》直言："大乱之本，必生于尧、舜之间，其末存乎千世之后。千世之后，其必有人与人相食者也。"[⑤] 则是对人类的未来将出现异化的警示！

以上所述涉及华夏文明社会发展的几个节点：从浑朴宜生的"建德之国"到"机事"萌生"机心"的异化，以及令人忧惧的"千世之后其必有人与人之相食"。

《庄子》"荒诞"性"寓言十九"的表述是理论建构者的自觉选择，以为能全身远害，更有助于开拓思维空间、更新思维方式，其模糊性和多指向性则使寓意有充实、拓展的余地。与此相适应的理论主要用于表述精神活动、思维运作和调适生存方式的思考，其中不少是全新的创设。

庄子创用范畴合乎其论说需要，更是无可替代的一种推动古代理论发展、层次提升的思维成果。拙著《庄子范畴心解·引言》中云：

> ……尤其人在解读那些由庄子首创的范畴、概念时，你眼前闪灼成片的会是睿智的火光，比如：

① 曹础基：《庄子浅注》，第340页。
② 曹础基：《庄子浅注》，第416页。
③ 曹础基：《庄子浅注》，第291页。
④ 曹础基：《庄子浅注》，第175页。
⑤ 曹础基：《庄子浅注》，第343页。

> “游”的读解使你知道个人应该并可以求索精神的自由逍遥；
> “忘”告诉你怎样取舍思维对象、净化心灵的空间；
> “适”指顺适环境的体验和生存状态；
> “迹”是事物演化留下的印记而非事物本身；
> “体”也是一种重要重要的思维和把握事物的方式；
> “竟（同境）”可以指思维的层次和范畴；
> “宇宙”是广袤无垠的空间与往复不断的时间的组合；
> “法天贵真”道出了老庄自然论的宗旨……①

所举诸例子中“体”是名词的一种动用；“游”“忘”“适”“竟（同境）”皆从字的多种义涵中择用合乎理论思考所需者；“天”（自然天成）和“真”（本真）则是从两个维度阐发“自然”范畴的美学含蕴。这些范畴的创设运用以及大抵由庄子首倡的“言意”之辨均见诸后来的文学评论。

四

中国古代文学成就辉煌，有那么多名篇巨著传世，名章佳句脍炙人口；写作经验积累丰硕；理论批评中范畴概念的创用更能萃集艺术创造中的审美追求，凸显传统思维、理论表述之优长。二十世纪后半叶以来范畴研究成为中西理论比较的重要手段，国学新的突破口。

齐梁时期刘勰所著《文心雕龙》是古代文论经典。从比较视角作范畴创用的考论，能够了解受汉字运用影响的文学观念、思维方式和理论建构的文化特征与独到之境；认识成就“体大思精”文论经典的所以然；一窥这些范畴概念对文艺创造、美学追求的引领。

末篇《序志》是全书的序，介绍这部著作的命名、立意、写作动机、结构统序和思想方法，是引导进入作者心灵，审视各篇各个专题论证以及经典范畴创用和系统建构的门径。它先以“纲”“目”规定《文心》各篇的主从关系：“上篇”（上半部）二十五篇为“纲领”，包括“文之枢纽”和“论文叙笔”。“下篇”（下半部）二十四篇为“毛目”，以“剖情析采”“唯务折衷”申述立论原则。

“上篇”前五《原道》《征圣》《宗经》《正纬》《辨骚》是提纲挈领的

---

① 涂光社：《庄子范畴心解》，北京：中国社会科学出版社，2003 年，第 20—21 页。

“文之枢纽”。所用范畴有“道”“圣”“文”——客体（叙写对象）、主体（著述者）、媒介（言辞和著述）三维组合，以及“德”“自然”“性灵”“情性”“奇正”“雅俗”“华实”等。而《原道》《征圣》《宗经》前三篇和后两篇《正纬》《辨骚》对应，也是一种大的“正”“奇”对应。

“论文叙笔”二十五篇依“原始以表末，释名以章义，选文以定篇，敷理以举统”① 的原则述评各个文体的源流和写作成就，分别作经验规范的归纳。之所以被纳入“纲领”，是因实践是理论的基础，理论毕竟是为实践服务的缘故。

“下篇”将理论探讨称为“剖情析采”，采用“擘肌分理”的论证，可见刘勰在文学现象的分解剖析上有充分的自觉。“剖情析采”篇章多以新创设的范畴为题，论证文学基本的理论以及民族文化特色鲜明的论题，有那个时代对文学语言格律规范探究成果的归纳。

刘勰申明自己所持的论文原则：

> 有同乎旧谈者，非雷同也，势自不可异也；有异乎前论者，非苟异也，理自不可同也。同之与异，不屑古今，擘肌分理，唯务折衷。②

无论古今，也无论源出何家，取舍只凭求真求是的准绳。“擘肌分理”即前所谓“剖情析采”解析论证的方法；“唯务折衷”则显现出不偏不倚唯求中正惬当、兼容并包的怀抱。

刘勰以范畴概念的创用对文学现象的本质规律作了经典性的论证，在完成《文心雕龙》弘大缜密理论建构的同时，廓定了古代文论范畴的体系。

刘勰范畴创用的建树主要在两方面：一是对有普遍意义（即无论中外古今）的基本理论（如文学艺术思维、风格和体式规范、内容和形式关系、文学发展中的继承变革、鉴赏批评以及文体分类的原则）的探讨，揭示艺术创造机制和规律；再就是民族文化特色鲜明的论题，包括古人一些别致的文学理念和审美创造取向，以及运用汉字特有的诗文格律章法。

以范畴名篇名者有的讨论文学基本理论问题——《原道》《神思》《体性》《情采》《通变》《时序》《知音》，也有民族文化特色鲜明的专章——

① 范文澜：《文心雕龙注》，第727页。
② 范文澜：《文心雕龙注》，第727页。

《风骨》《声律》《章句》《丽辞》《练字》《比兴》《物色》。以下摘要述评之：

"下篇"首篇称名"神思"，揭示文学创作思维的神奇功用。刘勰视之为文艺创造伟力之源泉，故在创作论中列前。

魏晋南北朝诗文已能见到"神思"的概念，宗炳《画山水序》的"万趣融其神思"① 是就山水画而言；萧子显《南齐书·文学传论》的"属文之道，事出神思，感召无象，变化无穷"② 已针对文学，然仅此而已。远不及《文心·神思》专题对文学艺术创造思维运作过程、功用和特征进行全面论证，尤其是以"窥意象而运斤"③ 和言意之辨揭示为文学艺术独专的语言媒介传达机制：

"寂然凝虑，思接千载；悄焉动容，视通万里"④ 谓思维能够由静而动自由翱翔，实现对时空局限的超越；"思理为妙，神与物游"表明主客体互动交融可达至思维之妙境。"神居胸臆，而志气统其关键；物沿耳目，而辞令管其枢机。枢机方通，则物无隐貌；关键将塞，则神有遁心。"⑤ 是文学创作思维的三要素论："神思"是主体一方，"物"是描写对象，"辞令"是语言媒介。"神思"受"志气"（精神意志）关键因素制约，意气委顿写作兴致就会消失。驾驭语言得心应手，则表达无障碍，"物"的描状惟妙惟肖。

"陶钧文思，贵在虚静"⑥，达于"虚静"则完成创作的精神准备和心理调适，思维闲静无扰则空灵自由、从容明敏……"使玄解之宰，寻声律而定墨；独照之匠，窥意象而运斤"⑦，按照对事物有深刻理解和独特见地的艺术匠心营构意象，遵循语言美的规律付诸表现。

"意翻空而易奇，言徵实而难巧也。是以意授于思，言授于意，密则无际，疏则千里；或理在方寸，而求之域表，或义在咫尺，而思隔山河。"⑧ 可谓文学领域的"言意之辨"，道明"言不尽意"的所以然："意翻空"谓创作思维中"意"有多变的跳跃性，常有"言所不追"的奇特意蕴。

---

① 沈子丞编：《历代论画名著汇编》，北京：文物出版社，1982 年，第 15 页。

② ［梁］萧子显：《南齐书》卷五十二，北京：中华书局，2011 年，第 907 页。

③ 范文澜：《文心雕龙注》，第 493 页。

④ 范文澜：《文心雕龙注》，第 493 页。

⑤ 范文澜：《文心雕龙注》，第 493 页。

⑥ 范文澜：《文心雕龙注》，第 493 页。

⑦ 范文澜：《文心雕龙注》，第 493 页。

⑧ 范文澜：《文心雕龙注》，第 494 页。

写作速度快慢常被认为是作家才能高下、有无灵感的表现。刘勰的论证却有辩证意味："人之禀才，迟速异分；文之体制，大小殊功。……骏发之士，心总要术，敏在虑前，应机立断；覃思之人，情饶歧路，鉴在疑后，研虑方定：机敏故造次而成功，疑虑故愈久而致绩。"① 指出写作有快有慢是因作家天分有异、作品体制大小有别，不能以此判定优劣成败。

篇末"赞"的"神用象通"堪称全篇之精要：神奇的文学思维令意象的营构通达，成就卓越的艺术创造。

风格问题历来受中外文艺理论批评重视。《文心》其他篇也用到风格一词，如《议对》有"及陆机断议，亦有锋颖，而腴辞弗剪：亦各有美，风格存焉"②。然而，当代学者却公认《体性》篇是风格的专论。

"体"本是名词，指人的躯体，引申和参与组合的词语有主体、肢体、体格、体式、制体……庄子首创"体性"的概念，其"体"则是名词的动用，现身《天地》篇的"体性"指对天性的体认。此后常见的体认、体察、体会、体验、体味……的"体"也是动用。

《文心·体性》的"体"却非名词的动用。刘勰的创用表明，组合而成的概念中字的词性不尽相同，动用与否由话语的需要决定，也是汉字的一种特长！

《体性》篇论风格。其"体性"组合中"性"指作家的艺术个性；"体"受"性"制约，也有艺术个性，是一篇诗文章撰结的模式，或者一种体裁、风格流派的样式，如赋体、古体、近体、四六、永明体、易安体，多是集群性审美创造经验的结晶。

刘勰指出"才""气""学""习"是风格形成的因素。"体""性"大致从两方面概括，既有与先天素质"性"关联的"才""气"，也有纯属后天因素，与承传审美经验的"体"相联系的"学""习"。

"雅与奇反，奥与显殊，繁与约舛，壮与轻乖"③ 表述风格的对应性；篇末的"习亦凝真，功沿渐靡"④ 既肯定"酌理富才"后天改造主体素质"凝真"的可能性，也强调了它的难度和渐进性。

《通变》论文学"参伍因革"的求变之道，其辩证意味的思维方式在

---

① 范文澜:《文心雕龙注》,第 494 页。
② 范文澜:《文心雕龙注》,第 438 页。
③ 范文澜:《文心雕龙注》,第 505 页。
④ 范文澜:《文心雕龙注》,第 506 页。

古代文论家中确有无人能及的先进性。篇末的“赞”概括得极好：“文律运周，日新其业。变则其久，通则不乏。趋时必果，乘机无怯。望今制奇，参古定法。”① 今译是：文学发展是回旋式的，日新日异。不断变革方能长久，通晓规律才有不竭的动力。定要果断抓住时代机遇，果敢地进行创造。了解顺应当下文学潮流写出卓异佳作，参照前人成功经验确定法度体式。

《文心》立有论文学内容形式关系的《情采》篇，《序志》又宣示“下篇”论证运用“剖情采析”的方法，可知“情”“采”的范畴组合非同一般的理论意义。由此，可了解刘勰文学观的先进性及其概念创设用字之简约恰切。古文论中能指代内容的概念很多：情、志、性、心、意等属主体因素，道、理、义、事、物等属客体方面的因素。用“情”指代内容，与运用客体方面的概念（如“理”“义”）比较，凸显了文学内容的主体性和感性特征。“情”是作品内容的核心、造艺动力所在，也是“采”的内在依据。

《情采》对内容与形式关系有确切形象的比喻：“夫水性虚而沦漪结，木体实而花萼振：文附质也。虎豹无文，则鞟同犬羊；犀兕有皮，而色资丹漆：质待文也。”② 水质性虚柔故能结成层层沦漪，树木枝干质性坚实故花冠挺拔。“文附质”——外在形式取决和依附于本质内容，内容与形式不容剥离；“质待文”——表明内质有待形式表现，也有两层意蕴：虎豹皮毛文采是其优越资质迥别于犬羊的自然外现，犀兕皮革灰黯则须经人工修饰才能凸显其美质。前者赞赏美质的外现自然天成；后者肯定人为修饰功效以及某些场合使用的必要性。

“情采”范畴创用可见汉字另一优长：以一概全——以“情”指代所有内容义涵上有所通同者。

“风骨”的文化特色鲜明，这一概念组合并非自刘勰始，最早是对六朝高士清峻精神风貌的观感，艺术论中先见于人物画的品评。将对人器度和格调之美的钦敬转移到文学创作中，体现了古代知识人一种对卓拔精神器质的追求。

《文心·风骨》篇标举文章风骨“翰飞戾天”清朗峻健的感动力，摈斥“瘠义肥辞”“索莫乏气”的“繁采”，但并未走向一概否定“采”美

① 范文澜：《文心雕龙注》，第521页。
② 范文澜：《文心雕龙注》，第537页。

的极端，仍然以“藻耀而高翔”作为“文笔之鸣凤”[1] ——美文的最高境界。

《文心》之后“风骨”一度是诗歌评论标举的重要概念。钟嵘《诗品》有“骨气奇高”“真骨凌霜，高风跨俗”[2] 之类。唐代杨炯《王勃集序》称许王勃的兄长“铿鍧风骨”[3]；陈子昂《修竹篇序》说“汉魏风骨，晋宋莫传”[4]；稍后殷璠《河岳英灵集序》亦云：“开元十五年后，声律风骨始备。”[5]

“风骨”合成一个范畴概念的方式——无须中介，径直将有相近或有相关美学意涵的两字拼接为一，很能体现汉字组词灵便的特点。

比兴论是传统诗学的重要组成部分。

《周礼》记有大师教风、赋、比、兴、雅、颂“六诗”的古制，《诗大序》称其为《诗》之“六义”。比和兴都借“物”间接达意。华夏农业文明滋育了天人合一、物我一如的意识。古代诗人常借物抒情，寓意于物间接委婉传达政治见解，做到“言之者无罪，闻之者足以戒”。刘勰《比兴》篇说：

> 《诗》文弘奥，包韫六义，毛公述《传》，独标兴体，岂不以风通而赋同，比显而兴隐哉？故比者，附也；兴者，起也。附理者，切类以指事；起情者，依微以拟议。起情故兴体以立，附理故比例以生。比则蓄愤以斥言，兴则环譬以托讽：盖随时之义不一，故诗人之志有二也。[6]

《毛诗序》的“风者，风也。风以动之，教以化之”与“上以风化下，下以风刺上，主文而谲谏，言之者无罪，闻之者足以戒”[7] 表明，风委婉含蓄，是一种温和的无损上下关系的表达。比与兴更是借助物象进行的间接性艺术传达。

刘勰比兴论的建树还在于用“隐”“显”“大”“小”以及“起情”

---

① 范文澜:《文心雕龙注》,第 513、514 页。

② ［梁］钟嵘著,曹旭集注:《诗品集注》,上海:上海古籍出版社,1994 年,第 97、110 页。

③ ［唐］杨炯著,徐明霞点校:《杨炯集》,北京:中华书局,1980 年,第 38 页。

④ 郭绍虞主编:《中国历代文论选》(一卷本),第 119 页。

⑤ ［唐］元结、殷璠等选:《唐人选唐诗》(十种),上海:上海古籍出版社,1978 年,第 40 页。

⑥ 范文澜:《文心雕龙注》,第 601 页。

⑦ 郭绍虞主编:《中国历代文论选》(一卷本),第 30 页。

“附理”来区别比与兴。赋、比、兴皆是文学叙写手法，但赋是“直言之”，不像比、兴借助“物”为中介作间接的艺术传达。比、兴两者也有矛盾和对应的一面：刘勰先说有“比显”“兴隐”之别；继而说比“附理”“切类以指事”，“盖写物以附意，扬言以切事者也”[①]；对兴，则言“起情”和“依微以拟义”，“兴之托喻，婉而成章，称名也小，取类也大”；其后则批评汉代的辞赋“比体云构”“日用乎比，月忘乎兴，习小而弃大，所以文谢于周人也。”[②]

以“起情”释兴有重要价值。宋人之论可为佐证：李仲蒙从造艺的主客体关系上说：“索物以托情，谓之比，情附物也；触物以起情，谓之兴，物动情也。”[③] 朱熹从展开方式上说：“比者，以彼物比此物也”[④]；“兴者，先言他物以引起所咏之词也”[⑤]。皆能见刘勰“起情”“附理”说的影响；强调“比显兴隐”，批评汉赋“日用乎比，月忘乎兴，习小而弃大”[⑥]，可知“兴隐”胜似“比显”；所谓“大”“小”指蕴涵、境界的大小，也是艺术成就和价值的大小。

篇末“赞”说：“诗人比兴，触物圆览。物虽胡越，合则肝胆。拟容取心，断辞必敢。”[⑦]“触物圆览”是对触发情致之“物”周到细致的观察体味，把握其与“情”“理”关联的属性。“物虽胡越，合则肝胆”谓用为比兴之“物”与喻指者哪怕风马牛不相及，只要某种属性、特征吻合就能成功地作间接的艺术传达。

与华夏农耕文明关联，自然山水成为古代诗文的重要题材。东晋南朝“模山范水”的诗文成为大宗。生当其时刘勰《物色》篇所作的理论总结意义可知。

《物色》篇首先从物我（主客体）关系的角度讨论外境和景物对作家情感思维的影响，强调：“物色之动，心亦摇焉”，“物色相召，人谁获安”。刘勰作了精警概括：“情以物迁，辞以情发。”[⑧] 其中的“情”（主

---

① 范文澜:《文心雕龙注》,第 601 页。
② 范文澜:《文心雕龙注》,第 601、602 页。
③ [宋]胡寅撰,容肇祖点校:《斐然集》,北京:中华书局,1993 年,第 386 页。
④ [宋]朱熹集注:《诗集传》,北京:中华书局,1958 年,第 4 页。
⑤ [宋]朱熹集注:《诗集传》,第 1 页。
⑥ 范文澜:《文心雕龙注》,第 602 页。
⑦ 范文澜:《文心雕龙注》,第 603 页。
⑧ 范文澜:《文心雕龙注》,第 693 页。

体）、“物”（客体）、“辞”（语言媒介）有创作三要素之称。“情以物迁”谓创作酝酿和构思过程中“情”随着“物”（外境或描写对象）的变化而变化，是“情”在“物”的影响下不断改造不断丰富、升华的过程。如“赞”所说：“目既往还，心亦吐纳。”[①] 因“物”而“迁”之后，“情”已兼有了“物”的因素，成为“辞发”的内在动力和依据。“情以物迁，辞以情发”表明，在“情”“物”“辞”三者的联系中，“情”是核心和纽带。“情往似赠，兴来如答”[②] 表明主客的往复中主体的是能动的一方。

“四序纷回，而入兴贵闲”[③] 谓物色描绘中作家应有的精神状态和心理准备。思维处于闲静的状态，心境空灵从容，有利于作家摆脱主观的局限，接受客观世界美的陶染与理性启示；明敏冷静地处理外来信息和自己的感受。

刘勰有“写气图貌，既随物以宛转；属采附声，亦与心而徘徊”[④] 的名论，王元化先生指出：“作家一旦进入创作的实践活动，在模写并表现自然的气象和形貌的时候，就以外境为材料，形成一种心物之间融汇交流的现象，一方面心既物以宛转，另方面物亦与心而徘徊。”[⑤]

刘勰以《诗经》和楚辞为例概括具典范意义的两种“物色”描写：《诗经》“以少总多”可做到“情貌无遗”；楚辞对“物貌”是“触类而长”的细密描叙。整体的把握，模糊宽泛的指域是“以少总多”之长。文学语言讲究艺术的概括力，以含蕴丰富为上。充分肯定《诗经》的简约浑成兼有针砭时尚的用意。

“《诗》《骚》所标，并据要害，故后进锐笔，莫与争锋”[⑥] 是谓物色描写上的简约和繁复分别由《诗》《骚》达于极致，后进不可争胜，宜“因方借巧，即势会奇”，“参伍相变，因革为功”[⑦] ——借鉴成功经验兼综前人之长走出新路，了解“物色尽而情有余”艺术创造上的无穷前景！

篇末说：“若乃山林皋壤，实文思之奥府。……然屈平所以能洞监

① 范文澜：《文心雕龙注》，第 695 页。
② 范文澜：《文心雕龙注》，第 695 页。
③ 范文澜：《文心雕龙注》，第 694 页。
④ 范文澜：《文心雕龙注》，第 693 页。
⑤ 王元化：《文心雕龙讲疏》，桂林：广西师范大学出版社，2004 年，第 94—95 页。
⑥ 范文澜：《文心雕龙注》，第 694 页。
⑦ 范文澜：《文心雕龙注》，第 694 页。

《风》《骚》之情者，抑亦江山之助乎!”①

《庄子·知北游》说：“山林欤！皋壤欤！使我欣欣然而乐欤!”② 六朝更有了这方面的自觉，《世说新语·言语》载：“顾长康从会稽还，人问山川之美。顾云：‘千岩竞秀，万壑争流，草木蒙其上，若云兴霞蔚。’”③ 袁山松《宜都记》云：“常闻峡中水疾，书记及口传悉以临惧相戒，曾无称有山川之美也，及余践跻此境，既自欣得此奇观，山水有灵，亦当惊知己于千古矣!”④ 刘勰更直截了当地说外在的自然景物是触发文思最深厚的府库!

刘师培《中国中古文学史讲义》称中古文学“俪文律诗为诸夏所独有”⑤。刘勰汇总魏晋以降探讨语言形式美规律的成果，也以《声律》《章句》《丽辞》《练字》等篇论文章音韵用字的规范，文化特色鲜明。因上文已对汉字用于诗文表述之优长有充分介绍，限于篇幅以下仅录诸篇一二要语略作补充：

> 声有飞沉，响有双叠。
>
> 滋味流于下句，气力穷于和韵。异音相从谓之和，同声相应谓之韵。⑥

> 章句无常，而字数有条：四字密而不促，六字格而非缓，或变之以三五，盖应机之权节也。⑦

> 心生文辞，运裁百虑，高下相须，自然成对。
>
> 丽句与深采并流，偶意共逸韵俱发。
>
> 体植必两，辞动有配。左提右挈，精味兼载。⑧

---

① 范文澜:《文心雕龙注》,第695页。

② 曹础基:《庄子浅注》,第340页。

③ 余嘉锡笺疏:《世说新语笺疏》,北京:中华书局,2007年,第170页。

④ [北魏]郦道元著,陈桥驿校证:《水经注校证》,北京:中华书局,2007年,第793页。

⑤ 刘师培撰,陈引驰编校:《刘师培中古文学论集》,北京:中国社会科学出版社,1997年,第3页。

⑥ 范文澜:《文心雕龙注》,第552、553页。

⑦ 范文澜:《文心雕龙注》,第571页。

⑧ 范文澜:《文心雕龙注》,第588、590页。

心既托声于言，言亦寄形于字；讽诵则绩在宫商，临文则能在字形。

缀字属篇，必须练择：一避诡异，二省联边，三权重出，四调单复。①

除去作为篇题的范畴外，刘勰还移植、创用了不少民族特色鲜明的范畴概念，如“自然”“气”“格”“调”“韵”“法”“趣”“意象”“滋味”“性灵”“雅俗”“奇正”“本末”等，它们散见各篇，遍及其理论的各个层面，基本涵盖了历代文学创造中不同艺术主张和审美追求。《文心》廓定了古代文论范畴的系统建构，也成为此后文学评论范畴运用的源头和理论依据。

五

晚清以来国势衰微发展艰困，出于振兴传统文化挽救民族危亡的目的，一些学者倡导文字改革。二十世纪二三十年代以来就有汉字拼音化的尝试，五十年代国务院颁布了汉字拼音和简化方案。汉字简化和推广普通话颇有可取，拼音化后来则不得不终止。白话文的普及和广泛用于写作显然受中外文化交流的推动。

诗词歌赋有独特的表现手段和艺术境界，是极其珍贵的文化遗存，其承传和发扬光大的前提是识其本真、知其优长，了解以汉字记录的汉语的文化个性，及其对思想表达、美学追求、艺术传达以及理论话语、范畴创用的积极影响。

中外文化交流日益扩展深化，不同形态的美美与共或各美其美都值得赞许，但绝非短时间可达成理想。笔者认同罗宗强先生《四十年古代文学理论研究的反思》中所说，古代文化遗产不只是留给今天，也留给将来，中外文论创获的融通是渐进的，不止在当前，也不限于话语概念方面。②

（作者单位：辽宁大学文学院）

① 范文澜：《文心雕龙注》，第624页。

② 罗宗强：《四十年古代文学理论研究的反思》，《文学遗产》1989年第4期。

简论《文心雕龙》之“圆”

魏伯河

摘　要： 刘勰在《文心雕龙》中大量使用“圆”字来谈文论艺，标志着“圆”已经成为文论术语，并上升为美学范畴。其中“首尾圆合”体现的是刘勰关于文章结构的美学理想，反映的是中国文化心理中的太极思维；刘勰将其应用于篇章布局乃至全书的总体构思之中，并取得了巨大成功。了解《文心雕龙》的圆形结构，可解决不少长期困惑人们的疑难问题。刘勰之后，“圆”在中国古代文论和美学中产生了深远影响。

关键词： 刘勰；《文心雕龙》；圆；太极思维；首尾圆合

刘勰（约465—约520）既是我国中古时代最有成就的文论家，也是一位富有创造性的语言大师，其《文心雕龙》的语言就极富创造性。他不仅熔铸了不少新的文论术语，如“神思”“风骨”“隐秀”“物色”[①] 等，而且把一些普通语词用作文论术语，并将其上升为审美范畴，“圆”字即其典型一例。

一、刘勰首开以“圆”论文之先河

据统计，《文心雕龙》全书“圆”字出现达17次之多[②]；如果加上异体的“圜”、近义的“环”“珠”等字则更多。这些用例中，除了《原道》篇“方圆体分”和《隐秀》篇“澜表方圆”两例中的“圆”字代指天和水的波纹、用其作为形状的本义之外，其余都是用其比喻义，用来表示谈文论

① 本文所引《文心雕龙》语句均据戚良德辑校《文心雕龙》，上海古籍出版社，2015年版，不再一一标注。

② ［日］冈村繁：《文心雕龙索引》，上海：上海古籍出版社，2010年，第325页。

艺时涉及的各种不同情况，而其共同属性则是以“圆”为美。这说明，“圆”字已被刘勰正式作为文论术语广泛应用。于是，论观察则有“圆览”，论见识则有“圆通”，论才能则有“圆鉴”，论评析则有“圆照”，论布局则有“圆合”，如此等等，丰富多彩。之所以如此，盖因“圆”概念的形成，本来就是古圣先贤“参天地”的产物，天然与美感有关。我们的祖先看到天是圆的，像一个巨大的穹庐一样覆盖着大地（《敕勒歌》：“天似穹庐，笼盖四野”，犹见其遗意），而且天上的日月也是圆的；进一步发现，世间万物，“圆”者多出天然，方者大抵人为，于是逐步形成了以圆为美的普遍观念。物体呈现为“圆”就被认为是好的，甚至是神秘的，而破坏、损害了“圆”则被认为是不好的，例如发生了日食或月食，我们的古人就以为会有灾祸发生，便会用各种方式祭天禳灾，求其复“圆”。《周易·系辞上》云：“筮之德，圆而神；卦之德，方以智。”[①] 已经体现出我中华民族远祖对“圆”的偏好，而且这样的观念早已深深积淀于中华文化的血脉之中。当然，“圆”用于人格评价，也时有贬义，谓八面玲珑，阿谀取容，今语“圆滑”犹为此义。一味圆滑，无所坚守，当然是不可取的。故《淮南子·主术训》有“智欲员（圆）而行欲方”[②] 之论，后人亦有“取象于钱，外圆内方”之说。而用于描述事物，则鲜有不以“圆”为美者。钱锺书先生在《谈艺录》《管锥编》诸书中曾广征博引古今中外大量例证，说明以“圆”为美为人类普遍现象，正所谓“东海西海，心理攸同”[③] 也。

尽管古人以圆为美的观念其来已久，但用于谈文论艺的例子，在刘勰之前尚不多见。《南史·王筠传》载：“（沈约）于御筵谓王志曰：‘贤弟子文章之美，可谓后来独步，谢朓尝见语云：好诗圆美流转如弹丸，近见其数首，方知此言为实。’”[④] 算是难得一例。据此可知，谢朓（464—499）曾以“圆”论诗。而就沈约（441—513）转引其语以评王筠之诗来看，又可知当时这种说法尚未流行开来。与谢朓所说仅限于评诗不同，刘勰在《文心雕龙》中已大量运用“圆”来谈文论艺：就分布说，涉及全书50篇中的16篇；就内容说，涉及创作鉴赏的各方面和全过程，在以“圆”论文的发展上，实现了大幅度的跨越。这足以证明，刘勰已经将“圆”作为美

① 郭彧译注：《周易》，北京：中华书局，2010年，第298页。
② 张双棣：《淮南子校释》，北京：北京大学出版社，1997年，第108页。
③ 钱锺书：《谈艺录》，北京：生活·读书·新知三联书店，2007年，第1页。
④ ［唐］李延寿：《南史》，北京：中华书局，1975年，第609页。

的追求之一，并上升为审美范畴，赋予了丰富的内涵。有论者明确指出："《文心雕龙》确立了'圆'在文论史上的地位，刘勰以'圆'论文已包括'圆'在文论上的主要意义。'圆'在齐梁时代成为美学范畴。"① 其说可从。而刘勰之后，以"圆"论文遂成普遍现象，适如钱锺书先生《谈艺录》所说："盖自六朝以还，谈艺者于'圆'字已闻之耳熟而言之口滑矣。"② 可惜在数十年来的"龙学"研究中，除了个别研究者在论著中偶有涉及之外，学界注意于此者却难得一见，故有稍做梳理、予以揭橥之必要。

二、《文心雕龙》以"圆"论文之实例

（一）《文心雕龙》中单用"圆"字之例有四，分别涉及文章的语言、体势和思考的周密、体制的雅正等方面。分述如下：

1. 故童子雕琢，必先雅制；沿根讨叶，思转自圆。（《体性》）

按："圆"谓圆满妥帖。全句是说少年儿童学习写作，一定要从雅正的体制开始。这样从根本到枝叶，思路的转换就会圆满妥帖，不会走弯路。

2. 若骨采未圆，风辞未练，而跨略旧规，驰骛新作，虽获巧意，危败亦多。（《风骨》）

按："骨采未圆"与"风辞未练"互文。"圆"与"练"都指高度熟练的程度。全句是说如果辞采的运用达不到圆熟的程度，只是在立意上追求新奇，写作是很难成功的。

3. 圆者规体，其势也自转；方者矩形，其势也自安：文章体势，如斯而已。（《定势》）

按：此之"圆""方"均借指文章体势。说明在刘勰心目中，文章体

---

① 韩海泉：《太极思维与中国古代文论"圆"美》，《青海师范大学学报（哲学社会科学版）》2008年第5期，第30—34页。

② 钱锺书：《谈艺录》，第284页。

势主要有方、圆两种形态，并且各有其优势。

4. 古来文才，异世争驱；或逸才以爽迅，或精思以纤密，而虑动难圆。(《指瑕》)

按：“虑动难圆”，指运思往往难于做到周到圆通。“圆”，圆备、周到，此用以指思考的无懈可击。全句是说，无论作者们是文思敏捷，还是文思细密，都难以做到万无一失、无懈可击。

（二）合用之例多达13例，有圆通、圆备、圆该、圆览、圆鉴、圆照、圆合、方圆、通圆、事圆、理圆等。其中，“圆通”“方圆”凡两见，其余一见。就应用范围说，涉及文章的内容、文辞、体制、结构、事理、布局、鉴赏等诸多方面。分述如下：

1. 圆通：

(1) 故其义贵圆通，辞忌枝碎，必使心与理合，弥缝莫见其隙，辞共心密，敌人不知所乘，斯其要也。(《论说》)

按：“圆通”指周密通达，没有罅隙。全句是说，作“论”体文章在内容上要力求周密通达，语言上要简明严谨，不能有罅隙即漏洞，以免让论敌有可乘之机。

(2) 观《剧秦》为文，影写长卿，诡言遁辞，故兼包神怪；然骨制靡密，辞贯圆通，自称极思，无遗力矣。(《封禅》)

按：全句对扬雄的《剧秦美新》有褒有贬，肯定了其构思和语言上的周密通达。

2. 圆备：

自商暨周，《雅》《颂》圆备；四始彪炳，六义环深。(《明诗》)

按：“圆备”指（体制）完备。此处之“体制”即“四始”（国风、小雅、大雅、颂）、“六义”（风、雅、颂、赋、比、兴）。

3. 圆该：

夫篇章杂沓，质文交加，知多偏好，人莫圆该。(《知音》)

按："圆该"，指全面完备。全句是说，本来文章就良莠不齐、风格不一，加上鉴赏者多有偏好，导致很难有能全面完备地对作品做出评价的。

4. 圆览：

诗人比兴，触物圆览。物虽胡越，合则肝胆。(《比兴》)

按："圆览"，指周密地观察。全句是说，诗人运用比兴的手法，对事物进行周密观察，可以把相距遥远、看似互不相干的事物通过其间的相似点紧密地联系起来。

5. 圆鉴：

才之能通，必资晓术，自非圆鉴区域，大判条例，岂能控引情源，制胜文苑哉！(《总术》)

按："圆鉴"，指全面明察；区域，指各体文章的区分和特点。全句是说，精通写作之道，必须全面掌握方法和技巧。如果不能全面地鉴别区分各种文体，准确把握写作的各种规则，哪能够很好地控制和引发自己的情绪和思路，在文坛角逐中取得优胜呢？

6. 圆照：

凡操千曲而后晓声，观千剑而后识器。故圆照之象，务先博观。(《知音》)

按："圆照"，指全面准确地观察和认识。全句是说，鉴赏文辞需要长期的积累，只有在大量的鉴赏实践中才能训练出自己的能力。所以，要学会全面观察和鉴赏，必须从广泛阅读各类文章开始。

7. 圆合：

然后舒华布实，献替节文，绳墨以外，美材既斫，故能首尾圆合，条贯统序。(《镕裁》)

按：“圆合”，指（首尾）圆满吻合，互相照应。全句是说，文章起草时，要按照“三准”的要求，安排好文章的体裁、素材和要点，不是必需的材料，再好也要舍弃，这样就能做到首尾圆满吻合，彼此照应，条理贯穿，有统有序。

8. 方圆：

(1) 夫玄黄色杂，方圆体分；日月叠璧，以垂丽天之象；山川焕绮，以铺理地之形。(《原道》)

按：“方圆”指天地。古人认为天圆地方，故以“方”指地，以“圆”指天。全句是描述天地开辟及其显示的文采。

(2) 夫隐之为体，义主文外，秘响傍通，伏采潜发，譬爻象之变互体，川渎之韫珠玉也。故互体变爻，而化成四象；珠玉潜水，而澜表方圆。(《隐秀》)

按：“方圆”，偏义复词，偏指“圆”，这里指水波纹的形状。古人认为“水圆折者有珠，方折者有玉”（《淮南子·地形训》）。全句是说，“隐”的特征是含义虽不明显外现，却可以让人于文字之外体会到。

9. 通圆：

然诗有恒裁，思无定位；随性适分，鲜能通圆。(《明诗》)

按：“通圆”，与“圆通”同义。唐写本作“圆通”。全句是说，诗有一定的体裁，作者的思考却没有一定的路数，如果只是顺遂自己的心性，就很难做到周密通达。

10. 事圆：

> 夫文小易周，思闲可赡。足使义明而词净，事圆而音泽，磊磊自转，可称珠耳。（《杂文》）

按："事圆"谓事理圆通。全句是说，篇幅短小的《连珠》，容易写得周密；只要思考成熟，内容也会丰富。足以使义理明白而文辞洁净，事理圆通而音调丰润，圆转流动，那就可以称为"连珠"了。

11. 理圆：

> 必使理圆事密，联璧其章，迭用奇偶，节以杂佩，乃其贵耳。（《丽辞》）

按："理圆"，指文理圆通。全句是说，写作中运用对偶，一定要使句子文理圆通，事义周密，像双联的璧玉那样呈现文采；可以交错地运用奇句和偶句，像用佩戴的不同玉石来调节声音一样，才是最好的做法。

综合上述，可知刘勰使用"圆"来表达文章之美远非一端，绝不是偶尔为之，而是作为其审美标准之一普遍运用的。正如钱锺书先生在列举了《文心雕龙》中"圆"字各例后所说："可知'圆'者，词意周妥、完善无缺之谓，非仅音节调顺、字句光致而已。"①

三、《文心雕龙》"首尾圆合"的结构布局

"首尾圆合"，是刘勰对作品结构布局的追求之一。如前文所述，此语见诸《镕裁》。我们知道，《镕裁》是《文心雕龙》中专门研究布局谋篇的篇章。在这样一篇专论中提出"首尾圆合"的艺术标准，足以说明"圆"的应用已经跻身于写作艺术的层面。应该说，在刘勰之前，文章中注意首尾照应的实例已有不少，不过尚未上升到理论层面。将其作为艺术标准来要求文章写作，就存世文献而言，刘勰无疑是首开其例。我们看到，《文心雕龙》的大部分篇章，在这方面都是颇为用心并相当成功的。如《征圣》篇结尾以"若征圣立言，则文其庶矣"回应篇首"作者曰圣，述者曰明"；

---

① 钱锺书：《谈艺录》，第283页。

《宗经》篇结尾以“正末归本，不其懿欤”回应篇首“三极彝训，其书曰经。经也者，恒久之至道，不刊之鸿教也”；又如《神思》篇末以“伊挚不能言鼎，轮扁不能语斤，其微矣乎!”呼应篇首“古人云：形在江海之上，心存魏阙之下。神思之谓也。文之思也，其神远矣”；《定势》篇末以“秉兹情术，可无思耶”照应篇首“夫情致异区，文变殊术”，《镕裁》篇末以“若情周而不繁，辞运而不滥，非夫镕裁，何以行之乎?”回应篇首“立本有体”等。如果篇末回应未尽理想，则通过“赞”语来体现这一点。如《章句》“赞”用“断章有检，积句不恒；理资配主，辞忌失朋”回应篇首“夫设情有宅，置言有位；宅情曰章，位言曰句”；《丽辞》篇“赞”以“体植必两，辞动有配。左提右挈，精味兼载”回应篇首“造化赋形，支体必双；神理为用，事不孤立。夫心生文辞，运裁百虑，高下相须，自然成对”等。这样“首尾圆合”，使文章的整体美得以完美展现，给人以珠圆玉润的感觉。

不仅如此，笔者认为，放眼全书，整部《文心雕龙》也是“首尾圆合”的。按照刘勰“位理定名，彰乎大易之数，其为文用，四十九篇而已”的说法，如果不计《序志》，开篇的《原道》与最后一篇《程器》，在标题上就是遥相呼应的。《周易·系辞上》云：“形而上者谓之道，形而下者谓之器。”① 首篇论“道”，末篇论“器”，遥相呼应，首尾是“圆合”的；就关键词来说，《原道》篇首句“文之为德也大矣”，与《程器》篇赞语“瞻彼前修，有懿文德”也遥相呼应，以“文德”始，复以“文德”终。这当然不会是无意的巧合。如果把《序志》考虑在内，那么，“茫茫往代，既沈予闻；眇眇来世，倘尘彼观”的无限感慨，“文果载心，余心有寄”的深远寄托，与《原道》开篇“文之为德也大矣”的赞叹也在意脉上息息相通。

除了文辞和义理上的首尾呼应之外，还可发现，全书整体也呈现为一种首尾相接的“圆”形结构，即所谓“体圆”。《序志》篇明言其书分为上下两篇，各有二十五篇，彼此对称。许多讨论《文心雕龙》结构者认为刘勰把《文心雕龙》分为上下两篇，等于把全书分为两截，于是将其各自独立看待，这显然是不够的。上下两篇固然竖看则为两截，横视则为并列，但人的心智运行的复杂性决定了不能限于横、竖两种维度的方形思维，否

---

① 郭彧译注:《周易》,第301页。

则“首尾圆合”便无从谈起。在笔者看来，本书的结构即体现了渗透于中国文化心理思维层面的太极圆形思维，全书犹如一幅由阴阳鱼构成的《太极图》（参见图一）。这并非笔者的突发奇想，因为刘勰论文章体势时有云：“圆者规体，其势也自转；方者矩形，其势也自安：文章体势，如斯而已”（《定势》），他有意对全书的“体势”作“圆”的追求，并不奇怪。

《太极图》源于《周易》的宇宙观。《周易·系辞上》云：“易有太极，是生两仪。两仪生四象，四象生八卦。八卦定吉凶，吉凶生大业。”① 在此认识的基础上，我们的古人创作出了被誉为“中华和谐美第一图”的太极图。古太极图就是由八卦构成的。刘勰《原道》篇云：“人文之元，肇自太极”，说明他对“太极”有着深刻的理解。历史地看，太极本是一个抽象的概念，最初的太极图也相对粗糙，后来经过道家、儒家历代学者的图说和阐释，才演变成为标准的阴阳鱼图案。按照通常的解读，最外圈为圆形（象征太极整体），图中的S形曲线象征阴阳两分。而阴阳鱼中的鱼眼，则表示阴阳双方中都包含对立面的因素，即阴中含阳，阳中含阴。据此可知，此图凝聚了我国古人的大智慧，具有高度的普适性，是可以运用到包括文论在内的各种领域的。西方文论也早已发现了“圆”的作用，认为“真学问、大艺术皆可以圆形象之，如蛇自嘬其尾。”② “蛇自嘬其尾”的比喻虽然也算新鲜，但与中国文化中的《太极图》相比，则相去不可以道里计。《文心雕龙》的结构与太极图极为相类：全书由上下两篇组成，上篇论文体（类），下篇论文术，上篇为阳，下篇为阴，“体”显而“术”隐；上下篇之间，彼此互相联系，互有渗透，相辅相成，并且首尾相接，呈现出一个完整的圆形结构。西人所谓“真学问、大艺术皆可以圆形象之”，信然！

图一　太极图

综合上述，《文心雕龙》字句圆、事圆、理圆，篇章圆，全书亦圆，几乎无所不圆，所以能在成为“体大虑周”的文论精品的同时，也成为难得的美文。

了解《文心雕龙》的这一结构特点，对把握全书主旨、克服阅读障碍大有裨益。例如，我们看到，刘勰在《序志》篇里明确了“唯文章之用，

① 郭彧译注:《周易》,第299页。
② 钱锺书:《谈艺录》,第280页。

实经典枝条，五礼资之以成，六典因之致用，君臣所以炳焕，军国所以昭明，详其本源，莫非经典”，“搦笔和墨，乃始论文”之后，即开始《原道》《征圣》《宗经》的写作。《原道》开篇畅言“文之为德也大矣”，看似突兀，实则不然。其所谓“文之为德”者，即《序志》所说“文章之用”也；而“五礼资之以成，六典因之致用，君臣所以炳焕，军国所以昭明”，可不谓“大矣”乎？通过全书首尾之间的密切联系，就可以知道“文之为德”之“德”，恰如钱锺书先生所说：“《文心雕龙·原道》：‘文之为德也大矣’，亦言‘文之德’，而‘德’如马融赋‘琴德’、刘伶颂‘酒德’、《韩诗外传》举‘鸡有五德’之‘德’，指成章后之性能功用，非指作文时之正心诚意。”① 今人大多仅据《原道》之“道”去考察“德”的含义，歧见纷出，莫衷一是，失误恰在于忽略了《文心雕龙》“首尾圆合”的结构特点。不少人阅读《原道》的时候，只记得《序志》中“本乎道”三个字，于是戴了放大镜在《原道》全文寻找“道”字，有的便把平常叙述语句中的“自然之道也”当成了答案，其实那句话不过是说“自然而然的道理”而已，并非作为文论术语使用的。还有，许多人注意到了《文心雕龙》与《周易》的关系，但往往只发现《文心雕龙》在篇章数目的安排上借鉴了《周易》，而很少有人注意到其首尾相接的圆形结构亦效法于《易》之太极。这种相对僵化的认知，严重限制了对《文心雕龙》的全面理解。如果采取了刘勰倡导的“圆鉴”之法，许多疑点往往可以冰消雪化而豁然开朗。

四、刘勰以“圆”论文的深远影响

自刘勰《文心雕龙》发以“圆”论文之端以后，“圆”遂成为文论中之常语，并被不断推崇到更高地位。

稍晚于刘勰的皇侃（488—545）本是位经学家，但他在《论语义疏·叙》释《论语》之名时，列出四种说法，其四曰：“伦者，轮也。言此书义旨周备，圆转无穷，如车之轮也。”又说：“蔡公为此书，为圆通之喻曰：物有大而不善，小而兼通者。譬如巨镜百寻，所照必偏；明珠一寸，鉴包六合。《论语》小而圆通，有如明珠。诸典大而偏用，譬如巨镜。”② 将

---

① 钱锺书:《管锥编》第四册,第 2343 页。

② ［梁］皇侃著,高尚榘校点:《论语义疏》,北京:中华书局,2013 年,第 2 页。

《论语》之“论”等同于“伦”，再解释为车轮的“轮”，或许不无牵强；但其谓“《论语》小而圆通，有如明珠”，用明珠之“圆”来形容一部精粹的著作，则是颇有创意的，未必不是受《文心雕龙》论“圆”的启发。而他的譬喻，也启发了我们对《文心雕龙》圆形结构的认识。后来如唐代裴延翰（杜牧之甥，生卒不详）《樊川文集序》称：“仲舅（按指杜牧）之文，……絜简浑圆”[①]；宋代苏辙（1039—1112）尝云：“余少作文，要使心如旋床。大事大圆成，小事小圆转，每句如珠圆。”[②] 苏辙是否能果如其言，所有篇章字句都那么“圆”，姑且不论，但此语足以说明他对文章之“圆”的追求是何等强烈。清代张英（1637—1708）在其著名家训《聪训斋语》卷上曾专门论“圆”，将其视为美之极致，他写道：“天体至圆……万事做到极精妙者，无有不圆者。圣人之至德，古今之至文、法帖，以及一艺一术，必极圆而后登峰造极。”[③] 不难发现，作为审美范畴的“圆”，在历代的传承运用中被不断地泛化，并被不断推崇到更高的地位了。

至于“首尾圆合”的布局谋篇艺术，则经历了“首—腰腹—尾（凤头—猪肚—豹尾）”进一步发展为“起—承—转—合”的结构论，成为文章结构的常规，尤其成为明清科举考试中八股文的定式。科举制废除之后，八股文没有了市场，但后来之白话文，尤其是各种论文也不能完全摆脱其影响。这种影响还波及海外。日本一些指导写作的书，如木下是雄《理科写作技巧》等，也把起承转合作为重要的写作技法予以介绍。而其所以具有顽强的生命力，根本原因是这种文章结构与人的思维程序具有高度的一致性。内蒙古师范大学万奇教授有专文《起承转合结构论：从诗学到文章学》[④] 对此论之綦详，可参看。不过有所不同的是，万奇先生梳理的这一发展途径是向内的，偏重于首尾之间内在层次的转换，而刘勰讲“首尾圆合”则偏重于外形的“圆”。

五、结语

历史地看，刘勰《文心雕龙》以“圆”论文，是古代文学理论发展到

---

① ［唐］杜牧著，陈云吉校点：《樊川文集》，上海：上海古籍出版社，1978 年，第 2 页。

② ［宋］苏籀：《双溪集 · 栾城遗言》，北京：商务印书馆，1935 年，第 216 页。

③ ［清］张英、张廷玉著，江小角、陈玉莲点注：《父子宰相家训》，合肥：安徽大学出版社，2013 年，第 18 页。

④ 万奇：《起承转合结构论：从诗学到文章学》，胡晓明主编：《古代文学理论研究》第三十七辑，上海：华东师范大学出版社，2013 年，第 61—73 页。

一定阶段的产物。有的研究者将其来源追溯到佛教，尤其龙树的《中论》。如果考虑到刘勰写作《文心雕龙》时寄身佛寺，长期为僧祐抄写佛经、编定佛书，受其浸染，在书中或隐或显地有所表现，诚或有之，故此说不可为无据。但笔者以为，对此不可执于一偏，以致将某种次要因素视为主要因素，或者将偶然因素视为必然因素。中华民族由《易经》发展而来的传统文化，无疑才是其真正的、至少是主要的源头。后来传入的佛家思想的影响，最多只是起到辅助或旁证的作用。

至于何以在此之前以“圆”论文未成气候，直至刘勰才成为专门术语和审美范畴，主要应归因于此前中国的学术尚处于浑融状态，“文学”（或称文章之学）尚未独立出来，那时之所谓“文学”，是涵盖了所有的文章学术的。所以此前未有成系统的文学理论著作，亦属事之必然。此前的思想家或文人学士偶有即兴的片言只语，所对应的大多也并非今日之所谓“文学”，而往往是包括了对立身、处事、社会、人生乃至宇宙的思考，属于广义的文化层面。要在这样的文献中发现专门作为文论术语的字眼，当然难得一见，更不可能自成系统。而《文心雕龙》则不同，刘勰抱负远大，他把文章写作作为其“敷赞圣旨”“树德建言”的凭借，立志超越前人，写出一部“弥纶群言”的大著作①。这样的著作，需要包揽所有文章，涉及与文章写作有关的方方面面，因而必须有大量的材料作为支撑，此前直接论“文”的资料固然要搜览无遗，并非直接有关的资料也要兼收并蓄，为我所用，在使用中还要加以熔铸，赋予新义。于是若干本不属文论术语的语词，也被采入本书，于文论的意义上加以应用，遂一转而为文论术语。“圆”由表示一个形体的普通概念到成为专门的文论术语的过程，即应作如是观。

（作者单位：山东外事职业大学）

① 魏伯河：《论〈文心雕龙〉为刘勰“树德建言”的子书》，《福建江夏学院学报》2018 年第 2 期，第 79—85 页。

语言学家对“龙学”家的批评[①]

朱文民

摘　要：刘勰《文心雕龙·声律》篇，是南北朝时期流传下来最为完整的一篇音韵学文献。现代“龙学”家中有人认为其中的“商徵响高，宫羽声下”这两句是词语颠倒，应该是“宫商响高，徵羽声下”；也有的认为应该是“徵羽响高，宫商声下”。语言学家认为，不是刘勰错了，而是“龙学”家不懂“清浊律”和“声响律”导致的误读。

关键词：《文心雕龙》；声律；改字；清浊律；声响律

《文心雕龙》是中国传统文化的大系统，这部书的作者刘勰是一位通人，我们现在的学科分工过细，各学科的学者知识面相对狭窄，对刘勰这样一位通人的著作难以拥抱，其研究者往往依据自己的知识所长解说《文心雕龙》，一旦遇到自己知识以外的话题，就容易出现瑕疵。对《声律》篇的解读就是一例。

一

众所周知，刘勰的《文心雕龙·声律》篇是南北朝时期流传下来最为完整的代表性音韵学文献，虽然还有颜之推《家训》中的《音辞》篇，但在音韵学史上的价值，无法与刘勰《声律》篇相比。据有关文章统计[②]，至今研究刘勰《声律》篇的学者发表的论文有六十余篇，但是，有些问题

---

① 基金项目：国家社科基金重大项目“《文心雕龙》汇释及百年‘龙学’学案”（批准号：17ZDA253）。

② 戚悦、孙明君：《〈文心雕龙〉的“双叠论”》，《暨南学报》2019 年第 11 期。

各家意见尚未统一，更不用说各家《文心雕龙》译注中的专门解读了。

刘勰的《文心雕龙·声律》篇中有：“古之教歌，先揆以法，使疾呼中宫，徐呼中徵。夫商徵响高，宫羽声下。”① 这几句话，在“龙学”界的理解分歧基本上是两大家，而且这些分歧，最初都是发生在“龙学”界的巨擘之间。面对刘勰原著，对照诸家的改字和纷争，尤其像周振甫先生在修辞学方面还是有专著的大学者也在其中，像我等后辈小子，因为在音韵学上自信力不足，何能判断是非？尽管我研读《文心雕龙》数十年，每翻阅《声律》篇，面对诸家的纷争，总是陷入糊涂盆，因而一直不敢发言，就怕自己的发言成为妄言。

近来，读到《暨南学报》2019 年第 11 期的一篇文章，题目是《〈文心雕龙〉的“双叠论”》，为之惊喜。因为“双叠论”是刘勰在《文心雕龙》中首次提出，但是，鲜有论证者。同时也燃起了我再度研读《声律》篇的勇气。这篇文章也向我提供了一个信息，就是何九盈教授的《中国古代语言学史》出版了新增订本。我赶忙找来对照，发现由原来的 229 千字，新增加到 441 千字，可见增加的幅度之大。我读初版的时候是六章，有关南北朝部分列了三节，对刘勰及其《文心雕龙》仅有笼统的涉及，就是《章句》篇也仅是提及几个虚词，其他未有具体论证哪一问题。新增订本是七章，其中南北朝部分经过调整，增加到四节，把初版的“反切与四声”，调整为“反切的起源”，专讲反切，把“四声”放在下一节，与新增加的“五音”相合，构成“五音与四声”一节，涉及刘勰及其《声律》篇内容的具体论述就在这一节里。16 开本的书，洋洋洒洒占了 37 页。在这里受到指名批评的恰是黄侃、詹锳、周振甫、郭绍虞、罗根泽、朱东润几位“龙学”巨擘和中国文学批评史大家，虽然没有点出刘永济、王利器等人的名字，我看也是在内的，而且用词很重，底气十足，斥责这些人对刘勰《声律》篇“商徵响高，宫羽声下”句的改字现象，是对“何谓‘声’‘响’也茫然无知”②，实在令我震惊。

二

何九盈教授对“龙学”家批评说：

---

① 范文澜：《文心雕龙注》，北京：人民文学出版社，1958 年，第 552 页。

② 何九盈：《中国古代语言学史》（新增订本），北京：北京大学出版社，2010 年，第 87 页。

《文心雕龙·声律》说："商徵响高，宫羽声下。"既不符合"五音宫调"，也不符合"五音徵调"，于是遭到两方面的批评。

黄侃说："彦和此文为误无疑"，"当云'宫商响高，徵羽声下'"。这是以"五音宫调"来立论的。

詹锳说："今本《文心雕龙·声律篇》云：'商徵响高，宫羽声下'，当是'徵羽响高，宫商声下'之误。"这是以《地员》"五音徵调"来立论的。

我以为黄侃与詹锳的批评都是不可信的①。他们用先秦乐律中的调式来指摘齐梁时代声律中的五声，缺乏历史观念，而且对何谓"声""响"，也茫然无知。迄今为止，海内外那么多"龙学"专家以及文学批评史家，无人对此二语做出正确解释，就是《文心雕龙》中其他一些语句，被人误解者亦不少。②

周振甫说："前用宫商，后用徵羽"，这是对的。但他不懂：若前用徵羽，则后须用宫商。"声"与"响"是"异音相从"的关系，所以不能说"切响"就是徵羽，就是仄声。沈约的话只说了一半，（即"前有浮声"），而另一半（即"前有沉声"）没有说出来。刘勰说"声有飞沉"，替沈约说全了。而今人把"声有飞沉"与"前有浮声，后须切响"等同起来，这就错了；又认为"声飞"等于"浮声"，飞就是浮。这当然不错，而说"切响正是沉"，这就把两个问题混而为一了。原来注释家们根本就忽视了"响"与"声"是"异音相从"的关系。声的"沉"不等于响的"沉"。③

面对刘勰"商徵响高，宫羽声下"两句，当年黄侃在《文心雕龙札记》说：

① 也许有人会说，何九盈的批评包括黄侃先生在内，黄侃是音韵学家，人所共知，难道他也错了吗？对此我曾经在《吴林伯先生与"文心雕龙学"》一文中指出，《文心雕龙札记》一书，是黄侃先生青年时期的著作，训诂学和声韵学是黄先生晚年的成果，在学问上，青年时期的黄侃无法与晚年时期的黄侃相比。

② 何九盈：《中国古代语言学史》（新增订本），第87页。

③ 何九盈：《中国古代语言学史》（新增订本），第93页。

此二句有讹字。当云“宫商响高，徵羽声下”。《周语》曰：“大不逾宫，细不逾羽。”《礼记·月令》郑注：“凡声尊卑取象五行，数多者浊，数少者清。”案宫数八十一，商数七十二，角数六十四，徵数五十四，羽数四十八，(详见《律历志》)是宫商为浊，徵羽为清，角清浊中。彦和此文为误无疑。①

何九盈教授批评黄侃先生的就是上面这一段话。
周振甫受到何九盈教授批评的是下面这段段话：

刘勰讲的“声有飞沉”，就是沈约在《宋书·谢灵运传论》里讲的“欲使宫羽相变，低昂互节，若前有浮声，则后须切响”。宫羽就是宫商角徵羽，相当于音乐简谱中的1、2、3、5、6。宫商的振幅大而振动数小，声大而不尖，徵羽的振幅小而振动数多，声细而尖。低昂指声的大小说，即前面用了宫商，后面就用徵羽。浮声指宫商声大而不尖，切响指徵羽声细而尖，也即前用宫商，后用徵羽。飞沉，飞指声大，沉指声细，即宫商为飞，徵羽为沉。……那么所谓宫羽、浮切、飞沉就是后来讲的平仄。“声有飞沉”，就是声有平仄。②

1948年刘永济在正中书局出版的《文心雕龙校释》中说：

黄侃校云：“当作宫商响高，徵羽声下”，引《周语》“大不逾宫，细不过羽”、《礼记·月令》郑注：“凡声尊卑，取象五行，数多者浊，数少者清。”按黄引经典及郑注证原文有误，是也。其所改之句，非也。当作“徵羽响高，宫商声下”③。(1962年10月中华书局出版的版本与此相同。)

1951年王利器在法国巴黎大学北京汉学研究所出版的《文心雕龙新书》，对刘勰“商徵响高，宫羽声下”的注释照录了黄侃的注释之后，又

① 黄侃:《文心雕龙札记》,上海:华东师范大学出版社,1996年,第149页。
② 周振甫:《文心雕龙注释》,北京:中华书局,1986年,第298页。
③ 刘永济:《文心雕龙校释》,上海:正中书局,1948年,第28页。

加案语说：

> 案黄氏摘彦和之误甚是，惟所改则非。彦和所谓宫商即后世所谓平仄。《文镜秘府论》天卷，调四声谱引元兢云：“声有五声，角徵宫商羽也。分于文字四声，平上去入也。宫商为平声，徵为上声，羽为去声，角为入声。”日本沙门了尊《悉昙轮略图抄》一引《元和新声韵谱》云：“平声者哀而安，上声励而举，去声清而远，入声直而促。”（神珙《四声五音九弄反纽图序》据此）晚明释真空之《玉钥匙》所云：“平声平道莫低昂，上声高呼猛烈强；去声分明哀远道，入声短促急收藏。”本此，谓四声之上去高而平入下也。换言之，即谓“徵羽响高，宫商声下”也。今据改。① （1980年8月上海古籍出版社出版《文心雕龙校证》注释与此相同。）

这说明王利器所改句子与刘永济相同，但是只字未提刘永济的成果。是没有看到，还是看到了故意不提？如果是没有看到刘永济1948年出版的《文心雕龙校释》，因为是战乱年代，情有可原。问题是1980年8月上海古籍出版社出版的《文心雕龙校证》注释与此相同。此时的刘永济《文心雕龙校释》早在1962年由中华书局重新出版，王利器依然只字不提，似乎不大应该。何九盈教授批评詹锳先生的话，是詹锳先生在《四声五音及其在汉魏六朝文学中之应用》一文说的，詹锳先生的文章发表在《中华文史论丛》第三辑（中华书局1963年出版。又收入作者《语言文学与心理学论集》，齐鲁书社1989年出版）。

郭晋稀先生的《文心雕龙注译》此处也是直接改字了，并夹注是依刘永济先生的意见。其后郭晋稀先生出版的《白话文心雕龙》与此相同。周振甫先生的《文心雕龙今译》和《文心雕龙注释》直接改字了。在《文心雕龙注释》一书中加了一条注释：“商徵、宫羽，黄侃《札记》指出‘宫商为浊，徵羽为清’。《国语·周语》：‘大不逾宫，细不逾羽。’宫商即简谱中1、2，音大而下，音的振幅大而振动数小，声大而不尖。徵羽即简谱中的5、6，音细而高，音的振幅小而振动数多，声细而尖。”② 詹锳的《文

---

① 王利器：《文心雕龙新书》，台北：宏业书局，1983年影印本，第91页。

② 周振甫：《文心雕龙注释》，第366页。

心雕龙义证》，在原文中，直接接受了刘永济和王利器的修改意见，改了版本，只是此处附上了一条注释，引用了黄侃的注释，并排除了黄侃的校勘，直接提及是采用了刘、王两家的修改。

台湾张立斋先生的《文心雕龙注订》照录了黄侃先生的校勘意见。李曰刚先生的《文心雕龙斠诠》也在原文中采用了刘永济的意见，对原文做了改动，但是加了注释，重复了刘、王两家的注释。王礼卿的《文心雕龙通解》对此没有改字，但是说出了自己的意见：“案：‘商徵响高，宫羽声下’，字有倒误。依五声数之多少，宫商为浊，徵羽为清，浊下清高，当为‘羽徵响高，宫商声下’。而黄季刚谓‘当云宫商响高，徵羽声下’。是谓浊高清下。而其释‘声有飞沉’云，‘飞调平清，沉谓仄浊’。则又谓清高浊下。两处抵牾。而以清为平，浊为仄，与陈旸（文民按：北宋音乐理论家）以宫商配平，徵羽配仄亦反。以其矛盾，无可采取，今依陈说。”[①] 陈拱的《文心雕龙本义》把刘勰的“商徵响高，宫羽声下”句，直接改为：“夫徵羽响高，宫商声下”，并加了注释，引用了《礼记·月令》郑玄注和孔氏疏及《律历志》等资料作证。王更生的《文心雕龙读本》对此接受了王利器《文心雕龙新书》的意见，对底本做了更改，夹注依王利器意见为准。王运熙、周锋的《文心雕龙译注》一书，在《声律》篇直接采用了刘永济和王利器的意见，改动了原文，但是没有出校。细读王运熙先生写的《前言》，可知：他们是“以王利器《文心雕龙校证》为底本，并参考范文澜先生《文心雕龙注》、杨明照先生《文心雕龙校注拾遗》、詹锳先生《文心雕龙义证》等各家校语，对错讹、夺衍的字和部分有异文的字作了校改，为了节省篇幅，不出校记”[②]。吴林伯的《文心雕龙义疏》，出版于2002年2月，对此没有改字，但是在串讲中依据《管子·地员》“五音徵调”损益法理论，证明采用了黄侃的改字意见。

当然，改字的译注本还有很多，例如祖保泉先生1993年出版的《文心雕龙解说》，李蓁非出版的《文心雕龙释译》，等等。

这期间也有不改字的译注本面世，只是译文或者注释接受了黄侃或者刘永济、王利器的校勘意见。例如：范文澜先生的《文心雕龙注》在此处接受了黄侃先生的校勘意见，但是没有改动原版本，只是照录了黄侃的校

① 王礼卿：《文心雕龙通解》，台北：黎明文化事业股份有限公司，1986年，第638页。
② 王运熙、周锋：《文心雕龙译注》，上海：上海古籍出版社，1998年，“前言”，第7页。

语。杨明照先生的校注本，面对黄侃和刘永济的校勘意见，既没有改字，也没有表态，冷处理了。陆侃如、牟世金先生的《文心雕龙译注》对此接受了刘永济先生的注释意见，认为此句应该是："徵羽响高，宫商声下"，但是没有改动版本。其译文是按照改动后的文字翻译的，译文是："属清音的徵、羽二音强，属浊音的宫、商二音弱。"① 罗立乾先生在台湾三民书局出版的《新译文心雕龙》对此没有改字，注释提到了黄侃的校勘意见，译文是："宫声和商声两种音阶的声音响亮，徵声和羽声两种音阶的声音低沉"②，显然是按照黄侃的意见翻译的，但是没有交代。

以上是何九盈教授的《中国古代语言学史》新增订本出版之前的"龙学"译注本著作改字情况。这些"龙学"巨擘的成果，可证明何九盈教授说的"迄今为止，海内外那么多'龙学'专家以及文学批评家，无人对此二语做出正确解释，就是《文心雕龙》中其他一些语句，被人误解者亦不少"③ 这话基本符合事实。即使那些在原版上未改字的，在译文里也改了。

何九盈教授的新增订本出版在 2006 年，其后出版的《文心雕龙》译注本大都仍然重复着前辈的改字意见。例如 2009 年 7 月张长青教授在湖南大学出版社出版的《文心雕龙新释》直接改字了，但是没有注明根据，而在后面的《释〈声律〉》一文中，却是按照《文心雕龙》传统的版本没有改字的语句解说的。这篇解说文章的主体部分依我看，从篇章结构的主体到语言，是套用了朱星教授 1979 年发表的《〈文心雕龙·声律〉篇诠解》一文，但是没有注明，也忘记了自己在前面录用刘勰原文的注释中改字了。林其锬、陈凤金先生于 2011 年 8 月在华东师范大学出版社出版的《增订文心雕龙集校合编》一书，校勘的元至正本《文心雕龙》对此也是直接改字了，并加注是采纳了刘永济、王利器等人的意见。中华书局 2012 年 6 月出版的《中华经典名著全本全注全译丛书》之《文心雕龙》，该书的作者是王志彬教授，王教授在《前言》中交代："本书所录《文心雕龙》各篇之原文，均以黄叔琳辑注本即养素堂本为底本"，并吸收杨明照、刘永济、姜书阁等学者的校勘成果，参考了范文澜、王利器、詹锳、王运熙、周振甫等人的成果，"着意于'根柢无易其固，裁断必出于己'（王元化语），而

---

① 陆侃如、牟世金：《文心雕龙译注》下册，济南：齐鲁书社，1982 年，第 167 页。

② 罗立乾注译：《新译文心雕龙》，台北：三民书局股份有限公司，2014 年，第 308 页。

③ 何九盈：《中国古代语言学史》（新增订本），第 87 页。

不涉及各家意欲调整《文心雕龙》篇目顺序的各种假说，保持元明以来《文心雕龙》固有版本的本来面貌。限于体例，正文校勘一律不出校勘记。”① 但是在版本问题上还是没有坚守住自己的承诺，在养素堂本《文心雕龙·声律》篇采用了黄侃《札记》的校勘意见，认为刘勰有误，把原文“商徵响高，宫羽声下”，改为“宫商响高，徵羽声下”了，而且未提及黄侃的校勘。张国庆、涂光社在2015年3月出版的《〈文心雕龙〉集校、集释、直译》对此句也改了原文，注文做了一番辨析，最后是采用了黄侃的“宫商响高，徵羽声下”为准。周勋初在2015年12月出版的《文心雕龙解析》一书，把原为“商徵响高，宫羽声下”两句，采用了刘永济的意见，在版本上直接改为：“夫徵羽响高，宫商声下”，也没有任何说明。其后的各家解读，多不出黄侃和刘永济、王利器的注释意见。

这些新出版的同类著作，不提何九盈的批评意见，是没有看到？还是视若妄言？不得而知。

当然，2006年何九盈《中国古代语言学史》（新增订本）出版后的《文心雕龙》译注本也不尽是改字。例如2008年戚良德教授在河南大学出版社出版的《文心雕龙注说》和在上海古籍出版社出版的《文心雕龙校注通译》两书，就没有受前辈学者误读的影响，而是做出独立解读，不仅没有改字，且认为“商徵响高，宫羽声下”二句是“谓五音之高低强弱”，是“互文足义，非谓商徵声高而宫羽声低，不可胶柱鼓瑟。”② 其译文就是按照这种理解翻译的，此书虽出版于何九盈著作之后，但对这两句话的理解思路与何先生并不相同，难能可贵。可见学术研究，贵在自得，忌在人云亦云。

三

中国古代的音乐，用宫、商、角、徵、羽“五音”来代表五个音阶，相当于现在音乐简谱中的1、2、3、5、6五个音阶。据语言学家研究，古代音韵学有两个系统，一个是《管子·地员》记载的“五音徵调”系统，以“徵音”为最低；另一个是《国语·周语下》《史记·律书》《礼记·月令》郑玄注记载的“五音宫调”系统，以“宫音”为最低。今根据历史资

① 王志彬译注:《文心雕龙》,北京:中华书局,2012年,“前言”第12页。

② 戚良德:《文心雕龙校注通译》,上海:上海古籍出版社,2008年,第383页。

料和何九盈教授的研究，将这两个系统的计算结果和损益法则列表如下：

表一：《管子·地员》记载的“五音徵调”系统，其算式表示的损益法，数多为浊，数少为清，浊为低声，清为高声，其高低次序（清浊关系）是：

名称	数字	清浊	高低	备注
徵	108	最浊	最低	
羽	96	次浊	次低	
宫	81	清浊中	不高不低	
商	72	次清	次高	
角	64	最清	最高	

表二：《国语·周语下》《史记·律书》《礼记·月令》郑玄注记载的“五音宫调”系统。其算式表示的损益法，数多为浊，数少为清，浊为低声，清为高声，其高低次序（清浊关系）是：

名称	数字	清浊	高低	备注
宫	81	最浊	最低	
商	72	次浊	次低	
角	64	清浊中	不高不低	
徵	54	次清	次高	
羽	48	最清	最高	

何九盈教授批评我们的“龙学”巨擘，无论是用“五音徵调”法，还是用“五音宫调”法来衡量刘勰《声律》篇都是不妥的，这种“无知”就表现在解读《声律》篇的时候，是“用先秦乐律中的调式指摘齐梁时代声律中的五声，缺乏历史观念，而且对何谓‘声’‘响’，也茫然无知。”①

何九盈教授又是怎么理解的呢？

“声律”一词，在《文心雕龙》中出现三次，前两次在《神思》篇，第三次出现在《声律》篇，而且是篇题。学界一般认为声律学产生于南齐永明时期（482—493）。何九盈教授认为：声律就是音韵协和的规律。这种音韵协和，不仅要求韵脚协和，而且句子中的字音也要协和。就这个意义

① 何九盈：《中国古代语言学史》（新增订本），第87页。

上说来，魏晋至齐梁的声律学，就是音韵学。从刘勰《声律》篇的开头几句，我们可以看到，声律与乐律有着密切的关系，因为二者都是以五音为基础。五音就是五声。声律中的五声就是来自乐律中的五音。声律学既关注双声，又关注叠韵，尤其是汉语声调学说更是在声律中孕育发展起来的。刘勰说的“声律”到底有哪些“律”？何九盈教授把它概括为四个“律”条：1. 清浊律（或曰宫商律、宫羽律）；2. 声响律（或曰前后律）；3. 双叠律（包括不得“隔字双声”“隔越叠韵”）；4. 四声律（不等于平仄律，平仄律始于唐代近体诗）。何九盈教授批评“龙学”巨擘的内容，主要涉及“清浊律”和“声响律”。

何九盈教授认为：上面这四个律条来自两个系统，一个是乐律中的五音系统，一个是齐梁时代产生的声调系统。但是，六朝时期的韵书大都失传了，我们无法找到具体的例证。从沈约那里，我们可以看到已经产生了四声八病说，但是什么是四声，一些文人还是不清楚，包括梁武帝在内。《宋书·范晔传》记载范晔《狱中与诸甥侄书》就反映了这一情况。范晔说：“性别宫商，识清浊，斯自然也。观古今文人，多不全了此处；纵有会此者，不必从根本中来。”[①] 从刘勰的《声律》篇，可以看到，刘勰的用语依然是以五音之宫、商、角、徵、羽等称呼来谈声律，没有出现四声词语。但是，这个声律已经与声调系统发生了关系，刘勰分声为飞沉、疾徐、高下（低），正是用的四声理论分析法，这种发声高低之差与原五音系统或多或少的有差别了。这也许就是何九盈教授批评我们的“龙学”巨擘“缺乏历史观念”的原因。从上面的两个图表，可以看到：“清”表示高，“浊”表示低。清浊是语音的高低、轻重之阶梯。所谓“清浊律”，也就是汉字读音高低配搭或者轻重低昂配搭的规律。清浊杂比、宫羽相变是基本的律例。这两个图表用字一致，所代表的高低、轻重不同，但是都是形容音阶之别。这里关键是何九盈教授批评我们的“龙学”家，对“何谓‘声’‘响’也茫然无知”，这就是我们的“龙学”家为刘勰改书引来的训斥。什么是“响”呢？《辞海》释“响”有四个义项，第一个是“声音”，第四个是“回声”，举例说是“如响斯应”。梁王朝编的《玉篇》也说：“响，应声也。”刘勰涉及“声”“响”的这两段话是：

---

① ［南朝宋］范晔：《狱中与诸甥侄书》，郭绍虞主编：《中国历代文论选》第一册，上海：上海古籍出版社，2001 年，第 222 页。

古之教歌，先揆以法，使疾呼中宫，徐呼中徵。夫商徵响高，宫羽声下；抗喉矫舌之差，攒唇激齿之异，廉肉相准，皎然可分。①

凡声有飞沉，响有双叠。双声隔字而每舛，叠韵杂句而必睽；沉则响发而断，飞则声飏不还，并辘轳交往，逆鳞相比，迕其际会，则往蹇来连，其为疾病，亦文家之吃也。②

这就需要解释“声”“响”的问题。根据《辞海》和《玉篇》对“响”的解释，“响”就是对前面发出的“声”的回应。“声”和“响”的关系就是一种呼应关系，前有呼，后必有应。前有声，后必有响。用沈约在《宋书·谢灵运传论》的话说，就是“若前有浮声，则后须切响”③。这又出现了“浮声”和“切响”的解释问题。何九盈教授认为，所谓“浮声”就是“飞声”，飞，就是浮；所谓“切响”，就是与“声”相切合的“响”，所以“声”必定在前，“响”必定在后，“声”与“响”是倡和关系。《礼记·乐记》：“倡和清浊。”孔颖达疏：“先发声者为倡，后应声者为和。”④这个“和”就是刘勰说的“异音相从谓之和”的“和”。前面无论是“飞声”或者“沉声”，“后”文的要求都须“切响”。区别在于浮声的后响必须是“沉”，沉声的后响必须是“浮”，这就是说，不仅“声”有“飞沉”，“响”亦有“飞沉”。如果“声”“响”均“飞”，则扬而不还；如果“声”“响”均“沉”，则发而如断，就无法形成“异音相从”了，也就达不到语音和谐。如果不注意字音的这些搭配要求，写出的诗文，读起来不能朗朗上口，就形成“文家之吃”和“吃文为患”。这“吃文”之谓，首见于刘勰《声律》篇。修辞学家郑子瑜解释说：“所谓‘吃文’就是用白字，也就是《后汉书·尹敏传》所说的别字。”⑤其实，这个说法也有点偏。“口吃”之谓，早已有之。在我们老家，俗称结巴，是一种言语节律障碍，表现为说话不流畅，出现字音或单词重复、拖腔、停顿等现象。君不见口吃者，说话一个字连续读出，半天吐不出下一个字，

① 范文澜:《文心雕龙注》,第552页。
② 范文澜:《文心雕龙注》,第552—553页。
③ [梁]沈约:《宋书·谢灵运传论》,郭绍虞主编:《中国历代文论选》第一册,第216页。
④ [汉]郑玄注,[唐]孔颖达疏:《礼记正义》,北京:北京大学出版社,2000年,第1293、1294页。
⑤ 郑子瑜:《中国修辞学史稿》,上海:上海教育出版社,1984年,第77页。

或一个字重复不已，没有抑扬顿挫，疙疙瘩瘩，没有韵律感吗?！如果“吃文为患”，如同文人口吃，就无法达到“异音相从”和“同声相应”的要求。

涉及刘勰“商徵响高，宫羽声下”的改字问题，何九盈教授认为：“迄今为止无人对此语做出正确解释。几乎所有注家都妄改刘氏原文以屈从己说。”① 何九盈教授举例证明“商徵”连用，“宫羽”连用，并非始于刘勰，前人早已有之。“宫”与“羽”、“商”与“徵”相提并论，是有内在联系的。与“声”“响”也是有联系的。原来“五音宫调”中，“大不逾宫，细不过羽”，也就是宫为最浊（最低），羽为最清（最高），二者正好相反；商为次浊（次低），徵为次清（次高），二者亦相反。“声”与“响”为异音相从，也是相反的关系。用五声相反相成的原理来说明“声”与“响”的高下关系，是声响律的要点所在，高下相应就是声响律。“‘声响律’是声律学的核心。首先倡此说的是沈约，其次是刘勰。”② 沈约在《宋书·谢灵运传论》中说的“若前有浮声，则后须切响”，只是说了“浮声”，没有提“沉声”，等于话只是说了一半，刘勰说的“声有飞沉”，等于把沈约没有说出的另一半——“沉声”补上了（前面文中，何九盈已经提及）。

刘勰的“声响律”是以《礼记·乐记》“大小相成，终始相生，倡和清浊，迭相为经”③ 作为理论根据的。这些都说明刘勰没有错，错在后来者的理解有误。

《声律》篇虽然没有出现“四音”二字，但是涉及四音的发声问题，刘勰提到了，这就是前面提到的“抗喉矫舌之差，攒唇激齿之异，廉肉相准，皎然可分”的四种发音法，即喉舌唇齿。据何九盈教授考证，在中国音韵学史上，刘勰是第一个提出“喉舌唇齿”四音的学者，又是第一个提出音有鸿细（廉肉）的人。为此，何九盈教授打抱不平说：

> 他有此两大贡献，却从未有人将其列为语言学家，而且他的某些论说，至今还受到种种曲解。如“声有飞沉，响有双叠”，“沉则响发

---

① 何九盈：《中国古代语言学史》（新增订本），第94页。

② 何九盈：《中国古代语言学史》（新增订本），第96页。

③ ［汉］郑玄注，［唐］孔颖达疏：《礼记正义》，第1293页。

而断，飞则声扬不还”，都是互文见义。并不是“飞沉”只属于声，“双叠”只属于响；也不是只有“响”“沉”而声不沉，只有“声”“飞”而“响”不“飞”。一般注家都没有解释清。刘勰的本意是：声有飞沉，响亦有飞沉。但不能以飞对飞，以沉对沉，而是前飞对以后沉，前沉对以后飞。如果“声”“响”均“飞”，则扬而不还；如果“声”“响”均“沉”，则发而如断。所以说，“和体抑扬，遗响难契。”后“响”要“契”合前“声”，前抑后则扬，前扬后则抑，这才叫作“和”。如果不“和”，就犯了声病。八病中的平头、上尾，就是前后两句之间，“声”“响”均“飞”，或“声”“响”均“沉”，不是有抑有扬，乃至“声”“响”不“和”。①

因为本文主要谈论何九盈教授批评我们的“龙学家”由于不懂《声律》篇的“声响律”，导致的埋怨刘勰错了，因而替刘勰改书。本文介绍的只涉及何九盈教授的“清浊律”和“声响律”，其他如“双叠律”和“四声律”问题，我在这里就不做介绍了。那么何九盈教授对“龙学”家的批评对不对呢？2015 年高永安在《中国社会科学报》撰文支持何九盈教授的观点。高永安先生说：

何九盈先生从声律的角度提出：“所谓‘切响’不是跟‘浮声’一模一样，而是‘异音相从’，这是不切之‘切’。”所谓“异音相从”正是《文心雕龙·声律》提出的声律要求之一，而另一个要求是：“同声相应谓之韵。”一同一异，或整齐，或错落。这就是声律的精神。《声律》里还有一句：“凡声有飞沉，响有双叠。”这里的“声”有飞、沉两种。飞，即浮。声有浮沉，所以，才可以“前有浮声，后须切响”。那么“响有双叠”之“响”就不仅仅是“双叠”之响，而是兼有声之飞沉、双声、叠韵。也就是说，不管是飞声（浮声）、沉声，还是双声、叠韵，只要前边出现了其“声”，后边就需要有“响”与之相应。“响”，回声的意思。《玉篇》：“响，应声也。”是用来回应前文的，要按照声律的要求，与前文形成或同或异的关系。

对“商徵响高，宫羽声下”的理解也应如此。这里的声响、高下，

---

① 何九盈：《中国古代语言学史》（新增订本），第 95—96 页。

都是互文。如此，刘勰此语不仅不用改动，而且符合《礼记》《管子》两个宫商系统。由于不涉及角音，可将其放在一边，其余的四音各自按照高低（高下）配对，正是“宫羽”“商徵”。也就是说，“宫”和“羽”是声响关系，是一对由声之高低相应关系搭配起来的组合。“商”与“徵”为一对，与“宫商”同理。①

何九盈教授是继王力先生之后，全国知名的语言学家之一，而高永安虽然相对年轻，也有骄人的语言学研究成果。二人在见解上不同的是，何九盈教授认为：“《文心雕龙·声律》说：‘商徵响高，宫羽声下’，既不符合‘五音宫调’，也不符合‘五音徵调’。”高永安认为：“这里的声响、高下，都是互文。如此，刘勰此语不仅不用改动，而且符合《礼记》《管子》两个宫商系统。”如此说来后生可畏。不过，值得指出的是，如上所述，戚良德先生早在2008年出版的《文心雕龙校注通译》中就已经这样理解了，可见不仅“龙学”家们需要了解语言学的成果，语言学家也需要了解“龙学”的进展。

这里应该指出，早在何九盈教授《中国古代语言学史》（新增订本）出版之前的1979年，另一语言学家朱星教授在《天津师范学院学报》第1期发表了《〈文心雕龙·声律〉篇诠解》一文，也是对黄侃和刘永济先生的改字现象和误读提出了批评，但是批评的口气和用词平和一些。朱星在该文第一段就交代：

目前已有给《文心雕龙》各篇做注解的，这对初学者极有帮助，但对《声律》篇做注解者较少。单做字词的注释不可能讲清内容，且未从语音学方面去分析，因此这篇齐梁声律论的代表作的精义妙论很少人知道。语音是修辞的重要手段之一，讲不透就感到雾里看花，不能识透刘氏的语音理论的精妙处。②

朱星对黄侃和刘永济的批评，在他的文章中有三段，第一段是：

---

① 高永安：《“商徵响高，宫羽声下”解》，《中国社会科学报》2015年第866期。

② 朱星发表这篇文章的时候，《文心雕龙》译注本只有郭晋稀的《文心雕龙译注十八篇》和陆侃如、牟世金的《文心雕龙选译》，二书均未将《声律》篇纳入其中。台湾出版的只有李景溁《文心雕龙新解》，但大陆尚很难看到。

不单歌声有音律，一般语言也有音律，所以“言语者，文章神明，枢机吐纳，律吕唇吻而已。”黄季刚氏以为文章下当脱二字，应是神明枢机为一句，吐纳律吕为一句。刘永济说，疑脱管籥二字，都是想像，没有根据，果如黄氏所说，则唇吻二字下也当脱二字了。其实本不脱字。刘勰在此对言语做了一个全面的解释，除了文章神明（这是思想内容等）外，还有形式上的部分，就是枢机吐纳（这是字句的吐属），律吕唇吻（这是音韵问题）。不单诗歌讲韵律，一般的文章语言都要讲求。这是刘勰高明之处，这也是齐梁声律论的主张。①

第二段略微长了一点，为了说明问题，我不得不把朱星教授的批评和他对《声律》篇“古之教歌，先揆以法，使疾呼中宫，徐呼中徵。夫商徵响高，宫羽声下；抗喉矫舌之差，攒唇激齿之异，廉肉相准，皎然可分”这一段文字的解读引录如下：

分声为疾徐高下（低），正是四声的分析。宫商徵羽等于平上去入。魏李登《声类》即以五声命字（命字即把字分类，后来隋陆法言《切韵》即把汉字分为平上去入四大类），到齐梁定为平上去入四声。宫羽等是老名称。四声主要是“音长”（疾徐）“音高”（高低）问题。宫是平，商是上，徵是去，羽是入。宫平声疾呼而不会变音（最好说徐呼，但与“徐呼中徵”有区别，所以作“疾呼中宫”）。它在音理上说，与羽入最近。入声稍引长即成平声。又音高较低，所以“宫羽声下”。徵去与商上必徐读，引长读，否则读不出去上声的调值来。去声由高落下，上声由高落而上扬，今北方话及粤语均如此。所以说“商徵响高”。黄季刚氏又以为此二句有讹，当云“宫商响高，徵羽声下”。不妥，盖未从四声的调值性质上去分析。刘永济则说当作“徵羽响高，宫商声下”，也是私意擅改，未考音理。而远在齐梁的刘勰已心知其意，已“皎然可分”。确须在语言学史上纪念他。抗喉是喉音，矫舌是舌音，攒唇是唇音，激齿是齿音，这正是声纽分五音：喉、牙、舌、齿、唇的分析。只是把牙音与齿音合并了或者因限于四个排句，故意未提。至于“廉肉相准”，正是韵部的基本分析。廉是瘦，肉是

① 甫之、涂光社编:《文心雕龙研究论文选》,济南:齐鲁书社,1988 年,第 772 页。

肥，也就是宽、窄音。在语言学说，正是韵部中元音的洪细之别[①]。

第三段是：

> 四声实又简分为二声，即平仄，称飞沉，又称浮声、切响（详见《宋书谢灵运传论》）。刘永济氏误会飞沉即阴阳清浊，且说四声之中，平声有阴阳。不知隋《切韵》四声均有清浊。《声律》篇中明说：“飞则声飏不还，沉则响发而断。”正是平仄调值的描写。八病的规则是死的，基本规律是平仄和谐，不和谐就成了“文吃病”，等于说不正字音即成“口吃病”。治病的办法在“刚断”，刚断即不要舍不得把美词割爱变换，不让它“以辞害声”。这正是“声律论”的主张。[②]

朱星教授是以串讲的形式，用语音学的理论和角度去诠释《文心雕龙·声律》篇的，应该说，朱星的诠解是现代“龙学”史上较为专业和权威的解读，可惜没有引起众多“龙学”家的注意或重视，只有极少数人关注了，如牟世金先生的《文心雕龙译注》，就没有受到黄侃和刘永济的影响，关注到了朱星的意见，并在该书的注释中做了引录。就《文心雕龙》的各种译注本来说，何九盈教授说：“迄今为止，海内外那么多‘龙学’专家以及文学批评家，无人对此二语做出正确解释”的批评基本符合事实，因为朱星教授的专业不是研究“龙学”，他的主要专业是古代汉语言学。就我所知，朱星教授研究《文心雕龙》仅写过两篇文章，除了上面《〈文心雕龙·声律〉篇诠解》以外，还有一篇《文心雕龙修辞学》（未刊油印稿）。我作为“龙学”研究圈内的一员，感到也不必为我们的“龙学”巨擘护短，何九盈教授批评“龙学”家没有做出“正确解释”也是可以成立的。

四

在笔者翻阅过的“龙学”著作中，感到有关于《声律》篇的解读，“龙学”圈内的学者大概就数邱世友先生在《文心雕龙探原》一书中的第

① 甫之、涂光社编：《文心雕龙研究论文选》，第773—774页。

② 甫之、涂光社编：《文心雕龙研究论文选》，第775页。

十章《声律论》，算是贴近刘勰本意的解说之一。邱先生在本章中的第二节：“飞沉抑扬与清浊洪细总归与协和”是抓住了刘勰本意。邱世友先生说：

> 其实齐梁间诗文只讲四声，尚无平仄之概念。其时运用四声，不让其飞而不还，使其回环之姿，使不沉如断绝，得袅袅之态。刘勰承陆机《文赋》传统以色喻声：“暨音声之迭代，若五色之相宣。”其理同沈约所论。……浮声切响是宫羽相变的调节，低昂互济也是宫羽相变的适用。这样就可以协和其声，达到音韵尽殊和轻重悉异的矛盾统一、参差融和的语境。这种语音理论刘勰概括成飞沉的原则，及灵活又涵盖面广。①

邱世友先生一句“其实齐梁间诗文只讲四声，尚无平仄之概念”的话，是符合历史的，这也就批评了用平仄之理论解说刘勰“声律”说显然是以今释古，邱世友指出了不妥之要害。

至此，我们可以说，不是刘勰错了，而是我们的“龙学”家在这个问题上“无知”，因而为古人改书是改错了。应该指出的是黄侃、范文澜、陆侃如、牟世金、彭庆环、罗立乾等人，虽然对刘勰的“商徵响高，宫羽声下”句有怀疑，认为应该如何如何，但是他们毕竟没有主张对原版本采取改字。黄侃说：“读古书不宜改字以牵就己说。”又说：“凡读古书，如有所疑，须辗转求通，不可遽断为误而轻加改易。”“凡轻改古籍者，非愚则妄，即令著作等身，亦不足贵也。”② 对此我想起早些年，面对学术界有些人认为现行《文心雕龙》的篇序不符合《序志》篇交代的结构，于是根据自己的理解，调整了篇序，引起了有识之士的不安。其中牟世金先生就认为：对研究者认为有问题的地方，可以存疑，也可以讨论研究，也可以断然应该作何种改正，但对原书还是不改为好。对待古人的论著，显然不应该要求古人就我，而应该我就古人。就是说，应从考察古人的用意出发，力求准确地了解其原意。否则，各以己见改编其书，很可能使之面目全

---

① 邱世友:《文心雕龙探原》,广州:中山大学出版社,2007 年,第 180 页。

② 黄侃述、黄焯编:《文字声韵训诂笔记》,武汉:武汉大学出版社,2013 年,第 220—221 页。

非。[①] 牟先生的呼吁，没有能够阻止探索者的妄为，而且各按照自己的理解，改变了原有篇序。近些年有一学者出版了两部“龙学”著作，就是在牟先生呼吁之后，继续按照自己的理解重新编排了篇序。那么这种改变对不对呢？根据易学家朱清的研究，现通行本《文心雕龙》的篇序是按照易学原则编排的，除去上篇和下篇的首篇，其他四十八篇是两两相偶的。[②] 根据朱清的研究，那些另行改编原有篇序的人们，显然是搞错了。牟世金先生的呼吁，虽然说的是篇序问题，我觉得同样适用于版本中的文字问题，与上面笔者引录黄侃的话在精神上是一致的。根据我上面列举的“龙学”巨擘对“商徵响高，宫羽声下”的改字，显然是造成了混乱，使之面貌已非，给后来的研读者造成麻烦是不言而喻的了。这也应该是一个严肃的学者之大忌讳，说到底，是一个学风问题。牟世金先生不仅不主张改变篇序，就是他的《文心雕龙译注》对于版本有问题的地方也没有改字，而是在注释中加以说明，甚至声明译文是按照他认为应该如何的文字翻译的。在这些问题上，牟世金先生和黄侃、范文澜先生的学术理念是相通的。

至此，《文心雕龙·声律》篇的“商徵响高，宫羽声下”的译注问题，由于我们的“龙学”家的误读，造成的混乱，现在已经明朗化了，因而，现代“龙学”史上的这宗公案，应该给予澄清和纠正，以还原元明固有版本之本来面貌。

（作者单位：山东莒县刘勰《文心雕龙》研究所）

---

① 牟世金：《文心雕龙研究》，北京：人民文学出版社，1995 年，第 96—97 页。

② 2008 年，朱清先生在《中国哲学史》第 4 期发表了《〈文心雕龙〉易学撰著体例探析》一文，专门谈现通行本《文心雕龙》篇序是按照易学原则排列的，有兴趣的朋友可以找来一阅。

美国华人《文心雕龙》研究中的主体意识①

闫韵云　王毓红

摘　要：美国华人在《文心雕龙》海外研究中扮演着重要角色，相较国内学者他们身处西方文论环境，直面异质文化的冲击，敏锐意识到中国文论的"失语"状态和身份建构与文化危机的窘境；相较西方学者，他们与中国文化的亲缘性和认同感更强，更富文化使命感。因此，在美国的《文心雕龙》研究中，华人学者这一群体始终具有自觉的文化主体意识，以积极的姿态主动推进文本经典意义的海外确证，并将理论比较深化至理论建构，合力为《文心雕龙》与中国文论的世界传播立下汗马功劳。

关键词：美国华人；《文心雕龙》；主体意识

美国是《文心雕龙》海外研究的大国，接受历史悠久且成果较为丰硕。《文心雕龙》本身不是一部通俗作品，而是一部专业性较强的诗学著作，因此其在美国的接受范围主要集中在学界，研究人群大体分为两类：一类是美国本土学者或美籍西方学者，他们是中国文化的他者，"他们的《文心雕龙》研究是真正意义上的跨文化研究"②。但另一类不容忽视且成果也很突出的研究群体便是美国华人学者。他们与中国文化同宗同源，具有天然的亲密性，文化认可度高，长期的海外学术经历又扩大了他们的研究视野，西方现代审美经验和批评观念与对中国文学理论的自我反思交错于他们的批评实践中。因此在中国文论的世界性进程中，美国华人学者因其独特的文化身份，始终具有积极主动的文化主体意识和强烈的文化参与感，他们

---

① 基金项目：国家社会科学基金重大项目"华人学者中国文艺理论及思想的文献整理与研究"（批准号：18ZDA265）。

② 王毓红：《主体间诗学——美国跨文化〈文心雕龙〉研究的特质》，《暨南学报（哲学社会科学版）》2016 年第 7 期。

艰辛耕耘、砥砺传承，自觉地将中国文论推向西方世界。本文拟以美国华人为研究对象，从他们推动《文心雕龙》在美国重构经典性以及这一群体由比较研究至理论建构的跨越两方面入手，通过对华人学者代表性成果的分析，探讨美国华人学者独特身份背后产生的文化行为，揭示其在文化外传过程中彰显的强烈自觉的主体意识。

一、经典性重证的轨迹

刘勰的《文心雕龙》是中国传统文论中的鸿篇巨著，经过近15个世纪的流传，如今已浩浩然壮大为一门显学，其典范地位不容置疑。就中国大陆而言，虽然真正系统现代的“龙学”研究始于二十世纪初，其研究“已从评点序跋式的泛泛涉猎，走向整体全面的研究，由感性的批点，深入到理论的探索”[①]，但各类校勘注释历史大可追溯到一千年前。由于《文心雕龙》语言上的复杂晦涩性和内容上极强的专业学术性，该作品的经典身份一度只存在于中国文化语境内，其在英语世界获得的关注度与其对中国文论乃至世界文论的长久贡献大不相称。若是其典范意义得不到西方世界的认可，则《文心雕龙》的海外研究将难以前行，因此只有将作品的经典意义传递至西方世界，在美国重建其典范地位，才能真正推动《文心雕龙》在英语世界的长足发展。华人学者便是推动这一经典性进程的主力军，他们遵循西方学界的认知接受规律，策略性地由普及至专题逐步推进重构刘勰及其理论的典范地位，这一过程并非一蹴而就，而是经过几代华人学者的薪火相传才得以渐次发展。

翻译是文本进入异质文化语境的敲门砖，也是作品在域外得以传播的起始环节。正如张西平所言，“中国典籍的外译揭示了中国文化的世界性意义，这并不是说西方国家完全按照我们的理解接受了中国古代文化的精神，而是中国文化通过这些古代典籍的翻译进入了西方文化，开启了他们对东方和中国的理解”[②]。二十世纪五十年代，由于文本语言的晦涩性，刘勰及其理论在西方世界“曲高和寡”，一度属于非主流化的研究。因此从作品的接受和影响力层面看，虽然当时美国已有零散的相关研究，但直到《文心

---

① 张文勋：《“文心雕龙”研究》（《张文勋文集》第三卷），昆明：云南大学出版社，2000年，第414—423页。

② 张西平：《中国古代典籍外译研究的跨文化视角》，《新疆师范大学学报》2015年第2期。

雕龙》首次被译为英文，才算是刘勰及理论真正进入美国汉学界的发端，也是美国华人在英语世界重建《文心雕龙》经典身份的起步点。《文心雕龙》首次在美国得到全译是1959年，书名为 *The Literary Mind and the Carving Dragons*（副标题 A Study of Thought and Pattern in Chinese Literature）译者是美国华人施友忠（1902—2001）。谈及翻译此书的目的和背景，施友忠交代原因之一是由于他自身对《文心雕龙》的深厚喜爱，另一个原因是施友忠注意到了《文心雕龙》在英语世界严重缺席。由于中英语言互译的困难，尤其是《文心雕龙》文本本身修辞、体裁的限制，全文书翻译是一项异常艰巨的任务，在此之前这部体大思精的文论作品没有任何一个全译本可供西方读者参考[①]。意识到作品的伟大性与它在西方世界翻译传播之间的断裂，施友忠力挑重担，开始了翻译全书的工作。该译本出版后在美国汉学界引起极大反响，许多西方汉学家如海陶玮（James R. Hightower）、戴维霍克斯（David Hawkes）等都就此书公开发表评论。可以说，施友忠的译本为《文心雕龙》在美国的传播开启了一个新纪元，他的翻译尝试让更多西方汉学家得以窥见刘勰其理论的精深奥妙，也让《文心雕龙》在美国重构经典身份真正成为可能。

若说施友忠的全译本正式撕开了《文心雕龙》进入英语文化环境的突破口，刘勰及其作品进入美国的中国文学史和中国文论叙述，则是它在美国重构身份的关键一环。20世纪60年代，出现了《中国文学史述》（*Chinese Literature: A Historical Introduction*，1961）和《中国文学史》（*A History of Chinese Literature*，1966）两部中国文学通史类著作，作者陈绶颐和赖明均是美国华人，他们都在对文学史的梳理中给予刘勰高度评价。以赖明的《中国文学史》为例，他用明白晓畅的语言向西方读者介绍中国文学发展历史，避免列举繁杂的古代作者名号和文学术语影响外国读者的接受，通过分时代、分体裁介绍的方式梳理出中国文学历史。若说施友忠的全译本为西方专业汉学家提供了重要参考，那赖明和陈绶颐的两部文学通史虽然都没有对刘勰和《文心雕龙》专章论述，仅为简单介绍，却是美国高校里中国文学专业的学生、喜爱中国文学的普通西方读者对中国文论的主要接受来源。1962年，刘若愚在英美两地出版了诗学讲解入门著作——《中国诗

---

① Vincent Yu-chung Shih. *The Literary Mind and the Carving of Dragons*. Hong Kong: The Chinese University Press, xi-xlix.

学》（*The Art of Chinese Poetry*），书中借刘勰的观点论及诗歌的本质问题，这标志着刘勰及《文心雕龙》顺利进入美国的中国文论教材。刘若愚在序言部分表达撰写此书的主要目的是因为当时已经有许多的中国诗歌被翻译成英语，也有不少用英语写作的诗人传记，但几乎没有用英语进行的中国诗学批评①，这就对那些有一定文学造诣、通过译本喜爱欣赏中国诗歌的读者造成困难，毕竟他们并非都是汉学家，英语还是他们的主要语言，不可能每位学者都能花大量精力钻研汉语。因此，用英语进行中国文学批评的尝试十分必要。

至此，《文心雕龙》进入美国华人编写的中国文学史和文论教材叙述语境，不仅侧面反映了其在美国汉学界的认可度，其中也饱含华人学者的良苦用心。这些著作的出版都试图弥补当时英语世界同类作品的缺口，目标读者主要是西方普通的中国文学爱好者和高校相关专业初学者，因此涉及《文心雕龙》的部分仅为普及性的介绍，没有铺天盖地的理论倾轧，而是抛砖引玉式的点到为止，这也对后来《文心雕龙》的传播起到了积极影响。

20 世纪 80 年代，刘若愚的学生邵耀成承袭老师中西对话的主动意识，以论文《刘勰：作为文学理论家、批评家、修辞学家》（Liu Hsieh As Literary Theorist，Critic，and Rhetorician）获得斯坦福大学博士学位。邵耀成是首位直接以刘勰为博士论文研究对象的美国华人学者。显而易见，学术论文是学生学习与研究成果的直接体现，也是高校学术动态的反映，随着邵耀成论文的成功，随后几十年间美国华人涉及或直接以《文心雕龙》为题的学术论文数量有了明显增长，各论文切入点不尽相同，或综论全书，或析其一隅，其中比较完整、层次较高且专门论述《文心雕龙》的还有普渡大学赵和平的《〈文心雕龙〉——中国早期的写作话语修辞》（“Wen Xin Diao Long”：An early Chinese Rhetoric of Written Discourse，1990）及俄亥俄州立大学李敏儒的《中国古典文学观：刘勰的“文心”理论》（A Classical Chinese Perspective towards Literature：Liu Xie's Theory of “WenXin”，1996）。这些华人学者的学位论文成果极大地巩固了《文心雕龙》在美国尤其是高校汉学界的地位，再次向西方学者证明了它的巨大价值。并且，能够成为独立的博士研究课题，足以证明此时美国的《文心雕龙》研究已经具备一

① Liu，James J. Y. *The art of Chinese poetry*. Chicago：University of Chicago Press，1966. 10.

定规模与深度，不再是一部知者寥寥的冷门著作，同时也暗示了美国高校对中国文论研究的学术风向。

二十一世纪后，美国华人持续推进《文心雕龙》向着专题性更强的方向发展。2001 年，英语世界中第一部《文心雕龙》研究专书《中国文心：〈文心雕龙〉中的文化、创造与修辞》（*Chinese Literary Mind: Culture, Creativity, and Rhetoric in Wenxin dialong*）在美国出版，书中收录的是 1997 年美国首个《文心雕龙》专题会议中的成果，该书的出版标志着《文心雕龙》在美国的研究由最初的普及性泛泛介绍向深入系统的专题性发展。

至此，《文心雕龙》在美国华人学者目的明确的推动下完成了其经典身份在异质文化语境中的重构。他们通过翻译行为还原文本内涵，以文学史及文论教材帮助西方读者进行史实性的认知和阐释性的理解，最后顺理成章地进入专题研讨。这一过程并非盲目的，美国华人学者都带有强烈的文化“主人翁”意识，不甘本文化中的优秀成果在世界文论中湮没，清醒主动地推进作品经典性的确证，并呈现出稳中有进、承中有变、渐次成型的发展轨迹，从根源上推动了中国古典文论的外传。

二、比较至建构的跨越

在美国《文心雕龙》研究漫长的历史进程中，随着中国文化的日益崛起、海外汉学的不断发展、《文心雕龙》乃至中国文论的经典性在世界文论范围内逐渐得到确证，美国华人在研究中所表现出的文论自信心、民族自豪感和文化主体意识逐渐增强，突出体现在他们经由理论比较研究深化至理论建构这一学术进展的动态过程。

中西文论既有各自的特殊性，也存在某种同质因子，因此比较研究是深入剖析两种诗学本质的根本方法。而这种积极主动的比较意识在美国华人《文心雕龙》的研究中十分突出。刘若愚的《中国文学理论》虽然是就整个中国文论进行论述，但书中对刘勰及《文心雕龙》的批评分析遍布各个章节，比较意识贯穿始终。在前言部分，刘若愚直接表达了著书的三个目的，首要目的也是最终的目的在于将蕴含了中国传统思想的文学理论与来自其他传统的理论进行比较。在比较对象上，刘若愚坚信理论维度的中西方比较会比实际的作品批评比较更有意义，因为文论的比较更具普适性，更能归纳出共有的和独有的文学特征，并且理论的比较反过来也能指导实际作品的比较研究。他将中国文学理论分为六种类型，其中形上论是《文心雕龙》的主导要素，与西方理论最具可比性，其中最可能蕴含着组成最终世界文学理论的因子，在文学最终导向“宇宙”的观念上，形上理论与西方模仿理论尤有相似之处。新柏拉图学派认为艺术模仿“理念”，这近似于中国的“道”，但西方理论中的“理念”是永恒且存在于超出物质世界的地方，具有超越的意味。而中国“道”似乎更接近大地，它普遍存在于万物之中，通过无意识的感应与有意识的修为自然而然地显现。除了形上理论，在每一章中刘若愚都细致考察具体文本中与西方文论的类似点，并与西方象征理论、表象理论等进行比较。比较只是作为理论批评的方法和手段，通过比较刘若愚试图达到的最终目的则是得到一个最终的普遍的文学理论。

若说刘若愚仍然是在文学的范畴内进行比较，他的学生邵耀成不仅承袭导师的比较意识，以西方现代批评理论进行考察，还向前一步，融入西方现代语言学、心理学的知识，让《文心雕龙》的中西比较带上了明显的跨文化、跨学科色彩。在博士论文《刘勰：作为文学理论家、批评家、修辞学家》（Liu Hsieh As Literary Theorist，Critic，and Rhetorician）的第二章，邵耀成将其与英国浪漫主义诗人柯勒律治（Coleridgean）的表现理论进行比较，试图展示两种理论间的相似以及背后不同的文学传统，并用莫瑞·克里格（Murray Krieger）和艾布拉姆斯（M. H. Abrams）的批评理论进一步解释。提及刘勰的“神思”观，论者还将它与普罗提诺美的概念、华兹华斯和柯勒律治的诗歌创造观念进行比较，认为他们都是根据作家的创造性活动来定义艺术作品，这种创作活动被认为是艺术家认识或想象事物的一种能力。邵耀成不仅对《文心雕龙》钻研至深，对西方现代文学批评也是信手拈来，整部论文不仅将刘勰与柯勒律治、华兹华斯、韦勒克等众多西方文学批评家进行比较，还涉及语言学和心理学的西方现代理论。可以说，论者的每一章节都是将《文心雕龙》置于西方理论的观照视角中，在中西互涉中进行诗学共通与差异处的比较。

西方汉学家对刘勰理论的研究带有天然的跨文化色彩，他们也同样以中西比较为切入点。如1990年皮特（Way，Peter B）论文《亚里士多德〈诗学〉和刘勰〈文心雕龙〉中的古典主义》（Classicism in Aristotle's Poetics and Liu Xie's Wenxin diaolong）建立在深入细读中西方两部经典文论的基础上，集中翻译并解读了《文心雕龙》中的12篇，译释结合，内容紧贴文本，翔实而不流于空泛。皮特与不少西方学者仅针对中西文论进行零星分散的浅表比较不同，他的比较贯穿论文始终，比较意识突出，并且在导论和结语中进行了更为集中的比较①。除了文学范畴内的比较，西方学者往往倾向于以更大的视野进行跨文化、跨学科的比较。较有代表性的成果为夏威夷大学学生惠特克（Hope Whitaker）的论文《比较宗炳的〈山水画序〉与刘勰〈文心雕龙〉》（A Comparison of Tsung Ping's *Preface on Landscape Painting* and Liu Hsieh's *Wen Hsin Tiao Lung*），这是首次在西方英语世界的论文标题中直接出现“文心雕龙”，惠特克详细考察了二人的生平、思想和历史文化背景，并将宗炳的绘画理论与刘勰的文学理论进行了跨文化、跨学科的比较，认为宗炳和刘勰具有共同的浪漫主义特质。②

不难看出，在中西贯通的比较研究上，美国华人与西方汉学家有极大的相似性，但他们最大的差异在于比较的终点。西方汉学家将《文心雕龙》当作观照自己文化的“客体”，比较的目的在于“理解他人，反观自身”。而美国华人没有止步于比较，正因为具有积极自觉的文化主体意识，因此他们有更大的雄心壮志和文化使命感，将比较作为理解的手段，最终目的在于通过比较，寻求中国文论话语建构的最大可能性。他们以《文心雕龙》为突破口，在跨文化的背景下借西释中、西学中用，开始尝试独立的理论建构。由理论比较至理论建构的跨越不仅意味着《文心雕龙》研究的深化，也是美国华人面对西方文学理论的冲击浪潮时，文化主体身份的充分觉醒以及对自身文论传统的反思与别样尝试。

刘若愚是第一位完整地进行中国文论建构尝试的美国华人，《文心雕龙》正是进入这个理论体系的“钥匙”。在《中国文学理论》中，他借鉴了艾伯拉姆斯《镜与灯》中的四要素帮助西方学者明晰暧昧的文论术语，并在此基础上构建一个全新的、适用于中国传统文学理论的概念框架，最终生发为六种文学理论类型。《文心雕龙》正是这个崭新体系的绝佳例证，因此对作品的分析分布在各个章节，所占篇幅相当之大。刘若愚认为，《文心雕龙》内容之广泛不仅包含了四要素模型中的所有艺术过程，还囊括了除决定论外的其他五种理论要素。刘勰在处理所有概念的过程中最突出的特征便是其“综合主义”——他不同于陆机在处理不同概念时是有选择的

---

① Way, Peter B. Classicism in Aristotle's Poetics and Liu Xie's *Wenxin diaolong*: [Ph. D]. Washington: Univerisity of Washington.

② Hope Whitaker. A Comparison of Tsung Ping's Preface on Landscape Painting and Liu Hsieh's *Wen Hsin Diao Lung*. Hawai: Univerisity of Hawai.

加以表现，刘勰有更突出的意图把互相矛盾的概念整合为一个系统的整体。在刘勰的综合体系中，各种概念并非混沌结合，而是都受形上概念的统领，也就是说，形上概念是整部《文心雕龙》中的主导要素。形上理论作为《中国文学理论》的起始篇章，也是所占篇幅最大的一章，因为刘若愚在其中窥见了中西理论可进行比较的节点，他甚至认为最终中国人对世界文学理论的贡献很有可能来自形上理论，而《文心雕龙》正是形上理论的集大成之作，也是借以沟通比较中西诗学的最佳选择。

《中国文学理论》不同于传统的理论参考书以时间发展史为内在线索，而是先立足于宏观将整个中国文论分类，一一剖析。他以韦勒克的三分说与艾布拉姆斯的四分法为原始骨骼，糅合中国文论具体实际，最终“结构出一个逻辑完备、转承优雅的有关中国文论的巨型体系”[①]，再将《文心雕龙》作为重要的史料参照置入这个预设的理论架构中。尽管许多学者认为刘若愚的做法割裂了中国文论的有机整体，但不可否认，刘若愚的尝试出于他的学术壮志，他希望通过搭建一个普适性的中国文论框架，将整个中国文论组成一个自洽的文论系统，最终推动中国文论真正走向世界学术视野，能够同等姿态与西方文论比较对话。因此，对时间跨度大、囊括范围广的零散的中国文论进行总体性的归纳，最终形成一个系统性的体系，无论是对西方学者进一步了解中国文论，还是对中国文论实际批评能以世界性的目光进行实践操作，都具有重要意义。

继刘若愚之后，二十世纪九十年代末，另一华人学者也对《文心雕龙》进行理论建构的尝试。李敏儒的博士论文《中国古典文学观：刘勰的“文心”理论》（A Classical Chinese Perspective towards Literature：Liu Xie's Theory of“WenXin”，1996）关注中国古代文学批评之“系统性”，思考零碎的文论观点背后是否有系统思维的支撑。李敏儒没有固执于以中国传统术语进行阐释，也不采用纯粹的西学架构生搬硬套，而是采用叶维廉的文化模子理论为框架，通过比较诗学的方法，将文本置于中国文化的语境中研究内在的系统性。在李敏儒看来，“文心”是刘勰文论体系的中心要义，统合了各个部分的论述，包含“天道之心”“圣人之心”“文人之心”，这三个维度符合叶维廉理论框架中的“宇宙”“社会”“审美”三个象限。他以此为突破口，大胆提出假设：刘勰之后中国文论缺乏系统性的原因不在于后

① 黄卓越：《海外汉学与中国文论》（英美卷），北京：北京师范大学出版社，2018年，第23页。

代文论家对此力不从心，而是有了刘勰所建立的文论体系范本后再如法炮制相当不必。若说刘若愚的建构尝试更多是将中国文学理论套进西方理论架构中，那李敏儒则更追求文本的原生语境。他主张以“文心”这个传统的中式概念作为统领要素，借鉴叶威廉的“模子”说，进行更中国化的建构尝试。

至此，美国华人《文心雕龙》的研究已经由最初单纯针对文本的“理论研究”，到借西释中的“理论诠释”，正式迈入西学中用的“理论建构”，这是美国华人《文心雕龙》研究中极具主动性与学术价值的实践转变。国内学者重在学科理论本身的研究，大体沿用传统国学之路，但他们视野受限，文化外传的紧迫感不强。西方学者长于文化领域内的研究，跨文化意味浓厚，但他们始终是中国文化的“他者”，不似华人学者有积极与世界文论对话交流的意图，有将中国文论推向世界文论舞台的强烈内驱力。面对西方文论的主导局面，西方学者对待中国文论始终只能以“旁观者”的身份对不同于他们本土文论体系的异质文论进行理性考察。如吉布斯（Donald Arthur Gibbs）的论文《〈文心雕龙〉中的文学理论》（Literary Theory in the *Wen-hsin Tiao-Lung*，1970），直接使用艾布拉姆斯的四要素分析中国古典文论①，刘若愚的《中国文学理论》便是直接受其影响。但吉布斯“以西释中”的跨文化阐释方法的尝试，目的在于运用西方固有的文学理论模型解释中国文论，让西方读者更容易理解《文心雕龙》，其中暗含着西方文化本位的潜意识。

可见，面对当今中国文论身份建构的难题与文化危机的困难局面，美国华人在跨文化的视野中对中国文论的主动性与参与性比西方学者更强，在学科领域构建汉语诗学的实践比国内学者视野更广、紧迫感更强，西学中用的尝试也更加行之有效。无论是刘若愚还是李敏儒，他们所建立的理论模式都有缺陷，或许真正的世界文学理论永远无法实现，但由“比较研究”至“理论建构”的发展，由“以西释中”至“西学中用”的跨越无疑意味着美国华人《文心雕龙》研究进程中自我意识、民族独立感与文化自信心的充分觉醒。

① Donald Arthur Gibbs. Literary Theory in The *Wen-Hsin Tiao-Lung*, San Francisco: University: University Microfilms, 1970.

三、结语

通过对美国华人《文心雕龙》研究的初步考察，不难发现这一群体在推动中国文论海外传播的进程中始终保持自觉的文化主体意识，积极为中国文论谋求出路与发展。经过近半个世纪的不懈努力，《文心雕龙》的经典意义已在美国乃至西方世界得到重塑，与兴起时期华人学者们在美国宣扬中国文论的迫切之心不同，这个阶段华人学者已经具备了足够的文化自信心与自豪感，首要任务是在发扬传承前代研究的基础上使《文心雕龙》获得崭新内涵。他们不再满足于借助西方话语阐释中国文论，而是倾向于独立建构一套文论体系，将文本置于中国文化的传统语境中，借助比较诗学的视角，保留文本的原生语境。他们的尝试和努力不仅激发了中西方文学对话的无限潜力，也让《文心雕龙》研究与中西比较诗学迈向了一个值得期待的新纪元。

（作者单位：广东科贸职业学院；广东外语外贸大学）

论《文心雕龙》的三大版本[①]

戚良德

摘　要：《文心雕龙》写成于公元六世纪初，我们今天能看到的最早文本则是“八世纪中叶盛唐时期中原的写本”，甚至还要晚一点。虽然这个唐写本仅存十三篇，却具有无可替代的校勘学上的意义。更重要的是，它从一个侧面向我们展示了《文心雕龙》一书在唐代的流传情况，并意味着刘勰的著书理想初步得以实现——如若不是《文心雕龙》有着指导文章写作的切实意义，何来奋力手抄，又何能传至敦煌这一“僻处西域”的“昆戎之乡”?《文心雕龙》在两宋时期的传播，一方面流传渐广，另一方面完整的《文心雕龙》版本却又无一留存，令人颇感困惑，宋本《太平御览》引《文心雕龙》的传世，让我们略窥唐代以后《文心雕龙》版本的流传情况，这又是非常幸运的。元代《文心雕龙》至正刻本的诞生，则结束了《文心雕龙》问世八百五十多年来尚无完整文本传世的历史，从而成为古典“龙学”史上一个划时代的事件。《文心雕龙》之唐、宋、元三大版本之间有着较为复杂的承继关系，它们均为孤本，却又难说一线单传，并无明确的前后延续关系。

关键词：《文心雕龙》；唐写本；宋御览本；元至正本

一、唐写本《文心雕龙》

1907 年，原籍匈牙利的英国探险家斯坦因（Marc Aurel Stein 1862—

---

① 基金项目：国家社科基金重大项目“《文心雕龙》汇释及百年‘龙学’学案”（批准号：17ZDA253）。

1943）从中国敦煌莫高窟的藏经洞盗走了大批极为珍贵的文物古籍，其中有一部残缺不全的唐写本《文心雕龙》，后为英国伦敦大英博物馆收藏，现藏于大英图书馆（亦称英国国家图书馆），编号S.5478。据潘重规先生描述："原本蝴蝶装小册子，共廿二叶，四界，乌丝栏。每半叶十行或十一行，行廿二、廿三字不等。"[①] 日本学者池田温则说："就是写在用两层上等质地的薄麻纸粘贴在一起制作成的粘叶装册子上的珍贵写本。"[②] 该本系用行草（或谓行书、草书）抄写，字体娟秀俊逸，确如饶宗颐先生所说："虽无钩锁连环之奇，而有风行雨散之致，可与日本皇室所藏相传为贺知章草书《孝经》相媲美。"[③] 这部残卷自《原道》篇"赞"语的最后几句话，即"……体，龟书呈貌；天文斯观，民胥以效"开始，至"谐讔第十五"这一篇名为止，完整的内容实际上只有十三篇，即《征圣》《宗经》《正纬》《辨骚》《明诗》《乐府》《铨赋》《颂赞》《祝盟》《铭箴》《诔碑》《哀吊》《杂文》。从篇数而言，其为《文心雕龙》原书的四分之一略强；从篇幅而言，则仅有九千余字（《文心雕龙》篇幅较长的篇章为《史传》《书记》《时序》《才略》四篇，均不在其中），尚不足原书的四分之一。

唐写本《文心雕龙》具体抄于何时呢？日本学者铃木虎雄以为"盖系唐末钞本"[④]，赵万里先生则指出："卷中渊字、世字、民字，均阙笔，笔势遒劲，盖出中唐学士大夫所书，西陲所出古卷轴，未能或之先也。"[⑤] 杨明照先生亦说："字作草体，卷中渊字、世字、民字，均阙笔。由铭箴篇张昶误为张旭推之，当出玄宗以后人手。"[⑥] 林其锬先生认为："此卷书写时间至迟不会晚于开、天之世，也有很大可能出于初唐人之手。"[⑦] 张涌泉先生则谓："该卷的抄写时间当在睿宗朝或睿宗朝以后。而从卷中'隆''豫''恒'等字不缺避而'旦'字及'旦'旁严格缺避的情况来看，尤

---

① 潘重规：《唐写文心雕龙残本合校》，香港：新亚研究所，1970年，第1页。

② ［日］池田温著，张铭心、郝轶君译：《敦煌文书的世界》，北京：中华书局，2007年，第39页。

③ 饶宗颐：《敦煌写卷之书法》，《饶宗颐二十世纪学术文集》第十八册，台北：新文丰出版股份有限公司，2003年，第38页。

④ ［日］铃木虎雄：《黄叔琳本文心雕龙校勘记》，《支那学研究》第一编，东京：斯文会，1929年，第161页。

⑤ 赵万里：《唐写本文心雕龙残卷校记》，《清华学报》1926年第二卷第一号。

⑥ 杨明照校注拾遗：《文心雕龙校注》，北京：中华书局，1961年，第440页。

⑦ 林其锬：《〈文心雕龙〉主要版本源流考略》，林其锬、陈凤金集校：《增订文心雕龙集校合编》，上海：华东师范大学出版社，2011年，第864页。

以睿宗朝抄写的可能性为大。”[①] 日本池田温说：“赵万里认为这个册子是中唐的，而范文澜认为这是晚唐写本，我认为这恐怕是8世纪中叶盛唐时期中原的写本。”[②] 近年来，李明高先生通过多个角度的研究指出：“综合上述诸多因素而论，敦煌本《文心雕龙》的抄写时间应为中唐，上限为玄宗开元时期，下限很可能在代宗李豫朝。”[③]

居今而言，在《文心雕龙》的传播、接受和研究史上，这不到原书四分之一篇幅的唐写本《文心雕龙》具有无与伦比的重要意义，那就是它是我们现在能看到的最早的《文心雕龙》文本，它使我们看到了《文心雕龙》之最接近刘勰原著的面目。正因如此，其于《文心雕龙》版本校勘的意义，亦堪称第一可靠之本，正如赵万里先生所说：“据以迻校嘉靖本，其胜处殆不可胜数，又与《太平御览》所引，及黄注本所改辄合，而黄本妄订臆改之处，亦得据以取正，彦和一书传诵于人世者殆遍，然未有如此卷之完善者也。”[④] 杨明照先生亦谓：“原本既不可见，景片亦未入观，爰就沈兼士先生所藏晒蓝本迻录，比对诸本，胜处颇多。吉光片羽，确属可珍。”[⑤] 今天我们虽仍难得一窥原本，但较为清晰的影本已可见到，其“胜处”也就不只“吉光片羽”了。兹略举数例，以见一斑。

一是《征圣》：“虽欲訾圣，不可得也。”[⑥] 这里的“不”，通行本作“弗”，唐写本作“不”。这里的“也”，通行本作“已”，唐写本作“也”。显然，这两个字改与不改，均不影响文义，所以后来的各种《文心雕龙》读本一般就作“弗可得已”。杨明照先生曾提出“‘已’，亦当从唐写本作‘也’”，并举《议对》篇“虽欲求文，弗可得也”[⑦] 之句，认为“句法与此同，可证”。[⑧] 实际上，“弗”也应从唐写本作“不”，不能因为“弗”字更近文言便予以保留。《诏策》篇有：“卫觊禅诰，符采炳耀：不可加

---

① 张涌泉：《敦煌本〈文心雕龙〉抄写时间辨考》，《文学遗产》1997年第1期。

② ［日］池田温著，张铭心、郝轶君译：《敦煌文书的世界》，第39页。

③ 李明高：《敦煌本〈文心雕龙〉抄写时间考论》，《文心雕龙研究》第十一辑，北京：学苑出版社，2015年，第287页。

④ 赵万里：《唐写本文心雕龙残卷校记》。

⑤ 杨明照校注拾遗：《文心雕龙校注》，第440页。

⑥ ［梁］刘勰：《文心雕龙·征圣》，戚良德辑校：《文心雕龙》，上海：上海古籍出版社，2015年，第10页。

⑦ ［梁］刘勰：《文心雕龙·议对》，戚良德辑校：《文心雕龙》，第154页。

⑧ 杨明照校注拾遗：《增订文心雕龙校注》，第24页。

也。”[①] 这个“不”，通行本亦作“弗”，而宋本《太平御览》则引作“不”。这里的“也”，通行本亦作“已”，而宋本《太平御览》则引作“也”。可见宋本《太平御览》所引正与唐写本符合，则证“不可……也”很可能原本是刘勰的用语习惯，且其渊源有自。检《论语》一书，发现“不可……也”实在是孔夫子师徒喜用的句式，如《公冶长》：“子曰：朽木不可雕也，粪土之墙不可杇也。”[②]《雍也》：“子曰：何为其然也？君子可逝也，不可陷也；可欺也，不可罔也。”[③]《子罕》：“子曰：三军可夺帅也，匹夫不可夺志也。”[④]《子路》：“子曰：居处恭，执事敬，与人忠。虽之夷狄，不可弃也。”[⑤]《微子》：“子路曰：不仕无义。长幼之节，不可废也。”[⑥]《子张》：“子贡曰：无以为也，仲尼不可毁也。”[⑦] 如此等等，则刘勰习用这个句式，似乎就更是必然的了。若准此论，则可作为其他无唐写本之篇章的校勘依据。如上述《议对》“虽欲求文，弗可得也”之句，这个“弗可”，很可能原本作“不可”。

二是《宗经》：“《春秋》辨理，一字见义：五石六鹝，以详略成文；雉门两观，以先后显旨。”[⑧]《春秋·僖公十六年》云：“十有六年春，王正月戊申朔，陨石于宋五。是月，六鹢退飞，过宋都。”[⑨] 刘勰所谓“五石六鹝”，即为此事。惟“鹝”字，通行本作“鹢”，但唐写本和宋本《太平御览》均作“鹝”。那么，一定要从唐写本改为“鹝”吗？范文澜先生曾引臧琳《经义杂记》云：“《说文》鸟部：‘鹝，鸟也，从鸟儿声。’按：《春秋》僖十六年‘六鹢退飞’……三传本皆作‘鹝’，与《说文》同。……盖唐时《左传》已有作‘鹢’者，故后人据以易二传也。”[⑩] 从唐写本看，刘勰引文多用古本，故此处“六鹝”，当从唐写本和宋本《太平御览》所引，不作“六鹢”。这里的“以详略成文”之“略”，宋本《太平御览》引为“备”，诸家皆据以释义，以为刘勰所谓“详略”当作“详备”，方与

① [梁]刘勰:《文心雕龙·诏策》,戚良德辑校:《文心雕龙》,第127页。
② 杨伯峻译注:《论语译注》,北京:中华书局,1980年,第45页。
③ 杨伯峻译注:《论语译注》,第63页。
④ 杨伯峻译注:《论语译注》,第95页。
⑤ 杨伯峻译注:《论语译注》,第140页。
⑥ 杨伯峻译注:《论语译注》,第196页。
⑦ 杨伯峻译注:《论语译注》,第205页。
⑧ [梁]刘勰:《文心雕龙·宗经》,戚良德辑校:《文心雕龙》,第13页。
⑨ 杨伯峻编著:《春秋左传注》(修订本),北京:中华书局,1990年,第368页。
⑩ 范文澜注:《文心雕龙注》,北京:人民文学出版社,1958年,第28页。

所谓“五石六鶂”之说相符合。然而，唐写本作“略”，难道错了吗？“详略”是否真的解释不通呢？其实，“以详略成文”，与下面的“以先后显旨”正相呼应；若改成“以详备成文”，则“详备”与“先后”便了不成对了，刘勰断不会如此作文的。《春秋·僖公十六年》关于“五石”的记载，具体到了正月初一（朔），是为“详”；而关于“六鹢”的记载，则只说到月份，是为“略”。这便是刘勰所谓“以详略成文”了。

三是《乐府》：“‘好乐无荒’，晋风所以称美。”① 这里的“好乐无荒”一语，出自《诗·唐风·蟋蟀》。这个“美”字，通行本作“远”，但唐写本作“美”。诸家《文心雕龙》校本及读本亦皆作“远”而不取唐写本之“美”。何以如此呢？盖以《左传·襄公二十九年》所载吴公子季札观周乐为据。当季札听到《唐风》时说：“思深哉！其有陶唐氏之遗民乎？不然，何忧之远也？”② 陶唐氏，即唐尧，其后裔建立唐国，周成王时改为晋国，所以刘勰称“唐风”为“晋风”。既然这里有“何忧之远”之说，当然也就是“晋风所以称远”了，似乎证据确凿。但“远”与“美”二字不同，唐写本何以抄成“美”字？其实，根据还在《左传》的这段话，只要我们继续往下看，“何忧之远也”一句的后面，紧接着还有两句话：“非令德之后，谁能若是？”③ 这才是吴公子季札这段话的中心所在。“令德”者，美德也。所以，还是唐写本更符合刘勰之本义。所谓“称美”，乃是称赞其美德之意，较之“忧远”之“远”，实在是更为合适而贴切的。

四是《铨赋》：“序以建言，首引情本；乱以理篇，写送文势。”④ 首先是“铨赋”之“铨”，后世流行的《文心雕龙》读本皆写作“诠赋”，但唐写本实作“铨”，只是诸家均失校。王利器先生于“诠赋”篇名校曰：“王惟俭本‘诠’作‘铨’。”⑤ 没有提到唐写本。詹锳先生则指出：“‘诠赋’就是对赋体及其流变的解说。‘诠’字，弘治本，张之象本、王惟俭本作‘铨’，具有铨衡评论的意思。按以‘诠’字为长。”⑥ 也没有提到唐写本。林其锬、陈凤金先生的《敦煌遗书文心雕龙残卷集校》和《增订文

---

① ［梁］刘勰:《文心雕龙·乐府》,戚良德辑校:《文心雕龙》,第 42 页。
② 杨伯峻编著:《春秋左传注》(修订本),第 1163 页。
③ 杨伯峻编著:《春秋左传注》(修订本),第 1163 页。
④ ［梁］刘勰:《文心雕龙·铨赋》,戚良德辑校:《文心雕龙》,第 49 页。
⑤ 王利器校笺:《文心雕龙校证》,上海:上海古籍出版社,1980 年,第 51 页。
⑥ 詹锳义证:《文心雕龙义证》,上海:上海古籍出版社,1989 年,第 270 页。

心雕龙集校合编》均作“诠赋”，是以唐写本作“诠赋”。按以前国内所见唐写本残卷照片的“铨赋第八”确有漫漶之处，但“铨赋”二字还是可辨的；至若《增订文心雕龙集校合编》所载经过处理的唐写影本，更是非常清晰了。“铨”乃衡量鉴别、解说评论之意，正好符合“铨赋”的题旨，因此，历来所谓“诠赋”，当据唐写本作“铨赋”。其次是“写送文势”一语，通行本作“迭致文契”，唐写本和宋本《太平御览》均作“写送文势”，对此，诸家校勘均予肯定，这是完全正确的。“迭致文契”一语不知所云，幸赖唐写本及御览存真证伪，令人欣喜。这里的“写”，乃是“尽”“竭”之意，刘勰用以指文章之结束；这里的“送”，则是“终了”“完成”之意。因而这里的“写”和“送”是两个词，与前面的“首”和“引”相对。所谓“首引情本”，意谓开篇说明创作之缘起；所谓“写送文势”，是说结语完成文章之气势。

五是《颂赞》：“及三闾《橘颂》，辞彩芬芳；比类寓意，乃覃及乎细物矣。”[①] 这里的“辞彩芬芳”一语，各种《文心雕龙》读本无一例外地写作“情采芬芳”，且这句话经常被引用，因为其关乎刘勰的基本文学观念，《序志》有“剖情析采”之称，创作论有“情采”之论，这个“情采芬芳”一语可以说从来没有被怀疑过。但唐写本何以写作“辞彩”？难道两个字都抄错了吗？其实，从这几句话来看，刘勰先言文辞，后说语义，上句说“辞彩芬芳”，下句言“比类寓意”，前后相对，符合刘勰一贯的骈文论说风格；如果改成“情采芬芳”，则与下文的“比类寓意”了不成对了。熟读《文心雕龙》的清人刘熙载亦谓“《橘颂》品藻精至”[②]，其理解与刘勰所论完全一致，所以这句里面的“情”字是断不可有的。至于“采”还是“彩”，于文义关系并不大，但从《原道》之“郁然有彩”，《明诗》之“比彩而推”，《铨赋》之“铺彩摛文”，《情采》之“缛彩名矣”等看，这里作“辞彩”更为符合刘勰的用语习惯。诚然，“辞采”之语，在《文心雕龙》之“下篇”有三见，一为《镕裁》之“辞采苦杂”，一为《附会》之“辞采为肌肤”，一为《时序》之“辞采九变”，但恰恰“下篇”没有类似唐写本的根据，也就不足以证明那是否是刘勰的用语习惯了。

---

① ［梁］刘勰:《文心雕龙·颂赞》,戚良德辑校:《文心雕龙》,第56页。
② ［清］刘熙载撰,袁津琥校注:《艺概注稿》,北京:中华书局,2009年,第424页。

六是《哀吊》："腹突鬼门，怪而不辞。"① 这里的"腹突鬼门"一语，当为刘勰所引崔瑗哀辞中的一句话，但崔瑗之文今已不存。这个"腹"字，通行本作"履"，然"履突鬼门"颇为难解。王利器《文心雕龙校证》谓："唐写本、《御览》'履'作'復'。"② 但"复突鬼门"亦不知何意，所以迄今为止的各种《文心雕龙》读本就仍作"履突鬼门"。林其锬、陈凤金《文心雕龙集校合编》从王利器之说，认为唐写本实作"復"字，但又指出"《御览》实作'腹'"③；只是两位先生的新校本仍为"履突鬼门"④，并未改"履"为"复"或"腹"，盖以两本不合而无所适从。查宋本《太平御览》所引，确作"腹"字，因而林、陈说为是而王说为非；同时，经过对唐写本照片的反复辨认，认定其实为"腹"字无疑。可见《太平御览》所引与唐写本原本是一致的，此句当作"腹突鬼门"。林、陈两位先生在《增订文心雕龙集校合编》中，已吸收笔者的看法，以唐写本为"腹突鬼门"。⑤

由于唐写本《文心雕龙》残卷之抄写字体近于草书，因而给整理、校勘带来了极大的困难，加之流传国内的影本大多"字迹漫漶，殊难审理，以致过去校勘者，文字互异，歧义叠出"⑥。正如潘重规先生所说："辨别是非，考校文字，要必以卷子底本为依归，今诸家各执一词，或相非难，皆云同据唐本，而乃文字互异，读者未见原卷，自难判断是非。"⑦ 自民国以来，就校勘唐写本《文心雕龙》残卷而言，成就最大者首推赵万里的《唐写本文心雕龙残卷校记》，共出校 343 条。但是，赵先生乃以嘉靖本作为底本，而以唐写本《文心雕龙》残卷作为对校本，这就使唐写本成了校勘资料，"据以迻校嘉靖本"了⑧。其后有潘重规先生的《唐写文心雕龙残本合校》，"其书与今本《文心雕龙》相校，共得五百七十六余（条），实为历来以唐写本校俗本所得最多者。书中于唐写本之是非得失，亦颇多参

---

① ［梁］刘勰：《文心雕龙·哀吊》，戚良德辑校：《文心雕龙》，第 81 页。

② 王利器校笺：《文心雕龙校证》，第 92 页。

③ 林其锬、陈凤金集校：《文心雕龙集校合编》，台南：台湾暨南出版社，2002 年，第 149 页。

④ 林其锬、陈凤金：《新校白文〈文心雕龙〉》，张光年：《骈体语译文心雕龙》，上海：上海书店出版社，2001 年，第 128 页。

⑤ 林其锬、陈凤金集校：《增订文心雕龙集校合编》，第 179、630 页。

⑥ 王元化：《王元化序》，林其锬、陈凤金集校：《增订文心雕龙集校合编》，第 1 页。

⑦ 潘重规：《唐写文心雕龙残本合校》，第 3—4 页。

⑧ 赵万里：《唐写本文心雕龙残卷校记》。

考赵万里、杨明照之研究成果”①。1991 年 10 月，林其锬、陈凤金先生推出《敦煌遗书文心雕龙残卷集校》，由于他们选用的底本更为清晰，因而其校勘弥补和纠正了此前学者因版本造成的失察或漏校。如《杂文》篇“然讽一观百”之“观”字，其他版本如黄注本、《太平御览》本、《文心雕龙训故》本、元至正本皆作“劝”字，赵万里、潘重规、杨明照等亦皆未能校出，而林其锬、陈凤金先生校曰：“至正本‘一’作‘以’；‘观’作‘劝’。《御览》《训故》、黄本作‘一’同；‘观’作‘劝’。……按：唐写本实作‘观’，不作‘劝’，乃形近而误耳。”② 类似情况，所在多有。林、陈两位先生的“集校”共出校记 635 条，比潘重规先生所校多出 68 条，每条所用的资料也多于潘先生。据此以论，迄今为止，真正对唐写本《文心雕龙》残卷予以校勘者，前为潘重规先生，后乃林其锬、陈凤金先生。林、陈两位先生对敦煌遗书《文心雕龙》残卷的校勘和整理，继承前人的校勘成果，并不断补充和完善，可以说是校勘敦煌唐写本《文心雕龙》残卷用力最勤、资料最全的一个校本；其所载影本，还将原微缩影片加以处理，去垢除瘢，印刷精美，清晰可辨，其嘉惠“龙学”，亦可谓功德无量了。这不仅对《文心雕龙》文本的整理而言，具有重要意义，同时也为我们深入研究和理解唐写本，从而对整个《文心雕龙》的研究都具有深远的意义。

除了上述无可替代的校勘学上的重要意义之外，唐写本《文心雕龙》还具有两方面的重要历史意义：第一，它从一个侧面向我们展示了《文心雕龙》一书在唐代的流传情况。唐代著名史学家刘知几说：“敦煌僻处西域，昆戎之乡也。求诸人物，自古阙载。盖由地居下国，路绝上京，史官注记，所不能及也。”③ 然而，《文心雕龙》的手抄本恰恰传到了这样的僻壤远方，岂非耐人寻味？王更生先生说：“从文化交流上看：‘龙学’在隋唐，不仅受到国内学术界的注意，同时它更远离中土，在西域敦煌落地生根，在东方日本大放异彩。如果以今臆古，则刘勰《文心雕龙》早已跨出国门，走向世界。这不仅是刘勰个人的荣耀，也为中国文学理论，树立了

① 张少康、汪春泓、陈允锋、陶礼天：《文心雕龙研究史》，北京：北京大学出版社，2001 年，第 266—267 页。

② 林其锬、陈凤金集校：《增订文心雕龙集校合编》，第 191 页。

③ ［唐］刘知几：《史通 · 杂说下》，［清］浦起龙释：《史通通释》，上海：上海古籍出版社，1978 年，第 520—521 页。

一块历史的丰碑。”① 从而，第二，它意味着刘勰的著书理想初步得以实现，那就是：“按辔文雅之场，环络藻绘之府，亦几乎备矣。”② 可以想见，如若不是《文心雕龙》有着指导文章写作的切实意义，何来奋力手抄，又何能传至“僻处”？正如王更生先生所说：“‘龙学’在隋唐，从唐写敦煌遗书残卷蠡测，它不一定是家喻户晓，但必因知识分子的熟知而广为传习着。”③ 上引初唐诗人卢照邻所谓“异议蜂起，高谈不息”④ 者，正说明《文心雕龙》流传一时之盛况，手持这部书而驰骋文坛之梦想，在其问世之后的两百年已然实现。

同时，唐写本也给我们留下了好多难解之谜。比如，这个唐写本是《文心雕龙》全本吗？如上所述，我们目前看到的唐写本，完整的内容实际上只有从《征圣》至《杂文》的十三篇。既然已经见到了《原道》篇的最后几句，那么应该可以肯定此篇是抄完了的，除此之外，我们需要谨慎询问的一个重要问题是：这位抄写者只抄到《谐讔》篇的篇名为止呢，还是抄完了《文心雕龙》全书？显然，其中还存在着其他各种可能性，已然无从猜测。但事实是，目前已发现的存世的唐写本乃是《文心雕龙》“上篇”的前一半；换言之，被保存下来的《文心雕龙》抄本的主体是“论文叙笔”的“论文”部分。无论是否原抄写者只抄了这一部分，还是只有这一部分被完好地保存了下来，都说明这部分内容可能是非常重要的，是值得珍视的。日本学者甲斐胜二先生认为：“面临‘去圣久远，文体解散’的情况，刘勰将真正的‘文体’安排在上篇‘纲领’。对写作文章的人来说，也应该重视上篇，因为他们在实际书写文章的时候，最具有参考性的就是分析具体作品的文体论部分。”因而他在这段话的注释中说：“有意思的是，敦煌文书中，只发现文体论部分，这好似说明当时文章家对上篇的重视。”⑤ 这的确是一个有趣的问题，也是一个很难解开的谜。再如，唐写本的抄写者所用的底本是哪一个？当然，无论是哪一个，我们今天都见不到

---

① 王更生：《隋唐时期的“龙学”》，《文心雕龙研究》第一辑，北京：北京大学出版社，1995 年，第 25 页。

② ［梁］刘勰：《文心雕龙·序志》，戚良德辑校：《文心雕龙》，第 287 页。

③ 王更生：《隋唐时期的“龙学”》，《文心雕龙研究》第一辑，第 16 页。

④ ［唐］卢照邻：《南阳公集序》，李云逸校注：《卢照邻集校注》，北京：中华书局，1998 年，第 317 页。

⑤ ［日］甲斐胜二：《关于〈文心雕龙〉文体论的问题——〈文心雕龙〉的基本特征余论》，戚良德主编：《儒学视野中的〈文心雕龙〉》，上海：上海古籍出版社，2014 年，第 580 页。

了，至少还没有见到，但这个问题却不仅仅令人好奇，更重要的是，就目前我们所能看到的各种《文心雕龙》版本而言，仅有十三篇内容的唐写本显然具有无与伦比的准确性，而它只是一个抄本而已，这只能说明抄写者所依靠的版本是极为可靠的，然则，它何以没有被保存下来？进而，第三个重要的谜就是，后来的《文心雕龙》版本，比如宋代《太平御览》所引《文心雕龙》以及元至正本《文心雕龙》，其所依赖的底本又是哪个呢？

二、宋御览本《文心雕龙》

《文心雕龙》在两宋时期的传播，一方面流传渐广，另一方面完整的《文心雕龙》版本却又无一留存，这是一件令人颇感困惑的事情。南宋学者周煇在其《清波杂志》中曾记载北宋文人宋祁有这样一段话：

> 沈隐侯曰："古儒士为文章，当从三易：易见事，一也；易识事，二也；易读诵，三也。"邢子才曰："沈侯文章，用事不使人觉，若胸臆语。"深以此服之。杜工部作诗，类多故实，不似用事者，是皆得作者之奥。樊宗师为文奥涩不可读，亦自名家。才不逮宗师者，固不可效其体。刘勰《文心雕龙》论之至矣。①

其中沈约与邢子才之论，均见于《颜氏家训·文章》篇，文字略有出入。关于这条资料的来源，周煇有云："向传《景文笔录》，复得一编名《摘粹》，四十八事，如辨碑刻及字音三四条，皆互出，前所论文见于《摘粹》。"② 杨明照先生则谓其出于《宋景文杂志》③，然现存宋祁《宋景文公笔记》《宋景文杂说》均不见此条记载。这里的"《文心雕龙》论之至矣"，自然是说刘勰在《事类》篇的有关论述，所谓"用事不使人觉""不似用事者"等说法，确与刘勰"用人若已"④ 之论完全一致。作为北宋著名文人，宋祁的这一态度显示，其于刘勰及其《文心雕龙》，一是非常熟悉，二

---

① ［宋］周煇撰、刘永翔校注：《清波杂志校注》，北京：中华书局，1994 年，第 428 页。

② ［宋］周煇撰、刘永翔校注：《清波杂志校注》，第 428 页。按：此条资料，亦见于南宋张镃《仕学规范》卷三十二，谓"出宋文景公杂志"（"文景公"当为"景文公"之误，景文为宋祁谥号），"易识事"作"易识字"；又见于元代王构《修辞鉴衡》卷二，不载出处，"易识事"作"易见字"。

③ 杨明照校注拾遗：《文心雕龙校注拾遗》，第 434 页。

④ ［梁］刘勰：《文心雕龙·事类》，戚良德辑校：《文心雕龙》，第 222 页。

是极为肯定。这或许可以说明，《文心雕龙》在宋代，确乎作为一部文论名著在流传。如汪春泓先生曾指出，宋人陈应行所编《吟窗杂录》中，“连续征引《文心雕龙》创作论及文学评论篇什中的文字，说明《文心雕龙》创作论作为一个自足的体系，全方位地为宋代诗歌创作提供理论滋养，而时人对这一体系的接受，也逐渐习惯于整体领会，而非截取片段，甚或断章取义。”① 特别是南宋著名学者王应麟，“对于《文心雕龙》十分倾心，他所编纂的《玉海》较多引用《文心雕龙》，尤其他所著《困学纪闻》颇以《文心雕龙》为谈助，足见在两宋学者中，王氏是与《文心雕龙》因缘最深者之一”。汪先生还指出：“王应麟几乎将《文心雕龙》视作学术圣典，在其整个学术活动中，他将《文心雕龙》学贯穿于其治学的所有领域，此种倍加尊重的态度，也反映出《文心雕龙》在博通四部的一流学者心目中的分量。”② 可见，《文心雕龙》在两宋时期的影响，在一定范围内已然相当深刻。

正如林其锬、陈凤金先生所指出：“有宋一代，随着印刷术的发明与进步、文化事业的发达，《文心雕龙》也从写本到刊本，传播范围是更加广泛了。从今存史料可以见到：宋人于《文心雕龙》著录者八，品评者七，采摭者十二，引证者十一，考订者三。其中不仅如李昉等人的《太平御览》、潘自牧的《记纂渊海》、王应麟的《玉海》等类书有大量采摭，而且还有‘辛处信注《文心雕龙》十卷’（见《宋史·艺文志》《通志·艺文略》《宋四库缺书目》）的记载。令人感到遗憾的是：在流传下来的三千多部二千多版种的宋椠书籍中，宋版单刻本《文心雕龙》竟一部也没有。而采摭数量较大的前述几部类书，只有宋椠《太平御览》尚存，从中可窥见宋时流传的《文心雕龙》之一斑。”③ 宋本《太平御览》引《文心雕龙》的传世，让我们略窥唐代以后《文心雕龙》版本的流传情况，也稍稍弥补了“辛处信注《文心雕龙》十卷”④ 失传之遗憾，这确乎是非常幸运的事情。

据林、陈两位先生的统计，宋本《太平御览》中采摭的《文心雕龙》篇目，上篇涉及《原道》《宗经》《明诗》《铨赋》《颂赞》《铭箴》《诔碑》《哀吊》《杂文》《史传》《论说》《诏策》《檄移》《章表》《奏启》

---

① 汪春泓：《文心雕龙的传播和影响》，北京：学苑出版社，2006 年，第 214 页。

② 汪春泓：《文心雕龙的传播和影响》，第 219、225 页。

③ 林其锬、陈凤金集校：《增订文心雕龙集校合编》，“前言”，第 12 页。

④ ［元］脱脱等：《宋史》卷二百九，北京：中华书局，2011 年，第 5408 页。

《议对》《书记》等十七篇，下篇涉及《神思》《风骨》《定势》《事类》《指瑕》《附会》等六篇，合为二十三篇；采摭内容为上述各篇的大部或部分，共计四十三则，总字数达九千八百六十八字。从采摭篇目来看，所涉篇章占《文心雕龙》五十篇的百分之四十六；从采摭内容而言，则超过《文心雕龙》全书总字数的百分之二十六，比唐写本《文心雕龙》残卷的字数还多出一千多字。其中采摭最多的是《明诗》《铨赋》《颂赞》《铭箴》《诔碑》《哀吊》《史传》《诏策》《檄移》《章表》《奏启》等十一篇，几近全文引录；采摭较多的则是《原道》《杂文》《论说》《议对》《书记》等五篇，也引录了大部分内容。[①] 毫无疑问，这样的规模已经不同于一般的征引，而具有了等同于唐写本《文心雕龙》残卷的意义；尤其是在宋本《文心雕龙》无一流传的情况下，其弥足珍贵是显然可见的，正因如此，我们可将宋本《太平御览》所引《文心雕龙》称之为宋御览本，以示其在《文心雕龙》版本学上之独特的价值和意义。

从上述宋本《太平御览》对《文心雕龙》采摭的具体情况来看，一个引人注目的现象，是对《文心雕龙》上篇的重视，尤其是对“论文叙笔”之文体论部分的重视。可以看出，除《乐府》《祝盟》《谐讔》《诸子》《封禅》五篇之外，文体论的其余十五篇不仅被全部采摭，而且几近全文引录或大部引录者，也正是这十五篇。与之形成鲜明对照的是，《文心雕龙》下篇的二十五篇，不仅采摭篇目只有六篇，而且其引录内容也明显偏少，其中《神思》篇引录两段，《风骨》《定势》《事类》《指瑕》各篇分别引录一段，《附会》篇引录三段，这六篇引录总字数仅有六百余字，虽未可忽略不计，但与文体论之引录情况相比，显然是不成比例的。这不能不再次引起我们的思考。

如前所述，唐写本残卷正是《文心雕龙》“上篇”的前一半，主体则是“论文叙笔”的“论文”部分。因此，无论是否原抄写者只抄了这一部分，还是恰好只有这一部分被保存了下来，都说明这部分内容可能有其特殊的重要意义。但那只是一个残卷，我们毕竟不能肯定原本是否只有文体论。然而宋本《太平御览》对《文心雕龙》的引用则不同了，其明确无误的信息再次证明了文体论的被看重，因而不仅确证了上述对唐写本的判断，而且更进一步说明，在一个相当长的历史时期之内，《文心雕龙》最受重视

① 参见林其锬、陈凤金集校：《增订文心雕龙集校合编》，“前言”，第 13 页。

的部分是“论文叙笔”的文体论，而不是“剖情析采”的创作论。换言之，自《神思》篇开始的创作论之受到研究者的重视或偏爱，可能是近现代“龙学”的突出特点了。

一个值得研究的问题是，宋御览本《文心雕龙》与唐写本是什么关系呢？或者说，能否认定唐写本便是宋御览本的母本呢？看起来，这两个版本一为唐本，一为宋本，且皆具有单一性，其作为前后相沿的版本，恰好构成《文心雕龙》版本史的完整系列，似乎是顺理成章的。但也正因其传世的单一性，欲确证为同一个版本系列，反而是并不容易的，加之它们均为残本，因而两者之间到底是什么关系或者有没有关系，实在是难以遽为定论的。我们且以《明诗》篇为例，具体看一下两个版本的异同。

唐写本《明诗》曰：“三百之蔽，义归无邪，持之为训，信有符焉尔。”宋御览本则无此“信”字，与通行本相同。“至尧有《大章》之歌”，其中“大章”，宋御览本作“大唐”，与通行本相同。“自王泽殄竭，风人掇彩，春秋观志，讽诵旧章”，这段话里的“殄”“彩”，宋御览本分别作“弥”“采”；“讽诵旧章”，宋御览本作“以讽诵旧章”。“李陵、班婕，见疑于后代也”，这里的“后代”，宋御览本作“前代”。“《邪径》童谣，近在成世”，其中“邪径”，宋御览本作“邪谣”。“又《古诗》佳丽，或称枚叔”，其中“枚叔”，宋御览本作“放叔”。“比彩而推，固两汉之作乎”，这里的“彩”，宋御览本作“采”。“婉转附物，怊怅切情”，其中“婉转”“怊怅”，宋御览本分别作“宛转”“惆怅”。“暨建安之初，五言腾跃”，这里的“腾跃”，宋御览本作“腾涌”，与通行本相同。“并怜风月，狎池苑，述恩荣，叙酣宴”，这段话里的“怜”“恩”“叙”，宋御览本分别作“邻”“思”“序”。“驱辞逐貌，唯取昭晳之能，此其所同也”，这里的“昭晳”，宋御览本作“昭晰”，与通行本相同；“所同”，宋御览本作“所用”。“辞谲义贞，亦魏之遗直也”，这里的“贞”，宋御览本作“具”。“或析文以为妙，或流靡以自妍”，其中“析”“妙”“妍”，宋御览本分别作“折”“武”“研”。“江左篇制，溺乎玄风”，其中“乎”，宋御览本作“於”。“虽各有雕采，而辞辄一揆，莫能争雄，所以景纯《仙》篇，挺拔而为俊矣”，这段话里的“辞辄”，宋御览本作“词趣”，与通行本相同；“俊矣”，宋御览本作“俊也”。“庄老告退，而山水方滋”，其中“庄老”，宋御览本作“严老”。“俪采百字之偶，争价一句之奇；情必极貌以写物，辞必穷力而追新，此近世之所竞也”，这段话里的“百字”，宋御览本作

"百家"；"辞必穷力"之"辞"，宋御览本漏掉；"近世"，宋御览本作"近代"；"竞"，宋御览本作"竟"。"景阳震其丽"，其中的"震"，宋御览本作"振"，与通行本相同。"兼善则子建、仲宣"，其中"兼善"，宋御览本作"若兼善"。"忽以为易，其难也方来"，其中的"方来"，宋御览本作"方来矣"。[①]

可以看出，上述这些不同之处，其中不少属于明显的辨认、抄写错误，如"殄"误为"弥"，"径"误为"滛"，"枚"误为"放"，"怊"误为"惆"，"怜"误为"邻"，"同"误为"用"，"贞"误为"具"，"析"误为"折"，"妍"误为"研"，"辄"误为"趣"，"竞"误为"竟"等。但除此之外，其他很多不同并非抄写的问题，从这个意义上说，也就很难说它们同属于一个版本系列。然而，另一方面，也是在《明诗》篇中，宋御览本又有一些与唐写本相一致而与通行本不同的地方，显示出这两个版本之间似乎有着非同寻常的关系。如唐写本"张左潘陆"，通行本作"潘左"；唐写本"羞笑徇务之志，崇盛忘机之谈"二句，其中"羞""忘"二字，通行本分别作"嗤""亡"；尤其是唐写本"叔夜合其润，茂先拟其清"二句，其中的"合""拟"二字，《文镜秘府论》所引与通行本相合，均作"含""凝"[②]，独宋御览本与唐写本一致；唐写本"随性适分，鲜能圆通"，其中"圆通"二字，通行本作"通圆"。唐写本与通行本这些明显的文字相异之处，对正确理解《文心雕龙》的原文具有极为重要的意义，而宋御览本独与唐写本相同，因而是颇为引人注目的，显然难说只是巧合；以此而言，则宋御览本与唐写本之间，又绝非毫不相干的。至少可以说，在后世流传的各版本之中，宋御览本不仅在时间上更近于唐写本，而且在文本的相似度上也与唐写本有着更为密切的关系。

上述关于《明诗》篇的文本对比还提醒我们，在文本的准确可靠性上，宋御览本显然要差了很多，可以说与唐写本是难以比拟的。同时，其与唐写本又有八个篇目（《宗经》《明诗》《铨赋》《颂赞》《铭箴》《诔碑》《哀吊》《杂文》）是重合的，则可想而知，虽然宋御览本的总字数是多于唐写本的，但其在校勘学上的意义则是略逊一筹的。不过，这只是问题的

---

① ［梁］刘勰：《文心雕龙·明诗》，戚良德辑校：《文心雕龙》，第31—32页。

② ［日］弘法大师原撰，王利器校注：《文镜秘府论校注》，北京：中国社会科学出版社，1983年，第329页。

一个方面。另一方面，由于其更近于唐写本，因而其中唐写本所没有的篇目，尤其是引录较多的文体论中的《史传》《论说》《诏策》《檄移》《章表》《奏启》《议对》《书记》等八篇，对《文心雕龙》的文本校勘显然具有重要价值。概括而言，约有以下三端：

一曰补其未备。这当然主要是指唐写本没有而宋御览本引录较多的篇目，但在一些重合篇目之中，宋御览本也并非一无是处，有时仍有重要的补充之用。如唐写本《颂赞》有“仲冶《流别》”之句，其中“仲冶”，通行本作“仲洽”，而宋御览本作“仲治”；而据《世说新语·文学》篇，挚虞之字当为“仲治”，范文澜注引铃木虎雄《校勘记》亦曰：“挚虞字仲治，作洽作冶皆误。”[①] 又唐写本《哀吊》篇有“汝阳王亡”句，范文澜注曰：“汝阳王，不知何帝子。”[②] 而在宋御览本中，“王”作“主”，则说明崔瑗为作哀辞者本为公主，而非帝子。周振甫注曰：“《后汉书·后纪》，汝阳长公主，和帝女，名刘广。”[③] 可见差之毫厘谬以千里。当然，宋御览本对于通行本的补正之功就更为明显了。如《史传》篇有“左史记事者，右史记言者”二句，范文澜注曰：“《礼记·玉藻》曰‘动则左史书之，言则右史书之。’……彦和用《玉藻》说。”[④] 而宋御览本作“左史记言，右史书事”，正合《汉书·艺文志》之说：“左史记言，右史记事，事为春秋，言为尚书。”[⑤] 再如《论说》篇有“仰其经目”之句，范文澜注曰：“疑当作抑其经目，谓谦不敢称经也。”[⑥] 宋御览本正作“抑其经目”。又如《书记》篇有“巫臣之遗子反，子产之谏范宣”二句，其中“遗子反”，宋御览本作“责子反”。据《左传·成公七年》载：“巫臣自晋遗二子书，曰：‘尔以谗慝贪婪事君，而多杀不辜。余必使尔罢于奔命以死。’”[⑦] 据此，所谓“遗子反”并不错。然而从这段话来看，责备之意溢于言表，则所谓“责子反”，似乎更为贴切；尤为重要的是，以“责子反”与“谏范宣”相对，显然更为恰当。《书记》篇又有“赵至赠离，乃少年之激昂也”二句，其中“激昂”二子，通行本作“激切”，宋御览本之“激昂”显然

① 范文澜注:《文心雕龙注》,第173页。
② 范文澜注:《文心雕龙注》,第243页。
③ 周振甫注:《文心雕龙注释》,北京:人民文学出版社,1983年,第140页。
④ 范文澜注:《文心雕龙注》,第289页。
⑤ [汉]班固:《汉书》卷三十,北京:中华书局,2011年,第1715页。
⑥ 范文澜注:《文心雕龙注》,第330页。
⑦ 杨伯峻编著:《春秋左传注》(修订本),第834页。

更为允当。

《文心雕龙》之下篇，宋御览本引录不多，但其中亦颇有益于文本校勘者。如《神思》篇有“临篇缀虑，必有二患”之句，其中“缀虑”二字，宋御览本作“缀翰”。“缀虑”者，思绪之整合也；“缀翰”者，提笔而为文也。应该说，二者均符合《神思》之旨。然“虑”与“翰”二字差别甚巨，何以致误？则其原始文本便难说一定为“虑”或“翰”，乃各有其理也。在此情况之下，鉴于宋御览本在前，则其说便应当受到尊重。或谓“神思”之论，思绪、意念之连缀似乎更为合适，实则《神思》之论，本就关乎提笔写作阶段，所谓“方其搦翰”云云，正出自本篇。再如《风骨》篇有“唯藻耀而高翔，固文笔之鸣凤也”二句，其中“文笔”一词，宋御览本作“文章”。这两个词皆可通，且“文笔”亦为刘勰常用语，《体性》有“笔区云谲，文苑波诡”，《总术》有“文场笔苑”等，则“文笔之鸣凤”的说法是毫无问题的。然而，作为《风骨》篇较早的文本，这里的“文章之鸣凤”还是值得重视的。这不仅因为“文章”乃《文心雕龙》的核心范畴，而且就《风骨》而言，上文刚刚说完“文章才力，有似于此”，则谓风骨、文采兼备之作为“文章之鸣凤”，岂非顺理成章？又如《指瑕》篇有“浮轻有似于蝴蝶，永蛰颇疑于昆虫”二句，其中“颇疑”二字，宋御览本作“颇拟”，显然更为恰切。又如《附会》篇有“夫才量学文，宜正体制。必以情志为神明，事义为骨髓，辞采为肌肤，宫商为声气”一段，其中“才量”“骨髓”二语，宋御览本作“才童”“骨鲠”，研究者普遍以为宋本更为准确、合理。《附会》篇又有“豆之合黄”之语，颇为难解，而宋御览本则作“石之合玉”，便较为明白了，因而也得到研究者的认同。《附会》篇还有“驷牡异力，而六辔如琴”之句，其中“驷”字，宋御览本作“四”，正合《诗·小雅·车舝》之句：“四牡騑騑，六辔如琴。”①

二曰互为印证。此借用林其锬、陈凤金先生的说法，其云：“宋本《太平御览》因其与敦煌唐写本较近，不少文字可以互为印证，阐发《文心雕龙》之本义。”② 例如《宗经》篇有“礼以立体”句，其中“以”字，元至正本作“季”，另有不少版本如王惟俭训故本、梅庆生音注本等作

---

① 程俊英、蒋见元：《诗经注析》，北京：中华书局，1991年，第692页。

② 林其锬、陈凤金集校：《增订文心雕龙集校合编》，“前言”，第14页。

“记”，而唐写本和宋御览本同作“以”。范文澜先生说：“《汉书·艺文志》‘《礼》以明体’，《法言·寡见》‘说体者莫辩乎《礼》’，立体犹言‘明体’。”① 詹锳先生亦云：“作‘以’为是。”② 又如上述《明诗》篇“张左潘陆”之句，元至正本以及通行的黄叔琳辑注本等并作“张潘左陆”，而唐写本和宋御览本则皆作“张左潘陆”。杨明照先生指出：“按《诠赋》《时序》《才略》三篇所叙西晋作者，皆左先于潘，此亦应尔。《宋书·谢灵运传论》‘潘陆特秀’，《南齐书·文学传论》‘潘陆齐名，机岳之文永异’，《梁书·文学上·庾肩吾传》‘太子与湘东王书……近则潘陆颜谢’，《诗品》上‘景阳潘陆，自可坐于廊庑之间矣’，亦并以潘陆连称。”③ 因此，林其锬、陈凤金先生认为：“敦煌唐写本和宋本《太平御览》引，可能更近于原貌。”④

三曰帮助识读。唐写本与宋御览本《文心雕龙》具有相互补充的价值和意义，不仅在于唐写本只有十三篇，宋御览本可以补其未备，而且还在于，唐写本字体偏草，且常有漫漶不清之处，而清晰的宋御览本有时正可帮助我们解决唐写本的识读问题。如笔者曾辨认出唐写本《哀吊》篇“腹突鬼门”一语之“腹”字，正是由“御览”所提供的线索。“腹突鬼门”一语为刘勰所引崔瑗哀辞中的一句话，但崔瑗之文今已不存。这个“腹”字，元至正本和通行本均作“履”，然“履突鬼门”颇为难解。王利器先生谓：“唐写本、《御览》‘履’作‘復’。”⑤ 但“復突鬼门”亦不知何意，所以各种《文心雕龙》读本就仍沿用通行本，作“履突鬼门”。林其锬、陈凤金先生在其初版的《文心雕龙集校合编》中沿用了王利器先生对唐写本的判断，认为唐写本作“復”字，但又指出“《御览》作‘腹’”，因而指出“王说非，《御览》实作‘腹’”。⑥ 笔者顺着这一线索，复检唐写本影件，发现这个字确乎有些难以辨认，但并不像“復”字，而是颇疑其正是《御览》之“腹”字，于是查检唐写本中其余带“月”边字的行笔，终于断定这个字确为“腹”字。可见宋本《太平御览》所引与唐写本原本是一

① 范文澜注:《文心雕龙注》,第 27 页。

② 詹锳义证:《文心雕龙义证》,第 70 页。

③ 杨明照校注拾遗:《文心雕龙校注拾遗》,第 50—51 页。

④ 林其锬、陈凤金集校:《增订文心雕龙集校合编》,“前言”,第 14 页。

⑤ 王利器校笺:《文心雕龙校证》,第 92 页。

⑥ 林其锬、陈凤金集校:《文心雕龙集校合编》,第 149 页。

致的，此句当作“腹突鬼门”无疑。林、陈两位先生在增订本中已吸收这一意见，改为“腹”字[①]。显然，如果没有宋御览本的提示，要认出唐写本这个草体的“腹”字是有难度的；校勘功力深厚的王利器先生之所以认定唐写本为“復”字，也大约正是因其一时疏忽，首先搞错了《太平御览》，认为其作“復”，从而认错了唐写本。

综上可见，宋御览本《文心雕龙》有着独一无二的版本学意义，对《文心雕龙》的文本校勘有着无可替代的价值。但与唐写本相比，我们对宋御览本的重视和利用还远远不够。由于它藏身在类书之中，不仅一般读者难以想到和见到，即使专业研究者有时也难免忽略。实际上，在唐写本之后，能够为我们在文本理解上提供帮助的，首先是宋御览本《文心雕龙》。大约正是出于这样的认识和目的，林其锬、陈凤金两位先生作《宋本〈太平御览〉引〈文心雕龙〉辑校》[②]，辑文悉依原书加以标点，并用唐写本、元至正本、明王惟俭《文心雕龙训故》本、清黄叔琳《文心雕龙辑注》本加以校对，写出校记。他们还为辑文添加了篇名，并按照通行本的篇次进行编排，文末加注卷数和页码。这样一个方式，不仅便于阅读和查找、使用，而且真正提供了一个宋御览本《文心雕龙》。因此，毫不夸张地说，这其实是挖掘出了一个堪与唐写本媲美的《文心雕龙》的较早文本，从而在一定程度上弥补了唐写本《文心雕龙》残卷的不足，尤其是略补了缺少宋本《文心雕龙》的遗憾，从而为《文心雕龙》文本的还原做出了贡献。可以说，这一工作的意义是不亚于对唐写本的校勘的，其泽被“龙学”，乃是有目共睹的。

三、元至正本《文心雕龙》

从时间上看，金元两代有二百多年。这一时期在文论方面或许没有十分突出的成就，但在《文心雕龙》的传播史上却具有极为重要的意义，那就是元代《文心雕龙》至正刻本的诞生，结束了《文心雕龙》问世八百五十多年来尚无完整文本传世的历史，从而成为古典“龙学”史上一个划时代的事件。

---

① 林其锬、陈凤金集校：《增订文心雕龙集校合编》，第179、630页。

② 该作先附于作者《敦煌遗书文心雕龙残卷集校》，后收于《文心雕龙集校合编》和《增订文心雕龙集校合编》二书。

元至正本《文心雕龙》刊刻及其样貌的基本情况，林其锬、陈凤金两位先生曾有描述，其云："元至正本系于元至正十五年（1355），由刘贞主持刻于嘉兴郡学。此本乌丝栏，蝴蝶装，框高二三二毫米，宽一五六毫米，每半叶十行，行二十字，五篇相接为一卷，分卷另起，共计十卷。卷前有'曲江钱惟善'作于'至正十五年龙集乙未秋八月'的序，继有'《文心雕龙》目录'二叶。"① 自公元502年刘勰撰成《文心雕龙》以来，这部近四万言的"论文"之作方得有基本完整的文本传世，所谓"名山"事业，这对刘勰而言，亦可谓名副其实了。

根据卷首钱惟善之"序"记述："嘉兴郡守刘侯贞，家多藏书，其书皆先御史节斋先生手录。侯欲广其传，思与学者共之，刊梓郡庠，令余叙其首。"② 林其锬、陈凤金先生据以推断："此刻本之母本系刘贞家藏其先人刘节斋的'手录'本，刘贞'欲广其传'故主持刻于嘉兴郡学的。……至刘节斋'手录'本《文心雕龙》所据的底本何属？因无资料难以确考，但从此刻本字体秀逸刚劲，犹存宋椠遗风，以及书中诸如《议对篇》'鲁桓务议'之'桓'沿宋本真宗讳缺末笔作'桓'而未及改，还有沿唐、宋本'標'作'摽'，'以'作'已'等未及改的情况看，源于宋椠大概是可信的。"③

作为现存最早的一个《文心雕龙》刻本，元至正本可谓稀世珍本，得到海内外学者普遍关注。该本用娟秀的赵孟頫体刊刻，疏朗悦目，犹有宋刊遗风。林其锬、陈凤金指出："元代《文心雕龙》至少有三种刻本：元至正本、黄丕烈校元本、伦明校元本。……可是，黄丕烈和伦明所校之元本均已佚传……今可见者，唯有上海图书馆藏的元至正刊本。此本因是孤本，长期以来鲜为人知，包括范文澜在内的许多学者未能亲见，更有不知天地间犹存此宝者，以为'徒存其名，至今并无实物传世'。"④ 因此，该本在《文心雕龙》版本史上之重要性，是可想而知的。

不过，元至正本却并非完美无缺。其所存在的问题主要有两个：一是从版面看，内容缺少整一叶，即自《议对第二十四》篇"辞气质素以"之"以"字后，至《书记》篇"详观四书"之"书"字前，中间一叶为白

---

① 林其锬、陈凤金集校：《增订文心雕龙集校合编》，"前言"，第15页。
② ［元］钱惟善：《文心雕龙序》，林其锬、陈凤金集校：《增订文心雕龙集校合编》，第567页。
③ 林其锬、陈凤金集校：《增订文心雕龙集校合编》，"前言"，第16页。
④ 林其锬、陈凤金集校：《增订文心雕龙集校合编》，"前言"，第15页。

版。以“每半叶十行，行二十字”计算，所缺这一叶的版面字数应为四百字，但实际所缺则肯定不足四百字。由于这部分内容正好是《议对》篇的最后部分和《书记》篇的开头部分，按照其版式规则，《议对》篇最后之“赞曰”二字应占一行，赞词内容32字应占两行，下一篇篇题“书记第二十五”六字应占一行，此四行合计应空出40字，则所缺内容最多为360字。从《文心雕龙》通行本来看，所缺部分实为348字，则说明《议对》篇正文（即“赞曰”之前）的最后一行可能仅有八字。二是《隐秀》篇篇幅较短，仅279字（包括篇题），没有后世补入的四百余字。詹锳先生曾指出：“今传元朝刻本《文心雕龙》，每半叶十行，每行二十字。缺的这四百字，正合一板。”[①] 此盖从明清人之说，但从现存元至正本来看，这是不准确的，可能詹先生当时未见该本原貌。《隐秀》篇之缺并不像《议对》篇之缺，正合一叶，且为空白。从版面的角度说，元至正本《隐秀》篇其实是完整无缺的，只是其篇幅明显短一些、内容少一些而已；所谓“缺的这四百字”云云，乃以后人所补而逆推，是未必合适的。当然，就《隐秀》篇而言，与《文心雕龙》其他篇章相较，其篇幅明显太短，且内容并不完整，应该是有缺文的，但所缺是否“正合一板”，至少从元至正本是看不出来的。即是说，就《隐秀》篇的情况来看，多半应该是元至正本所依据的母本有问题，而不是像《议对》篇那样缺少了一叶，两种情况是完全不同的。要之，从版本的角度而言，元至正本《文心雕龙》的最大瑕疵即有一叶为空白；除此之外，《序志》篇的最后一叶（亦即全书最后一叶）亦有较多缺字（空白）。总体而言，此为《文心雕龙》第一善本，乃是当之无愧的。

正因如此，元至正本对于此后《文心雕龙》的版本刊刻和流传具有至关重要的意义。林其锬、陈凤金指出：“《四库全书总目》内府藏本《文心雕龙》提要云：‘是书自至正乙未刻于嘉禾（兴），至明弘治、嘉靖、万历间凡经五刻。’这里指出了元明间《文心雕龙》版刻的情况。元至正本不仅是现存最早的一部《文心雕龙》单刻本，同时也是明、清诸多版本的祖本，实际形成了元至正本—弘治本—汪一元私淑轩本—何焯校本—黄叔琳辑注本的版本系列，其中还派生了诸如佘诲本、何允中《汉魏丛书》本、

---

① 詹锳：《文心雕龙的风格学》，北京：人民文学出版社，1982年，第78页。

王谟《汉魏丛书》本等等，由此可见此本的地位与影响。”[①] 即是说，自元至正本开始以至清末，《文心雕龙》一书的版本流传情况已然有章可循、线索清晰了。

然而，令人颇感兴趣的问题是，元至正本与此前的宋御览本是什么关系？其与唐写本又是什么关系？按照钱惟善之说，元至正本的底本乃是刘贞所藏其先人刘节斋的“手录”本，但刘氏从何本而录，正如林其锬先生所说，已经“难以确考”了，惟既有宋御览本在前，则按照常理推论，它们之间是不会没有关系的。不过，其与唐写本的关系就没有这么简单了。一方面，这有赖于宋御览本和唐写本之关系，即是说，假如刘氏的“手录”本与宋御览本有关，则元至正本与唐写本之关系也就取决于宋御览本与唐写本的关系，这是不难理解的。另一方面，刘氏的“手录”本也完全有可能直接与唐写本有关，只是这个唐写本不一定是我们今天所见的唐写本残卷，抑或与我们未曾见过的唐写本之母本有关，这都是不得而知却又存在可能性的问题了。要之，从理论上说，元至正本基本可以肯定与宋御览本有着难以分割的关系，但与唐写本的关系就若即若离、难以说清了。

然则，具体情况又如何呢？王元化先生曾通过分析杨明照先生的校注成果，指出：“通过杨著的校语，可以看出元至正刻本有这样几个特点：一、在校出的异文中，有四分之三左右较底本为优。二、与唐写本残卷相比，在同样的篇幅内，元至正本的异文有一半与唐写本完全一致。三、弘治甲子吴门本、嘉靖庚子新安本、嘉靖癸卯新安本、万历己卯张之象本、万历壬午《两京遗编》本等，与元至正本出入甚少，由此可推出它们大抵属于同一版本系统。以上三点，说明此一刻本在校定《文心雕龙》原文方面所其有的资料价值，弥足珍贵。”[②] 王先生总结的这三个特点，第一条说明元至正本的底本亦即上述刘氏的“手录”本是较为准确的，从而说明刘氏“手录”本的母本乃是较为可靠的，这让我们想起唐写本的准确可靠性，以此而言，似乎元至正本与唐写本不能无关。第二条则又说明，元至正本与唐写本乃是若即若离的，犹如宋御览本与唐写本的关系。至于第三条，则再次证明了上述林其锬、陈凤金先生的观点，即元至正本乃是“明、清

---

① 林其锬、陈凤金集校：《增订文心雕龙集校合编》，“前言”，第16—17页。

② 王元化：《前言》，[梁]刘勰：《文心雕龙》（影印至正本），上海：上海古籍出版社，1984年，“前言”，第3—4页。

诸多版本的祖本”。

林其锬、陈凤金先生也根据他们集校的结果进行了统计，其云：“按照笔者集校统计，元至正本同唐写本一致者一〇五条，同宋本《太平御览》一致者八十条，同黄叔琳注本一致者一五四条（均以四种版本相涉部分统计）。这表明：此本虽是沿唐源宋，但却已经校改更正了唐写本和宋刊本中存在的许多讹误。”[①] 可以看出，两位先生的着眼点与王先生相同，意在说明元至正本的优长，但同时也说明，所谓“沿唐源宋”而又有“校改更正”，显示唐、宋、元三个版本之间的承继关系是较为复杂的。它们均为孤本，却又难说一线单传，并无明确的前后延续关系。

就元至正本而言，其巨大的版本价值早已得到研究者的公认。正如王元化先生所说：“明清以来，研究《文心雕龙》的学者都很重视这个版本，凡见到此书的莫不引为刊刻或校勘的依据。今人王利器先生的《文心雕龙校证》、杨明照先生的《文心雕龙校注拾遗》，都以之作为主要的对校本之一。特别是杨著，校勘周详精审；作者以养素堂本为底本，采用包括唐写本残卷本在内的对校本有三十余种，综其雠校元至正本所得，计一百七十多条。”[②] 如唐写本《征圣》有“书契决断以象史”之句，其中“史”字，元至正本作“夬”，则该句“书契决断以象夬”，与下文“文章昭晢以效离”互为对文，“夬”“离”均为易卦名，显然是更为合理的。再如《辨骚》有“称汤武之祗敬”句，明刻诸本均相同，然唐写本作“禹汤”，而元至正本作“汤禹”。范文澜先生指出：“据《离骚》应作汤禹。”[③] 可见元至正本既有所本，又近于唐写本。当然，就此处而言，正如林其锬、陈凤金先生所说，“作‘禹汤’是”，当“从唐写本改”。[④] 又唐写本于此句下脱“典诰之体也。讥桀纣之猖披，伤羿浇之颠陨，规讽之旨”等二十一字，元至正本则完整无缺，确显示出其“校改更正”之长处。正如有研究者所指出：“较之明刻诸本，元本正而明本误者更不乏其数。”[⑤]

不过，正如上述林其锬、陈凤金先生所说，元至正本“因是孤本，长期以来鲜为人知，包括范文澜在内的许多学者未能亲见”，以前对它的利用

---

① 林其锬、陈凤金集校：《增订文心雕龙集校合编》，“前言”，第 17 页。

② 王元化：《前言》，[梁]刘勰：《文心雕龙》(影印至正本)，“前言”，第 2—3 页。

③ 范文澜注：《文心雕龙注》，第 53 页。

④ 林其锬、陈凤金集校：《增订文心雕龙集校合编》，第 587 页。

⑤ 府乐：《雕龙此推第一椠》，《古籍书讯》1984 年第 19 期。

也就很不充分，从而影响到对《文心雕龙》文本的校正，进而影响研究者对文义的理解。如《原道》篇有“旁通而无涯，日用而不匮”句，其中“无涯”二字，黄注本作“无滞”，范注本亦作“无滞”，以致影响到大多数《文心雕龙》读本均作“无滞”，如周振甫《文心雕龙注释》、陆、牟两位先生的《文心雕龙译注》、詹锳的《文心雕龙义证》等，可以说多数研究者已经习惯了这个字，笔者也是如此（直到最近的国学典藏本《文心雕龙》才改过来）。但元至正本却作“无涯”。林、陈两位先生不仅校曰：“‘涯’，《御览》《训故》同”，从而肯定此字当作“涯”，而且指出：“黄本改作‘滞’，版本无据，追求表面上文从字顺而径改古书，乃校书之大忌。”① 实际上，王利器先生早就指出：“‘滞’各本作‘涯’，黄本从《御览》改。案今所见宋本、明钞本、铜活字本、万历薛逢本、汪本、张本、鲍本、学海堂本、日本安政聚珍本、《御览》皆作‘涯’，不知所据何本。”② 这里王先生列举了多种版本，却唯独没有最重要的元至正本，其虽疑黄注“不知所据何本”，却不如林先生这般理直气壮而掷地有声了。杨明照先生亦曾谓：“‘滞’，黄校云：‘一作涯’，从御览改。”并就此指出：“按钱谦益藏赵氏钞本御览作‘滞’……本为误字……黄氏据冯舒校语径改为‘滞’，非是。”③ 但杨先生亦未提到元至正本。显然，林、陈两位先生对元至正本的集校，对这一问题的彻底解决起到了至关重要的作用。

关于元至正本的价值和意义，有一点容易被忽略，那就是该本卷首的钱惟善之“序”。这篇序言虽不足八百字，却是学术史上第一篇专门对《文心雕龙》一书进行评述的文章。此前有关《文心雕龙》的评语并不少，但均为零散之论，钱氏如此之专论，乃为存世第一篇，因而其于“龙学”史而言具有重要的意义。其中除上述所引记叙该本刊刻情况的内容之外，钱氏之序的主要内容是对《文心雕龙》一书进行把握，诸如刘勰著书的背景、《文心雕龙》的思想倾向及其理论体系的特点等，皆有要言不烦的评价。其开篇云：

六经，圣人载道之书，垂统万世，折衷百氏者也。与天地同其大，

① 林其锬、陈凤金集校：《增订文心雕龙集校合编》，第574页。

② 王利器校笺：《文心雕龙校证》，第5页。

③ 杨明照校注拾遗：《增订文心雕龙校注》，第15—16页。

与日月同其明，亘宇宙相为无穷而莫能限量，后虽有作者，弗可尚已。自孔子没，由汉以降，老佛之说兴，学者日趋于异端，圣人之道不行，而天地之大，日月之明，固自若也。当二家滥觞横流之际，孰能排而斥之？苟知以道为原，以经为宗，以圣为征，而立言著书，其亦庶几可取乎？呜呼！此《文心雕龙》所由述也。①

这段话论述“《文心雕龙》所由述”，亦即刘勰的著书缘起，看起来没有什么惊人的见解，却深得彦和“为文之用心”。其由对“六经”的赞美开篇，似属泛泛之议，然所谓“载道之书”“折衷百氏”者，均符合刘勰的思想，足证钱氏对《文心雕龙》是熟悉的。具体到刘勰“论文”之思想背景，钱氏归为“老佛之说兴”以至“趋于异端”，既由对《序志》的推论而来，又并不完全符合刘勰的想法，是值得注意的。刘勰之“搦笔”“论文”，确以“去圣久远，文体解散”，但其着眼点在于“文体”和文章，因而其欲“征圣”“宗经”不假，却并不意味着排斥“老佛之说”；刘勰确以“尼父陈训，恶乎异端”为立论之根据，但其着眼点在于文章之“贵乎体要”，并非以老佛为异端邪说。因此，刘勰虽然“以道为原，以经为宗，以圣为征”，但其“立言著书”之目的，在于“论文”，而不是针对佛老，“排而斥之”，《文心雕龙》毕竟不同于纯粹的思想著作。可见，钱氏之论，表现了元人对刘勰及其“论文”之作的独有认识，却未必是符合刘勰初衷的。

正因有此思想差异，钱氏对刘勰文论本身的把握，也体现出其独有的特点。其云：

夫佛之盛，莫盛于晋宋齐梁之间，而通事舍人刘勰生于梁，独不入于彼而归于此，其志宁不可尚乎！故其为书也，言作文者之用心，所谓“雕龙”，非昔之邹奭辈所能知也。……自二卷以至十卷，其立论井井，有条不紊，文虽靡而说正，其旨不谬于圣人，要皆有所折衷，莫非六经之绪余尔。②

钱氏仍然着眼于排斥思想异端的问题，认为刘勰生当佛教隆盛之际，却以

① ［元］钱惟善：《文心雕龙序》，林其锬、陈凤金集校：《增订文心雕龙集校合编》，第567页。
② ［元］钱惟善：《文心雕龙序》，林其锬、陈凤金集校：《增订文心雕龙集校合编》，第567页。

儒学为尚而“论文”，这当然是符合事实的，但其“独不入于彼而归于此”者，乃出于“论文”之目的，其与佛学是并不矛盾的；则所谓“雕龙”，确乎“非昔之邹奭辈所能知也”，但邹奭辈不能知者，也只能是刘勰所谓“为文之用心”，而不是其他。至于钱氏对《文心雕龙》本身体系的把握，则是非常准确的。所谓“立论井井，有条不紊”，所谓“要皆有所折衷”等，显然是符合刘勰理论之实际的。不过，必须指出的是，总体而言，钱氏的思想崇尚颇为狭窄，其于文章之道的认识更与刘勰相去万里，以此而言，其为元至正本作序的行为，正如其本人所说，“因念三十年前，尝获聆节斋先生教而拜床下……故不敢辞”①，乃属偶然行为，则其对《文心雕龙》的认识和评价，也就称不上“知音”之论了。

综上而言，元至正本在《文心雕龙》学术史上的意义是独一无二的，其于《文心雕龙》校勘和研究的重要价值，也是毋庸置疑的。但对这个本子的大规模的整理和研究却远远不够。自1992年开始，林其锬、陈凤金两位先生不惮烦琐，对元至正本《文心雕龙》进行全面而深细的校勘和整理。他们以上海古籍出版社1984年影印出版的上海图书馆藏元至正十五年（1355）嘉兴郡学刊本《文心雕龙》为底本，以唐写本《文心雕龙》残卷、宋御览本《文心雕龙》、明王惟俭《文心雕龙训故》、清黄叔琳《文心雕龙辑注》为对校本，以范文澜《文心雕龙注》、王利器《文心雕龙校证》、杨明照《文心雕龙校注拾遗》、詹锳《文心雕龙义证》、郭晋稀《文心雕龙注译》、周振甫《文心雕龙注释》、黄侃《文心雕龙札记》、刘永济《文心雕龙校释》、姜书阁《文心雕龙绎旨》等为参考本，可以说是对这一珍稀版本的大规模集校，令人瞩目。他们的校勘成果，对学者们充分利用元至正本《文心雕龙》提供了极大方便。如杨明先生在其《文心雕龙精读》之“后记”中说：“本书所引《文心雕龙》原文，据林其锬、陈凤金先生校编《文心雕龙集校合编》中的《元至正刊本〈文心雕龙〉集校》……林、陈二位先生的校本最后出，广泛吸取众家成果，最便于使用。”② 这一说法是实事求是的。

（作者单位：山东大学儒学高等研究院）

① ［元］钱惟善：《文心雕龙序》，林其锬、陈凤金集校：《增订文心雕龙集校合编》，第567页。
② 杨明：《文心雕龙精读》，上海：复旦大学出版社，2007年，第214页。

日本“龙学”史上较早的《文心雕龙》文章载道说研究[①]

冯斯我

摘　要： 户田浩晓是日本近代以来汉学研究的大家，研究领域广博，著述丰赡。除校勘注疏、目录索引和翻译之外，他把人们对刘勰文学思想和《文心雕龙》的研究总称之为“文学论”研究。他于1943年发表的《文心雕龙中文章载道说的构造》是世界“龙学”史上首个通过对以刘勰《文心雕龙》里关于文章载道说的分析，梳理阐释包括刘勰文学思想体系在内的、整个中国古代文学理论或批评史上把文看成载道之器的文章载道思想的论文。其中，围绕着文学与《五经》的文章、作为经世之器的文学、作为文学批评尺度的六义和文人道德论，他论证了刘勰《文心雕龙》中文章载道说的“理论构造”。1984年，他又发表了《文章载道说理论的创立与实践——刘勰与白乐天》一文，主要通过对刘勰和白居易相关论述的分析，一方面阐明二者分别从《易经》之道探究文学根源，从《诗经》讽刺诗论精神中看出文学的本质，其本质都是倡导文学载道，白居易既继承了刘勰又有进一步的发展；另一方面说明文章为载道之器的思想贯穿中日文学史。

关键词： 日本“龙学”；户田浩晓；文心雕龙；文学载道说

著名日本“龙学”家户田浩晓曾把除校勘注疏、目录索引和翻译之外，对刘勰文学思想和《文心雕龙》的研究总称之为“文学论”研究。如他说：“整理散见于《文心雕龙》50篇中的文章载道说，从中看出刘勰的思

① 基金项目：国家社科基金一般项目“《文心雕龙》百年传播史研究”（16BZW032）阶段性成果。

想体系，是研究《文心雕龙》文学论者要做的第一步基本工作。”[①] 日本学者釜谷武志则进一步把“文学论”研究解释为“对于《文心雕龙》本身（包括思想内容、表现方法、艺术性等一切方面在内的）研究”[②]。这方面的研究，正如《文心雕龙》校勘注疏一样，从世界“龙学”史来看，日本“龙学”者们开始得也比较早。且不说他们最早在 19 世纪后期有关《支那文学史》著作里就有刘勰及其《文心雕龙》的评论，在 20 世纪 40 年代之前，当国内外绝大多数学者在从事《文心雕龙》校勘注疏研究时，如李详《文心雕龙黄注补正》（1909）[③]、黄侃《文心雕龙札记》（1925）[④] 和范文澜《文心雕龙注》上中册（1925）等，日本便出现了近藤春雄的《支那文学的发生——文心雕龙与诗品》（1940）和户田浩晓的《文心雕龙中文章载道说的构造》（1943）[⑤]。1984 年，户田浩晓又撰写了相关内容的研究论文《文章载道说理论的创立与实践——刘勰与白乐天》[⑥]。其中前者是世界“龙学”史上首个通过刘勰《文心雕龙》关于文章载道说的分析，梳理阐释包括刘勰文学思想体系在内的、整个中国古代文学理论或批评史上把文看成载道之器的文章载道思想的论文。本文拟以户田浩晓的相关研究为对象，分析探讨日本汉学家较早的《文心雕龙》文学论研究。

一、博学多识的户田浩晓

户田浩晓日本著名汉学家、僧人。日本关东达师法缘“达门会”副会长，日莲宗宗务委员，《日莲宗事典》编辑委员，日本中国学会会员，广岛支那学会会员。与其他日本汉学家相比，有关于他的生平事迹国内外鲜有介绍。这或许与他独特的僧人身份分不开。据户田浩晓在其 1987 年出版的

---

① 户田浩晓著，曹旭译：《文心雕龙研究》，上海：上海古籍出版社，1992 年，第 41 页。

② 釜谷武志：《日本研究文心雕龙简史》，《文心雕龙学刊》第 1 辑，济南：齐鲁书社，1983 年，第 470 页。

③ 李详：《文心雕龙黄注补正》，《国粹学报》第 5 卷（1909 年）第 8—9、12—13 号；第 7 卷（1911 年）第 5—17 号。

④ 黄侃：《文心雕龙札记原道、征圣、宗经、正纬》，《华国月刊》1925 年第 2 卷第 5、6 期。

⑤ 户田浩晓《文心雕龙中文章载道说的构造》最早发表在《立政大学论丛》第 8 号（1943 年），后收入其《中国文学考论》（汲古书院，1987 年）一书。本文所引源自后者，为作者翻译。

⑥ 户田浩晓《文章载道说理论的创立与实践——刘勰与白乐天》收录于《中国文学考论》一书。本文所引均出自此书，并为作者翻译。

著作《中国文学论考》上册书后所附“著者略年谱”[①] 所列：户田浩晓生于明治四十三年，即1910年7月30日，茨城县猿岛郡新乡村字牧野地（今古河市牧野地）凰桐寺内，大正九年，即1920年12月8日他在千叶县东葛饰郡中山町，即现在的市川市中山二町目三番2号，远寿院住职布施日刹度出家，为日莲宗僧人，时年仅11岁。1936年于立正大学文学部文学科毕业后即任该校副助教。1940年任大舍精神文化研究所研究人员，1944年担任立正大学文学部讲师，1945年10月立正大学预科教授，1949年立正大学文学部助教授，1951年4月至1954年兼任东京东立樱町高等学校非常勤讲师，1951年12月15日任佛寺大乘院住持[②]。时年42岁。1957年出版《日本汉文学通史》，1964年4月《精选〈文选〉》出版（明玄书房），1965年出版《法华经文法论》（山喜房佛书林）。1967年立正大学文学部教授、教养部教授，1970年立正大学退职，1972年出版《文心雕龙》（《中国古典新书》），1974年出版《文心雕龙》上卷（《新译汉文大系》译著），1975年访问台湾，交流研究成果，1978年2月自费出版《妙法莲华经提婆达多品》、6月出版《文心雕龙》下卷（译著，明治书院）。1984年应复旦大学邀请前往上海，参加中日学者《文心雕龙》国际学术讨论会，会上发表研究成果，时年75岁。据户田浩晓自撰《著作目录》介绍，他有11本著作，6本编著作品，51篇论文及译注，5篇书评，其中4篇论文被译为中文。

与铃木虎雄、吉川幸次郎和斯波六郎相比，户田浩晓在学术研究上最突出的特质是在文学与佛学两大学科领域驰骋：既是博学的汉学大家，“也是由佛教宗派日莲宗任为权大僧正、授予学阶‘劝学’而任为‘劝学职’的博学僧侣”[③]。因此，他的研究领域最广大，涉及教育、文学、哲学、佛教等诸多学科，特别是探讨了儒教与佛教、中国伦理学史、《论语》等。从他的主要著作《幼学纲要奉体的研究》（大仓精神文化研究所1944年3月）、《中国哲学史》（玉川大学通信教育部1953年）、《汉文学史》（玉川

① 书中户田浩晓所撰个人年谱最后时间为1987年，他撰写此年谱的时间也是1987年。本文以下关于户田浩晓生平事迹的叙述，均出自该年谱，由作者翻译，详见户田浩晓：《中国文学考论》，汲古书院，1987年，第7—15页。

② 直到1999年，其后情况未明。

③ 安东谅撰，明木茂夫译：《户田浩晓》，杨明照主编：《文心雕龙学综览》，上海：上海书店出版社，1995年，第324页。

大学通信教育部 1955 年）、《日本汉文学通史》（武藏野书院 1957 年）、《法华经文法论》（山喜房佛书林 1965 年）、《文心雕龙》（十八篇选译注、中国古典新书）[①]、《文心雕龙》（五十篇全译注、新译汉文大系 64 · 65）[②]、《日莲宗戒名的理论与实践》（山喜房佛书林 1981 年）可以窥见一斑。户田浩晓有《文心雕龙》全译本、《初期支那文学的观点》《文选解题》等等。而就“龙学”论著来看，户田浩晓也有不少，除 10 篇论文和《文心雕龙》全译本外，仅校勘注疏类就有 6 篇，即《黄叔琳本文心雕龙校勘记补》《文心雕龙何义门校宋本考》《冈白驹文心雕龙的刊刻》《文心雕龙梅庆生音注本的不同板本》《作为校勘资料的文心雕龙敦煌本》和《文心雕龙校本的制作》。因此，户田浩晓的《文心雕龙》研究比较全面，一些重要研究领域都涉及了。

围绕《文心雕龙》前三篇和《序志》篇，有关刘勰文章载道说的研究是世界“龙学”史上的经典话题之一。清代就有人涉及。然而，以纪昀点评《文心雕龙》为例，户田浩晓认为前人关于刘勰文章载道说，只限于肯定其思考方法，而未触动刘勰巧妙构筑的“理论构造”[③]。于是，他撰写了《文心雕龙中文章载道说的构造》[④] 专门探讨。在这篇文章里，他提出了一个说法，即刘勰《文心雕龙》中文章载道说的“理论构造”。

二、刘勰文章载道说的理论构造

从《文心雕龙中文章载道说的构造》来看，户田浩晓主要从下面四个方面揭示了他所说的刘勰的这一“理论构造”：

1. 文学与《五经》的文章

从解读《序志》《原道》《征圣》和《宗经》入手，户田浩晓分析了刘勰关于文学与《五经》的文章之间关系的论述，认为刘勰最初由注经的意图转而作《文心雕龙》，因此构成此书根底的刘勰的文学观无疑是载道的文学观。正因为如此，户田浩晓断言刘勰才把《原道》冠于全书之首。他着重分析的是《征圣》篇里下面这段话：

---

① 户田浩晓:《文心雕龙》(十八篇选译注、中国古典新书),明德出版社,1972 年。

② 户田浩晓:《文心雕龙》(五十篇全译注、新译汉文大系),明治书院,1974 年上册、1978 年下册。

③ 户田浩晓:《中国文学考论》上,第 24 页。

④ 户田浩晓:《中国文学考论》上,第 25 页。

> 夫子文章，可得而闻，则圣人之情，见乎文辞矣。先王圣化，布在方册，夫子风采，溢于格言。是以远称唐世，则焕乎为盛；近褒周代，则郁哉可从：此政化贵文之征也。郑伯入陈，以文辞为功；宋置折俎，以多文举礼：此事迹贵文之征也。褒美子产，则云“言以足志，文以足言”；泛论君子，则云“情欲信，辞欲巧”：此修身贵文之征也。然则志足而言文，情信而辞巧，乃含章之玉牒，秉文之金科矣。①

这里，户田浩晓认为刘勰把孔子言论及其所删订的《五经》看作金科玉律，并在《宗经》篇认为天下文章源于《五经》，从而确立了《五经》与文章之间的联系。并且，该段话，户田浩晓认为也展示了《文心雕龙》里刘勰无处不在的功利主义的文学观。

2. 作为经世之器的文学

从中国古代文学批评史的角度，主要从对汉儒相关论述的分析，户田浩晓爬梳整理了文学载道说。他认为：汉儒倡导文学载道说，这种说法就是强调文学的功利性，有助于政治教化。曹丕《典论·论文》里的“盖文章，经国之大业，不朽之盛事”②，户田浩晓解释为：作为经国大业的文学，意味着以文学代替前代儒学的地位。这种说法明显受到文章载道说的潜在影响。六朝时期虽然出现了给文学以更高评价的倾向，但是，在户田浩晓看来，文章载道说依然存在。证据就是《文心雕龙》是六朝文学史上的杰作，而刘勰是文章载道说的信奉者。文学载道之器的思想是一种以文学为经世济世价值的功利主义文学观。而刘勰就是带有功利主义倾向的文学批评家。③

3. 作为文学批评尺度的六义

把《五经》作为至高无上的天下文章源头的刘勰，也以《五经》为文学最高价值标准，评论一切文章。户田浩晓论证指出：刘勰认为一切文学都渊源于《五经》，天下文章都能在《五经》中找到源流。于是，贯穿整个中国古代文学思想的崇古主义观点产生了。刘勰以典雅远奥作为理想文学的风格，以此摒弃包括六朝文坛在内的一切诡诞浮艳之文，并明确提出

---

① 范文澜：《文心雕龙注》，北京：人民文学出版社，1958 年，第 15 页。

② 郭绍虞主编：《中国历代文论选》第一册，上海：上海古籍出版社，2001 年，第 159 页。

③ 户田浩晓：《中国文学考论》上，第 26 页。

了文学忌诡异的观点。[①] 以刘勰提出的“六义”和他对屈原为代表的楚辞的评论为例，户田浩晓进一步论证说明了刘勰所持有的这种文学批评所依据的标准，依然用的是文学载道的观点。他指出：刘勰评论古今文章的尺度是“六义”。而这方面最典型的例子就是他在《辨骚》篇里对《离骚》的批评。因为诡讹浮艳的文辞与《五经》相悖，而悖于《五经》的文章，是起不到规谏讽刺的政治教化作用的，所以，刘勰的这种批评所持有的观点还是文学为载道之器。[②]

4. 文人道德

通过对汉儒文章道德说，以及刘勰《程器》里对魏晋间16位文人德行的非议，户田浩晓认为刘勰明确提出并实践了中国古代文学史上的文人道德说。他认为：“刘勰以《五经》至上的文学载道说，由对古今文章的批评发展到对其创作者的批评，就是文人道德说的最好实践。”[③] 户田浩晓推论道：刘勰认为人与天地齐一，人文与天地之文并生，人文籍圣人得以显示天地自然之道，由圣人而扩展为人之道。因此，刘勰文学论的出发点就是天地之文通过人文而开始成为敷赞圣人之道的言之文。刘勰所说的“圣人之道”指的就是儒家思想道德。于是，撰写文的作者的道德便与文章密切相关。而刘勰所倡导的就是文人道德与作品统一而非相悖。这同样是文章载道说。

总之，主要通过对前五篇，以及《时序》《定势》《体性》《练字》《史传》和《程器》的解读分析，户田浩晓首次比较系统详细地探讨了刘勰的文章载道说。文学与《五经》的文章、作为经世之器的文学、作为文学批评尺度的“六义”和文人道德说便是刘勰巧妙构筑的“理论构造”的具体内涵。户田浩晓对此提出质疑，认为这是“不自然人为的”[④]。

三、文为载道之器

在理论研究方面，户田浩晓独树一帜。20世纪70年代之前，当绝大多数研究者主要囿于对《文心雕龙》版本的整理校勘，篇章字句的考证训诂，以及内容的注疏释义方面时，户田浩晓比较早地开始了对刘勰及其《文心

---

① 户田浩晓:《中国文学考论》上,第31页。
② 户田浩晓:《中国文学考论》上,第29页。
③ 户田浩晓:《中国文学考论》上,第34页。
④ 户田浩晓:《中国文学考论》上,第30页。

雕龙》思想体系、基本文学思想、修辞理论的研究。尤其难能可贵的是，他率先从中西比较和美学视角探讨问题。在注重校勘考据的同时，他的研究也表现出来比较强的推理思辨性，例如：

> 文，作为人的语言最直接的表现，文学作品和作者人格有连成一体的密不可分的联系，不承认这一点是不行的。特别对像刘勰这样一个持文为载道之器观点的人来说，作者的人格，就带有特别重大的意义。原因在于，限于第一等的，是有鉴戒之功、益于修身的文章。如果作家的道德性与作品相乖离，那么，真正有载道之器意义的文章就不能产生。如前所述，刘勰写作《文心雕龙》的根本动机，是由注经转为论文的，根据最初使“文”产生的“道”是源于天地自然的“圣人之道”，对作家的人格，也就不言而喻地是儒教的道德性。这种儒教的道德性不仅包括作家的哲学、宗教乃至人生论的内在精神方面，且超出了对于一般士人同等要求的伦理规范。①

这是户田浩晓关于文学载道说“理论构造”里“文人道德论”的一段论述。此段论述思辨性强，逻辑思维严密，展示了户田浩晓良好的理论修养和哲学思辨能力。正如杨明照曾以一副对联，评价户田浩晓“龙学”研究时所说的：“志惟深远沿波讨源事必胜任，才实鸿懿叙理成论文果载心。”②

而且，户田浩晓尤为难能可贵的地方在于，他明确指出：《文心雕龙》里文章载道思想，这是作为讽谏主义和功利主义的文学观，作为中国文学思想的一大潮流，直到近代都是“一以贯之根深蒂固的文学思想。汉代以儒学为经世之要具，德为本，文为末的思想仍占支配势力”。③ 时隔 41 年后，1984 年，孜孜以求的户田浩晓又发表了《文章载道说理论的创立与实践——刘勰与白乐天》一文。该文通过分析诗歌创作中白乐天的基本理念及其实践，以及刘白二氏的共通点与不同点及其功绩，围绕着“学”与“文”“道”与“义”的关系，更进一步比较探讨了唐代李汉所明确提出的

---

① 户田浩晓：《中国文学考论》上，第 37 页。

② 户田浩晓著，曹旭译：《文心雕龙研究》，上海：上海古籍出版社，1992 年，第 54 页。

③ 户田浩晓：《中国文学考论》上，第 36 页。

“文者贯道之器”的思想。其主要内容和观点集中体现在以下两个方面：

1. 白居易的载道说

在解读《文心雕龙》过程中，户田浩晓指出：尽管刘勰没有使用“文章载道”“文章贯道”之类的语词，但是，早在齐梁时期，刘勰已经完整地创立了这一理论①。在《原道》《征圣》《宗经》《序志》诸篇里，他明确地阐明了立论的根据和证明的方法。而在后世，既继承了刘勰文章载道说，又对此有所创新的是白居易②。户田浩晓主要通过对《与元九书》的分析解读，阐明了他的文章载道说。他认为：白居易关于《六经》是文章的典型和具有最高价值的说法，是继承《文心雕龙》《原道》《宗经》两篇而来的。二者之间的不同体现在刘勰和白居易分别把《易经》《诗经》居首。白居易“文者贯道之器也”的说法比刘勰“道沿圣以垂文，圣因文而明道”③ 更明确地强调了诗歌在政治教化方面的功能。为了证明白居易关于诗歌创作理论也受刘勰文章载道说影响，户田浩晓还对比分析了《文心雕龙》“情采”篇，并结合白居易在中日传诵最广的《长恨歌》分析说：只有讽刺诗才代表白居易诗歌的真正面目，他传递出了白居易文章载道说的精神。④

2. 文章载道

户田浩晓认为：刘勰和白居易一个从《易经》之道探究文学根源；一个从《诗经》讽刺诗论精神中看出文学的本质。尽管如此，但是，文学必须有效宣传道，必须有助于政教风化。并且，他认为以载道为文学理想的刘勰的文学论，在昭明太子编撰的《文选》里有体现。他论证说：

> 刘勰关于文学载道说的思想在《文选》中开了花，在白居易《白氏长庆集》里结了果。这是刘勰及其《文心雕龙》对后世产生深远影响的证明。刘勰从《周易》哲学思想出发，演绎创立了文学载道说的理论，把伟大的50篇《文心雕龙》留给世界。白居易继承了刘勰《文心雕龙》中文学载道的理论和思想，但把《诗经》作为文学的理想，

---

① 户田浩晓：《中国文学考论》上，第43页。
② 户田浩晓：《中国文学考论》上，第49页。
③ 范文澜：《文心雕龙注》，北京：人民文学出版社，1958年，第3页。
④ 户田浩晓：《中国文学考论》上，第46页。

留给人类大量文学作品，藉此实践了刘勰所倡导的文学载道理论和思想①。

在户田浩晓看来，由于出现了周密慎思的文学理论家与批评家刘勰，以及卓越的文学创作实践者白居易，中国文学史上的文学载道说或文章贯道说，才切实形成了。②

3. 对日本文论影响

虽然没有展开正面论述，文字也不多，仅仅寥寥数语，但是，户田浩晓还是从中日比较文学视域谈到了以刘勰《文心雕龙》为中心的文章载道思想对日本的影响。他认为贯穿中国文学的这一思维模式，不仅长期在中国文学思想界占有支配地位，而且传入日本后，信奉它的人也很多。他特别例举了被称之为德川时代儒学鼻祖藤原惺窝的文集里，附有后光明天皇的《御制惺窝先生文集序》里开门见山的“盖闻，文者贯道之器也”③，以及其门人菅得菴《续惺窝文集序》里“先儒尝言：文者载道之器也”之句，进一步一方面证明日本人对文章载道说的袭用，另一方面说明他们与白居易有所创新发展的沿用不同④。

由此可见：户田浩晓对文学载道说的论述分析还是比较全面深入的。他从比较文学、美学等视角，从《文心雕龙》前三篇，延伸到整个中国古代文学，乃至日本文学，分析阐释了文章载道说。且不说 1943 年或 1984 年，即便是现在，户田浩晓关于以刘勰为中心的中国古代文章载道说问题的研究及其所得出的一些结论都具有创新性和前瞻性，如刘勰以美为文学得以成立的重要条件，以载道为文学的思想，白乐天继承并进一步发挥了刘勰思想等等。

四、结语

户田浩晓是日本近代以来汉学研究的大家，研究领域广博，著述丰赡。除校勘注和翻译之外，他还比较早地研究了刘勰文学思想。他于 1943 年、1984 年公开发表了两篇论文，比较全面系统地分析了《文心雕龙》前五

① 户田浩晓:《中国文学考论》上,第 47 页。
② 户田浩晓:《中国文学考论》上,第 51 页。
③ 户田浩晓:《中国文学考论》上,第 52 页。
④ 户田浩晓:《中国文学考论》上,第 53 页。

篇，刘勰所说的“文之枢纽”的核心思想。他不仅比较全面解读了刘勰《文心雕龙》里有关文学载道思想和批评实践，而且，由此探讨了该思想在整个中国古代文学批评或理论，乃至日本文学中的地位。他所提出并阐释的刘勰《文心雕龙》中文章载道说的“理论构造”，及其被后世以白居易为代表的文人的继承与发展，具有创新性，特别是他的《文心雕龙中文章载道说的构造》发表时间很早，后世许多日本学者继承了户田浩晓关于刘勰文学本质论的研究。虽然角度不同，但他们都围绕着《文心雕龙》前五篇进行，如林田慎之助和冈村繁分别于1967年、1984年发表的论文“刘勰《文心雕龙》原理论的若干问题——关于刘勰的美学思想”和“《文心雕龙》中的《五经》和文章美”等。因此，在日本“龙学”研究界，户田浩晓对刘勰《文心雕龙》文学理论的研究也做出了贡献。

（作者单位：广东外语外贸大学日语语言文化学院）

两岸“龙学”之交汇

——序游志诚教授《文心雕龙五十篇细读》

戚良德

笔者曾把近百年大陆“龙学”的发展历程分为六个阶段：一是从二十世纪初至1949年，这是“龙学”的初创和奠基时期；二是“文化大革命”前的十七年，乃是“龙学”的重要发展时期；三是“文革”十年，则是“龙学”的停滞和倒退时期；四是从1976年至1989年，其为“龙学”的兴盛与繁荣时期；五是从1989年至二十世纪末的十余年时间，则为“龙学”的徘徊和反思时期；六是二十一世纪以降，“龙学”步入新的开拓发展时期。

值得注意的是，当中国大陆的《文心雕龙》研究处于上述停滞状态的时候，台湾地区的“龙学”却正处于滋长繁荣的重要历史时期。因此，海峡两岸的“龙学”史颇有不同的轨迹。据不完全统计，二十世纪下半叶，即从1951年至1999年的近五十年间，台湾地区出版“龙学”专著、专书百余种（其中有些为翻印大陆著作），发表各类“龙学”论文六百余篇，堪称学术奇迹。

然而，不可忽略的是，台湾“龙学”实则以现代“龙学”奠基时期乃至大陆“龙学”发展初期的一些著作为基础而起步的。1954年，从大陆迁至台湾的正中书局重新出版了刘永济的《文心雕龙校释》（该书曾由正中书局于1948年在上海出版）；1958年，台湾开明书店又出版了范文澜的《文心雕龙注》（该书曾由开明书店于1936年在上海出版）；至六十年代，杨明照的《文心雕龙校注》、黄侃的《文心雕龙札记》、王利器的《文心雕龙新书》以及黄叔琳注的《文心雕龙辑注》等陆续在台湾印出，从此中华“龙学”之一脉开始在台湾岛上发荣滋长，并最终开出了绚烂的花朵。因此，台湾“龙学”与大陆“龙学”乃是从一棵树上结出的两颗果实，这是毋庸置疑的。

在二十世纪的后十年里，“龙学”发展的一个突出表现是开启了较大规模的两岸“龙学”交流。如上所述，台湾“龙学”之根本在大陆，由于特殊的历史原因和人文环境，在二十世纪六七十年代，台湾地区的“龙学”可以说极好地延续了大陆之“龙脉”，因而是值得我们格外珍惜的；而大陆“龙学”在二十世纪八十年代有了突飞猛进的蓬勃发展，大有迎头赶上之势，于是，历史开启了颇富戏剧性的一幕，我们看到海峡两岸的“龙学”终于在二十世纪末加快了相互融合的步伐。

台湾“龙学”的一大特点是重视专著的撰写和出版，应该说，这是适应“龙学”及传统文化研究方式的必由之路。正因如此，台湾出版界不仅重视台湾学者“龙学”成果的出版，而且随着两岸文化交流日渐深入，大陆学者的“龙学”著述也开始得以在台湾出版。如刘纲纪的《刘勰》（“世界哲学家丛书”之一，东大图书公司，1989 年）、张少康的《文心雕龙新探》（文史哲出版社，1991 年）、吴圣昔的《刘勰文学原理的建构与精髓》（贯雅文化事业有限公司，1992 年）、陈咏明的《刘勰的审美理想》（文津出版社，1992 年）、李建中的《心哉美矣——汉魏六朝文心流变史》（文史哲出版社，1993 年）、王元化的《文心雕龙讲疏》（书林出版有限公司，1993 年）、詹锳的《文心雕龙的风格学》（正中书局，1994 年）、罗立乾注译的《新译文心雕龙》（三民书局股份有限公司，1994 年）、张文勋的《文心雕龙探秘》（业强出版社，1994 年，后数次重印）、龙必锟译注的《文心雕龙》（台湾古籍出版社，1996 年）、张勉之和张晓丹的《雕心成文——文心雕龙浅说》（万卷楼图书有限公司，2000 年）、林其锬和陈凤金的《文心雕龙集校合编》（台湾暨南出版社，2002 年）等，这些著作在台湾的出版，可以说极大地促进了两岸“龙学”之交流。

当然，面对面的学术会议则是更直接的交流。1995 年 7 月 28 至 31 日，《文心雕龙》国际学术讨论会在北京举行。会议是由中国《文心雕龙》学会和北京大学、韩国岭南中国语文学会、中国山东日照市（刘勰祖籍莒县所在地）联合召开的。值得注意的是，香港、台湾以及国外的“龙学”精英大多到会，如台湾的黄锦鋐、王更生、张敬、李景溁、蔡宗阳、黄景进，香港的黄维樑、陈志诚、罗思美，日本的冈村繁、兴膳宏，俄罗斯的李谢维奇，加拿大的梁燕城，韩国的李鸿镇，美国的罗锦堂，马来西亚的杨清龙等，均出席此次会议，则说明这是一次空前规模的国际“龙学”盛会。

会议期间，学会常务理事会还专门召开了会议，决定聘请日本的冈村繁、兴膳宏教授，台湾的黄锦鋐、王更生、李景溁、蔡宗阳、黄景进教授和宋春青先生，香港的黄维樑、陈志诚、罗思美教授，作为学会顾问。① 从而，中国《文心雕龙》学会开始成为一个具有重要国际影响的学会。

两年之后的1999年5月份，大陆学者十六人应台湾师范大学国文学系和语文学会之邀，参加了刘勰《文心雕龙》学术研讨会和会后的参观、访问活动。本次会议与会人员除台湾各大学的有关专家学者，还有新加坡和香港的同行。参加这次研讨的大陆学者有徐中玉（华东师范大学）、张少康（北京大学）、蔡钟翔（中国人民大学）、邱世友（中山大学）、穆克宏（福建师范大学）、蒋凡（复旦大学）、石家宜（南京师范大学）、郁源（湖北大学）、张文勋（云南大学）、詹福瑞（河北大学）、林其锬（上海社会科学院）、韩泉欣（浙江大学）、孙蓉蓉（南京大学）、韩湖初（华南师范大学）、罗立乾（武汉大学）、赵福海（长春师范学院）等。② 显然，这是一个颇具代表性的团队，可以说基本汇集了当时大陆“龙学”之精英，其赴台参与“龙学”盛会的意义是重大的。可以预期，随着上述两岸及国际交流的推进，“龙学”的研究视野亦随之扩大，思维方式和方法自然受益良多，“龙学”必将迎来又一个新的历史发展时期。

事实也正是如此，进入二十一世纪之后，两岸“龙学”之融合可谓日新月异。一个看似并不起眼而可能具有重要意义的现象是，我们已然可以见到大陆出版社出版的台港澳学者的“龙学”著作：既有台湾老一辈学者的著述，如王叔岷的《慕庐论学集·文心雕龙缀补》（中华书局，2007年）、张立斋的《文心雕龙注订》《文心雕龙考异》（国家图书馆出版社，2010年）、王梦鸥的《古典文华的奥秘——文心雕龙》（“中国历代经典宝库”之一，线装书局、中国友谊出版公司，2013年）等，也有台湾新一辈学人的著述，如简良如的《〈文心雕龙〉之作为思想体系》（中国社会科学出版社，2011年）；既有港澳地区著名学者的论著，如香港黄维樑的《从〈文心雕龙〉到〈人间词话〉——中国古典文论新探》（第二版，北京大学出版社，2013年）、澳门邓国光的《〈文心雕龙〉文理研究：以孔子、屈原

① 参见《北京〈文心雕龙〉国际学术讨论会》，《文心雕龙研究》第二辑，北京：北京大学出版社，1996年，第393—394页。

② 参见《大陆学者参加台湾〈文心雕龙〉学术研讨会》，《文艺理论研究》1999年第4期。

为枢纽轴心的要义》（上海古籍出版社，2012 年），也有年轻学人的撰述，如澳门欧阳艳华的《征圣立言——〈文心雕龙〉体道思想研究》（上海古籍出版社，2015 年）等；尤为可喜的是，还出现了香港和内地学者合作的著述，如黄维樑和万奇编撰的《文心雕龙精选读本》（北京师范大学出版社，2017 年）。总起来看，虽然数量还不算多，但已经足以令人鼓舞了，相信这样的著作一定会越来越多。

据笔者所知，崇文书局的出版人陶永跃先生便有着此类出版规划。他首先看中的是台湾彰化师范大学游志诚教授所著《文心雕龙五十篇细读》（台北文津出版社，2017 年），这显然是一部颇有分量的台湾“龙学”专著。游先生不仅学问淹通，而且士风潇洒，文笔旷达，格古调高。其于《文心雕龙》，不惟沉潜细读，更兼宏观体察，如其论曰：“一言以蔽之，《文心雕龙》是一部子书，而刘勰的身份根本就是一位彻头彻尾皆未变本质的‘子学家’，《文心》所以曾经一度而降为‘论文’之专书，弊端全出在后人之不详查，尤不能详读《文心》文本早已内涵子学之故也。因此，《文心》学界若要认真反省当前研究新一步进展，首先要辨明《文心》此书的子学内涵，重探刘勰一生学术思想的真实‘本色’。”① 如此高屋建瓴之说，何啻彦和“知音”乎！

两岸“龙学”之交汇，已成势不可挡之潮流。近年来，由中国《文心雕龙》学会举办的数次年会，每一次均有相当规模的台湾“龙学”代表队参加；尤为令人瞩目者，游志诚和徐华中教授夫妇的翩翩身影，成为每次“龙学”会一道不可或缺的靓丽风景，其伉俪深情，谦谦儒风，令人向往。可以说，大陆和台湾学者欢聚一堂，对我们共同的文论宝典进行研讨，显示出两岸的“龙学”已然初步融为一体。而今，尽管海峡两岸在其他方面还有种种的困难和阻隔，但对“龙学”大家庭的兄弟姐妹而言，可以毫不夸张地说，我们早已是两岸一家亲了。正所谓“春江水暖鸭先知”，两岸“龙学”的率先融合是不是可以视为中华民族走向统一的文化先导呢？

是所望焉，谨以为序。

庚子年初夏于鸢都白浪河畔

---

① 游志诚：《政事乎？文学乎？——〈文心雕龙·议对篇〉细读》，《中国文论》第一辑，上海：上海古籍出版社，2014 年，第 130 页。

中国古代文论研究的“两创”如何进行？[①②]

——以《文心雕龙》的应用与传播为中心

张　然

摘　要： 中国古代文论研究近些年来活力不足，总体表现为研究热度不高，社会关注度有限。在当今社会越来越多的声音开始呼吁要让中华优秀传统文化“活”在当下的大环境中，习近平总书记提出的“两创”方针成为不少研究、传承中华优秀传统文化的人们采用的“激活”之法。实则，古文论研究也可借助“两创”去“激活”它在当下的生命力。纵观古文论学界，《文心雕龙》研究在新趋势上有一个苗头便是对其现代之用的研究。有不少“龙学”研究者都把《文心雕龙》与当今文艺的实际发展情况和当下的社会生活相联系，这种当下之用普遍带有对《文心雕龙》内涵作转化和发展的特点。目前，此类研究及实践已取得了不少成果。借助这些成果，分析《文心雕龙》在应用与传播过程中与“两创”方针的共同之处，用以小见大之法说明对古代文论进行创造性转化与创新性发展是完全可行的。

关键词： 古代文论；“两创”；《文心雕龙》；应用；传播

2014年9月，习近平总书记在纪念孔子诞辰2565周年国际学术研讨会上发表重要讲话，强调要“努力实现传统文化的创造性转化、创新性发展，使之与现实文化相融相通，共同服务以文化人的时代任务”（以下简称“两创”方针）。此方针作为习近平新时代中国特色社会主义思想的重要组成部分，其思想核心是对中华传统文化吐故纳新的辩证要求。尤其是在纳

---

① 基金项目：国家社科基金重大项目“《文心雕龙》汇释及百年‘龙学’学案”（批准号：17ZDA253）。

② 山东青年政治学院博士科研启动课题“‘两创’理念与中国古代文论现代转换的融合式研究”阶段性成果。

新层面，传统文化流传到今天，它也需要不断纳进时代的气息，拥有新的表现形式，拓展自身的内涵意蕴，让曾经因时光流转而曲高和寡的传统文化“飞入寻常百姓家”，为时代服务，为今人服务。

中国古代文论一直是中华传统文化中的重要组成部分，但不可回避的是，“国学”虽热，但古文论不热。以《文心雕龙》研究为例，“龙学”研究者是古文论研究领域人员数量最多的。但自二十世纪进入尾声，慨叹其研究态势减弱，研究后劲不足的声音日起。基本上，这种研究状态同样可以体现在其他古文论研究领域。如何扭转这种研究态势，让古文论研究可以蒸蒸日上而不是日渐式微？可不可以从“两创”方针的角度去探讨此问题？笔者认为完全可行，古文论是可以做“创造性转化”和“创新性发展”的。但对于这一宏大问题的具体探讨，不妨以《文心雕龙》研究的情况为中心进行分析，通过以小见大来说明“两创”思路是有益于古文论继续“活”在当下的。

一、《文心雕龙》的当代应用

无论是创造性转化还是创新性发展，其目的都是为了让传统文化与现实文化相融通，让传统文化在当代能够有用武之地。就《文心雕龙》研究而言，进入21世纪之后，渐次有了不少讨论和分析《文心雕龙》当代之用的研究与实践成果。

目前，最常见的《文心雕龙》当代应用莫过于它在写作方面对写作爱好者的帮助。但对于“龙学”研究者而言，就不仅仅止于写作方面的帮助了。“中国《文心雕龙》学会第十四次年会”于2017年在内蒙古呼和浩特市召开，此次年会中有一议题是往年所没有的，那就是“《文心雕龙》应用、普及与传播”。作为首次进入年会的议题，这无疑显示了“龙学”的最新研究趋势。在该年会论文集中，与此议题相关的论文有二十四篇。其中有一篇论文名为《〈文心雕龙〉：体系·应用·普及》，作者是著名学者黄维樑教授。对“龙学”较为熟悉的人都知道，黄维樑非常推崇《文心雕龙》。在他看来，“体大虑周、高明而中庸的《文心雕龙》公认是中国古代文论的杰构，最宜优先成为重新诠释、现代应用、向外输出的文学理论。”① 黄维樑对《文心雕龙》能有这种认知，源于他对《文心雕龙》充分

① 黄维樑：《文心雕龙：体系与应用》，香港：文思出版社，2016年，第20页。

的自信。实际上，正因为研究者们对博大精深、源远流长的中华文化有发自内心的认同，对《文心雕龙》这一传承了一千五百余年的古文论，坚信她拥有不竭的生命力，“龙学”研究才能继续“活”在当下。坚信《文心雕龙》可以“活”在当下的黄维樑，凭着这种对“龙学”的热情和自信，努力找寻《文心雕龙》与现实相融通的可能性。为此，他屡次使用《文心雕龙》于古今中外作品的实际批评之中，并在此基础上建构起一套理论体系。他认为这种对古文论的“使用”是让中国的文学批评在国际争得一席之地的有效途径。

黄维樑曾自述：“对文学理论的研究，我的兴趣很大，可穷一生之力而为，但我却不甘心只研究理论，更希望把理论研究之所得，落实于对作品的批评。”① 从目前他的“落实”情况来看，《文心雕龙》的相关理论“落实”得最好，尤其是“六观”说。当然，需要强调的是，黄维樑的“落实”是分了两个步骤，第一是对古代文论的义理做现代阐释，这种思路正是一种对古文论的“创造性转化”，即让高深的古之文言“落”入显白的今之白话，以利于现代人的理解和应用。黄维樑“落实”的第二个步骤是将经过现代阐释的古文论义理用到当下，做实际批评，这无疑是对刘勰文论思想有益的拓展与延伸，属于古代文论研究的“创新性发展”。通过他所做的实际批评，刘勰的文论思想势必会增强它在当代社会的影响力和感召力。以他使用最多的“六观”说为例，他有“现代的六观说”：

> 第一观位体，就是观作品的主题、体裁、形式、结构、整体风格；
>
> 第二观事义，就是观作品的题材，所写的人、事、物种种内容，包括用事、用典等；以及人、事、物种种内容所包含的思想、义理；
>
> 第三观置辞，就是观作品的用字修辞；
>
> 第四观宫商，就是观作品的音乐性，如声调、押韵、节奏等；
>
> 第五观奇正，就是通过与同代其他作品的比较，以观该作品的整体表现，是正统的，还是新奇的；
>
> 第六观通变，就是通过与历来其他作品的比较，以观该作品的整体表现，如何继承与创新。②

---

① 黄维樑：《中国文学纵横论·原序》，台北：洪范书店，1977 年，第 2 页。

② 黄维樑：《文心雕龙：体系与应用》，第 54 页。

可见，经过黄维樑的现代阐释，以主题、题材、修辞、音乐性等名词示人的“六观”说已然更易为现代人所理解。当然，黄先生的现代阐释不止于此，他还在中西文论比较的视域下，指出事义、置辞、宫商可形成美国新批评学派所谓之“local texture”即局部、组成部分、局部肌理，而位体则是“logical structure”即全体、整体大观、逻辑结构。此种中西文论比较的研究方法延伸到了他对每一观的具体阐释之中：对位体，他认为新批评派“organic unity”即统一有机体理论与其相通，叙事学理论可以作为位体理论的延伸；对事义，他认为马克思主义、心理分析学说、女性主义、后殖民主义、离散文论等等皆可与其“中西合璧”；对置辞，他认为今天修辞学的四种重要辞格——对仗、比喻（兼及象征）、夸张、用典，可与之互相发明；对宫商，他以西方诗学所说“poetic foot”（音尺）、“rhyme”（韵）、“rhythm”（节奏）、“poetic”（诗体）等概念来探讨；对奇正，他指出，在中西文学史中，奇与正的现象及争论长期存在；对通变，他认为此中蕴含的继承与创新与艾略特所谓“传统与个人才华”说相通。

在上述现代阐释的基础上，黄维樑使用这套“现代的六观说”对古今中外的一些作家作品、电视剧等做了评析。其出版于2016年的《文心雕龙：体系与应用》一书专设第三部分“《文心雕龙》理论应用于文学作品的实际批评”，在这一部分中，他择取最具代表性的六个实际批评的实例，较为全面地展示了他是如何把一千五百余年前的“六观”说用到当下的。从古代范仲淹的《渔家傲》到当代余光中的《听听那冷雨》，从纯粹的文学作品白先勇的《骨灰》到绝对的影视作品韩剧《大长今》，从对莎士比亚作品《铸情》做评析到对德国汉学家顾彬做评价，“六观”说在黄维樑的手中被给予了大跨度、多元化的使用，虽然学界偶有学者对其屡次“古为今用”的尝试表达不同的意见，如认为其评论“难免给人‘对号入座’的机械印象”[①]，但没有人会否定他在促进当代文论与古代文论融合，发扬民族传统文化精华方面的实践精神和功绩。

黄维樑除了利用“六观”说做专门的实际批评外，《文心雕龙》中的其他观点也时常被他拿来做理论分析及作品批评的利器。如他用刘勰有关

① 吴宏娟：《文心雕“龙”——黄维樑的中国古代文论研究与实践》，《世界华文文学论坛》2012年3月，第64页。

结构布局的观点：“规范本体为之镕，剪截浮词谓之裁”[①]、“三准”说、“外文绮交，内义脉注”[②] 等去评价诗歌的结构是否合理、严谨；利用刘勰“取镕经旨，亦自铸伟词”[③] 的观点来阐释他对新诗与旧诗两者之间继承与创新的关系。总之，由于他对《文心雕龙》的推崇与热爱，刘勰的诸多文学思想都已浸润到了他的批评语言体系中。他自然而然地阐发着刘勰的文学观点，使用着彦和的批评方法，这对于文论界一直热议的古代文论现代转换的话题具有重要启发意义。尤其是他通过使用“六观”说坚持不懈地做实际批评，他认识到“《文心雕龙》的六观法，提供了一个可以放诸四海而皆准的方法学典范”[④]“是可以用来衡量古今中外各种作品，极具普遍性实用价值的。”[⑤] 如果没有这么多年来的实际批评实践，恐怕是难以得出这种结论的。同时，他的这种通过实践得到真知所蕴含的意义已不仅仅是对《文心雕龙》而言了，蒋述卓曾感慨：“古文论研究关键的问题在于没有真正做到‘今用’，古代文论的研究者很难把自己的研究心得与当代文学理论和批评实践结合起来。”[⑥] 黄维樑恰恰在这个“很难”的问题上“难”能可贵做出诸多实打实的“今用”，无疑，这对整个古文论研究都是极具意义的。黄维樑所做之实际批评就是要让古代文论可以“活”在当下。

张少康先生曾高度评价，黄维樑对《文心雕龙》的研究“的确给我们以‘重新发现中国古代文化的作用’之深刻启示”[⑦]。这种“重新发现”无疑是激活了古代文化在当下的生命力，它之所以能够被“重新发现”得益于黄维樑可以把它与现代文化及生活相沟通，帮它融入了当代，服务了生活。“两创”方针同样是以对古代文化的“重新发现”为旨归，通过当代人对古代文化的“重新发现”再次坚定文化自信，激发人们对博大精深、源远流长的中华文化的认同，从而促进人们对中华民族文化理想、文化生命力和创造力的高度信心。可以说，黄维樑努力践行实际批评背后的学术目的与“两创”方针的施行目标是一致的，古文论研究者不妨在积极借鉴

① 戚良德：《文心雕龙校注通译》，上海：上海古籍出版社，2008 年，第 374 页。
② 戚良德：《文心雕龙校注通译》，第 394 页。
③ 戚良德：《文心雕龙校注通译》，第 47 页。
④ 黄维樑：《文心雕龙：体系与应用》，第 191 页。
⑤ 黄维樑：《文心雕龙：体系与应用》，第 192 页。
⑥ 蒋述卓：《论当代文论与中国古代文论的融合》，《文学评论》1997 年第 5 期，第 30 页。
⑦ 张少康：《〈中国古典文论新探〉序》，黄维樑：《中国古典文论新探》，北京：北京大学出版社，1996 年，“序”，第 3 页。

同仁学术成果的同时，从“两创”方针的角度对古文论如何“活”在当下做更多有益的思考。

目前，“龙学”界也有不少学者在积极研究《文心雕龙》要如何“活”在当下。可以说，他们在对使用《文心雕龙》来评介文学作品的实际应用方面已达成共识，在此基础上，有不少学者还试图探索《文心雕龙》是否有除文艺作品批评之外的其他“活法”。如李逸津以“建设美丽中国”思想为阐释对象，结合刘勰之“自然美”理想对这一思想的合理性、必然性和必要性作了发明，并撰文《试论刘勰的“自然美”理想与当代“美丽中国”建设》详尽阐发了这一问题。再如陆晓光将《文心雕龙》与当下国家不断提倡的“工匠精神”结合在一起讨论，撰文《〈文心雕龙〉中的“工匠”慧识》，这种将社会热点与《文心雕龙》放在一起来谈的研究思路，具有重要的开拓性，令人耳目一新。台湾学者严纪华还在教学中广泛地应用《文心雕龙》，并以“六观”说为重点。经过一番实践，严纪华认为“六观”说可以促进学生透过作品结构中文学语言本身进行美学思考、评估优劣，同时，诸多古文论思想皆可将传统与现代联系在一起，以提高教学实际效益，同时推动对古典或白话等适性化教材的开发。

可以说，黄维樑所说《文心雕龙》“可转换、可转化、可采用”这一特性，即指它能够创造性转化和创新性发展。中华文明可以连续不断，与我们先人与今人始终坚持“苟日新，日日新，又日新”的创造和创新原则有关，《文心雕龙》能够在当代成为古文论研究领域的显学，亦与“龙学”研究者们的创造与创新学术思路有关。当然，凭借中国古文论丰富的资源，不只有《文心雕龙》可以创造性转化和创新性发展，还有许多经典的古文论思想可以“两创”，这尤其体现在具体的文艺鉴赏与批评领域。当代古文论学者李建中就曾用刘勰对文体风格的论述，将六体之“精约”与网络批评文体“点击体”相类比，将六体之“繁缛”与网络批评文体“琼瑶体”相类比，他还用李渔的“立主脑”来评价张艺谋的电影《满城尽带黄金甲》，用“以诗论诗”对网络视频《一个馒头引发的血案》做了分析。李建中明确说：“研究古代，是为了解决我们当下的问题。”①

① 李建中:《中国文化与文论经典讲演录》,桂林:广西师范大学出版社,2007 年,第 512 页。

二、《文心雕龙》的当代传播

传播学中著名的拉斯韦尔模式将传播过程分为传者、受者、信息、媒介、效果，笔者认为对《文心雕龙》现代传播问题的分析，完全可以跨学科借助这一传播学模式并结合“两创”方针进行研究。

第一是传者。对《文心雕龙》的传播，最多见的当属高等教育机构中的从教人员。从二十世纪初期，由黄侃在北京大学讲坛上开启《文心雕龙》现代研究的序幕起，无论是从课堂讲授的角度，还是从以论文等具体成果方式来传播《文心雕龙》的角度，高校教师注定是《文心雕龙》传者中绝对重要和主要的群体。但当“龙学”的脚步迈入21世纪，其传播出现了新特点——越来越多的非高校研究人员开始利用自己的课堂或研究成果去传播《文心雕龙》。这一类传者中比较突出的有山东省莒县中学教师朱文民①、唐正立②、长春市第十七中学教师海丁③、中学语文退休教师王学礼④、原《成都晚报》资深记者龙必锟⑤等。他们或利用自己的课堂向中学生传授《文心雕龙》，或结合自己的工作特性撰写有关《文心雕龙》的著作。这类著作往往会给《文心雕龙》的研究带来很多新的角度。无疑，这是一种非常鲜明的对《文心雕龙》的创新性发展。如唐正立将《文心雕龙》研究与校园文学创作相结合，龙必锟将《文心雕龙》研究与新闻行业相结合。可以说，通过这类颇有跨界意味的著述，将引得其他领域内的人来了解并关注《文心雕龙》。创新性发展的要义即对传统文化做出补充和拓展，其目的正是要增强传统文化的影响力和感召力。有理由认为，传者层面的改变对《文心雕龙》的研究正是一种有益的创新性发展。无论是唐正立对《文心雕龙》在校园文化创作领域的拓展，还是龙必锟对《文心雕龙》和新闻业之间关系所做的有益补充，这种创新性发展都会为当代的“龙学”研究增强影响力和感召力。

第二是受者。以往《文心雕龙》的受者主要是高校汉语言专业的学生，如今，越来越多的受者来自非高校非汉语言文学专业的学生。可以说，受

---

① 朱文民著有多篇龙学论文，并出版有《刘勰传》《山东省志·诸子名家志·刘勰志》等著述。

② 唐正立著有《旷世刘勰》《〈文心雕龙〉与校园文学创作》等著述。

③ 海丁（本名丁伯和）著有《文心雕龙新论》等著述。

④ 王学礼著有《文心雕龙骈体语译》等著述。

⑤ 龙必锟著有《文心雕龙译注》《龙学与新闻——〈文心雕龙〉随笔》等著述。

者范围的扩大对传统文化的传播很重要，“两创”方针的出发点之一即希望可以通过有效的创造性转化和创新性发展来更好地推广、传承传统文化精华。具体来说，高等教育体系中，2008 年中国人民大学将《文心雕龙》列入全校必修的人文通识课程序列；2012 年山东大学将《文心雕龙》列为尼山学堂（建立在儒学高等研究院的贯通文史哲的国学实验班）本科生的必修课；2016 年武汉大学启动面向全校学生的“武大通识 3.0”课程体系，《文心雕龙》是该体系中《人文社科经典导引》内所选的十二本经典之一。中学教育体系中，越来越多的中学生开始接触并学习《文心雕龙》，如山东省莒县一中，自 2011 年 9 月起便一直以校本教材的形式让《文心雕龙》走进课堂；还有 2017 年因在第二季《中华诗词大会》上武亦姝的夺冠而大火的上海复旦大学附属中学，该校自编教材《中华古诗文阅读》全套六册，每册都有《文心雕龙》的单元学习，该校学生对《文心雕龙》的学习已然成为“必修”。另据出版这套校编教材的上海教育出版社介绍，目前这套将《文心雕龙》贯穿始终的教材已经在除复旦附中之外的 7 所上海的高中使用。而除了在校生外，还有许多在社会机构中的人士同样也成了《文心雕龙》当代传播的受者，如 2014 年起天津市老年大学便开设了“《文心雕龙》导读班”，众多老年学生在天津师范大学李逸津教授的讲授下了解刘勰与《文心雕龙》；还有目前许多社会力量所设立的国学传播机构、儿童读经堂等也有不少在讲《文心雕龙》。可以说，通过这些社会机构的传授，更多的社会人士也成了《文心雕龙》在当代的受者。《文心雕龙》受者群体之所以能够得以扩大，正是“龙学”研究者们有意对这部精妙绝伦的文化元典，在传播过程中结合受者特点做出了一定的创造性转化，使受者数量得以越来越多，这是传统文化在当代最希望“看到”的局面。学界时常倡导做学术要“为往圣继绝学”，但以何为继？何以让古代文论“活”在当下？受者的扩大至关重要。

第三是信息。《文心雕龙》在信息层面的传播，主要是对文本信息、学术信息的传播。但在当代，《文心雕龙》信息层面的传播出现了新的特点，即对《文心雕龙》的文本或思想的再书写渐渐有意识地在撰写、编排方面向易读的方向发展，这明显带有普及意味。显而易见，这种普及是对《文心雕龙》文本内容有益的创造性转化。如黄维樑与万奇合编的《爱读式文心雕龙精选》，编者自述其书具备“三易”特点：容易阅读、容易理解、容易记忆。编者认为唯有此，普通的读者才能爱读。从易读到爱读，这需要传者对所要传播的信息进行拣选，《爱读》一书便选择了最重要的篇章，并对所选信息进行“平易近人”的阐发，其注释、语译也都以精简为标的。再如由戚良德先生主编的《中华优秀传统文化读本》，该书出版于2017年，以广泛传播中华优秀传统文化为目标。《文心雕龙》作为其中一章，语言简洁明了，带有明显的向大众普及的倾向性。而致力于实现中华优秀传统文化发扬光大的“两创”方针，其关键是找对实施的路径和方法，尤其对于继承传统文化的年轻人，要让他们产生认同感，需要摒弃居高临下的说教模式，拿捏知识传授的难易程度，改变给予知识的方式方法，以帮助他们入门。无论是《爱读式文心雕龙精选》还是《中华优秀传统文化读本》，它们在对《文心雕龙》文本内容的处理上都有“易”的倾向，这种适合大众的创造性转化必定会对《文心雕龙》的传播起到良性的助推作用。

第四是媒介。大众传播媒介主要分为两大类：纸质类和电子类。对《文心雕龙》而言，进入新世纪后无论是纸质传播媒介还是电子传播媒介皆有长足发展。据统计，自2000年至今，“龙学”著作已经超过200种，发表“龙学”专题论文千篇以上①。凭借当今交通便利，物流发达的有利条件，这些纸质成果的传播，势必会进一步扩大它的传播范围，加深《文心雕龙》对受者的影响。同时，在电子技术已然深入人类生活各个角落的今天，前述“龙学”著述也多有电子版提供。以常见的电子书提供机构如超星数字图书馆为检索工具，可以模糊检索到以“文心雕龙”为书名的图书近1200种。这些电子书中不仅有出版自电子计算机普及时代的书籍，还有二十世纪七八十年代的书籍。基本上比较基础、经典、热门的“龙学”著作都可以检索到电子书，这不仅大大方便了研究者的使用，同时也为有意向的普通读者提供了阅读的便利。再者，各种网络课程日益增多。在超星/尔雅学术视频平台上检索“文心雕龙”，有11个相关视频。而在目前更为火热的中国大学MOOC（慕课）国家精品课程在线学习平台上，有戚良德先生主讲的《文心雕龙导读》，参与人数以万计。甚至在最新的新媒体上也能找到《文心雕龙》的身影，如专业的音频分享平台“喜马拉雅FM”便有对《文心雕龙》文本的分享。作为一个下载次数以亿计的软件，有理由相信，《文心雕龙》会在当下的传播环境中，凭借新型的传播媒介得到更为

① 戚良德：《21世纪“龙学”的三大发展》，《上海师范大学学报》（哲学社会科学版）2017年第2期。

广泛的传播。可以说，《文心雕龙》的传播正越来越倾向于数字化媒介，而“两创”方针的丰富内涵也包括对传统文化要与新技术、新媒体、新模式等做有机融合。尤其是对于类似《文心雕龙》这样的精神文化遗产，后人在选择承载其的产品时，势必要根据时代的变迁而不断地变革与创新，这样做的目的很明确：增强吸引力、感染力与竞争力。

第五是效果。此处以武汉大学李建中教授传播《文心雕龙》为例，以期用生动的实例来说明改变传播方式对《文心雕龙》的传播效果作用匪浅。李建中通过对《文心雕龙》和刘勰的重新解读，提出了所谓“青春化《文心雕龙》”的概念。在此概念的指导下，他自述“在长期的课堂教学中，一直在自觉地建构并践行‘青春版’理念：不仅要在龙学界创生出‘青春版《文心雕龙》’，而且要在大学讲坛上讲出‘青春版《文心雕龙》’”①。李建中始终相信传统的人文学科拥有现代价值和当下意义，在他的课堂上，他带领学生用古文论观点去解读当下的文化现象，如用《文心雕龙·知音》“见奥”理论对《无间道》做“影评”；在课堂练习中他强调“辨理”与“练文”的统一，2005年9月至2006年1月，李建中以《文心雕龙》的骈体论文来启发武汉大学2003级人文科学试验班学生，引导学生进行骈体书写实践，最后结集成书《青春版文心雕龙》；由李建中主讲的“《文心雕龙》研读”，期末考试没有试卷，改以小组形式，分组讲授《文心雕龙》中的某一篇。有的小组为先秦至东晋近20位辞赋家建立了微信群，排演了一出异常精彩的辞赋家群聊聚会，也有的小组用话剧的形式表演“江山之助”，用英文十四行诗改《明诗》的赞……总之，李建中在《文心雕龙》的传播上，对那些青春的学生以青春化的传播方式，授以青春化的内容。有学生曾评价说：“李老师给人感觉特别‘潮’，年过花甲却像年轻人，将古代文论经典和当下关联起来，让人觉得特别有趣，很有现实意义。”② 这种学生口中的“潮”“有趣”“很有现实意义”，无疑是对李建中青春化传播《文心雕龙》这一策略效果的最佳解释。“青春版《文心雕龙》”传播事例展现了李建中对《文心雕龙》的教学改革，体现了对《文心雕龙》内容的创造性转化和创新性发展。他采用青年学生喜欢的方式，对《文心雕龙》

① 李建中：《师生同创“青春版”：传统人文学科教改理念及实践》，《中国大学教学》2015年第1期。

② http://chinese.whu.edu.cn/index.php/index-view-aid-7328.html.

的讲授内容做一定的转化，从“青春”出发，结合当下的文化现象挖掘《文心雕龙》在今天的现代价值，拓展其内涵，从而完成了对《文心雕龙》在当今社会的有益发展。

三、让古代文论“活”在当下

高长武指出，中华传统文化对历史中国和现实中国都具有重要作用和意义。优秀的传统文化使中华文明数千年未断，这对团结统一的政治局面，激励中华儿女反抗外来侵略，促进中国社会发展进步的历史中国意义重大。而现实中国是历史中国的延续和发展，当下文化离不开数千年的中国传统文化，因为这是中华民族的“根”与“魂”，每个华夏儿女都带有这一文化基因。① 2017 年年初发布的《关于实施中华优秀传统文化传承发展工程的意见》提出要把中华优秀传统文化贯穿国民教育始终。如何能够让国民保持积极的态度去接受它的“贯穿始终”？创造性转化与创新性发展必不可少。如引起热议的电视栏目《国家宝藏》力推中国内地的博物馆，每一期都是一个博物馆的专题节目。但其表现形式却不同于以往常见的纪录片样式。此大型文博类栏目的口号是“让国宝‘活’起来”，而栏目组也多次公开表示其制作目的是希望让更多的年轻人走进博物馆，走进文物，走进传统文化精华。为此，栏目组大胆对文物的呈现方式进行了创造性转化，以“前世传奇”的方式为文物创造了一个综艺的外壳，但它所包裹的是实实在在的文化内核。这种综艺外壳、文化内核的形式迅速抓住了年轻人的目光，成功地让年轻人走进了中华国宝、中华文化。为了能够让年轻人了解到国宝传承的意义和国宝在今世的价值，栏目组又以“今生故事”的方式对文物的“今天”做了很精彩的创新性发展，展现了文物是如何“活”在当下的，这种“活”包括新的应用、新的推广、新的重构等。从《国家宝藏》所掀起的全民讨论热潮来看，《国家宝藏》可谓是对“两创”方针的上佳诠释，该栏目在第二十四届上海电视节荣获最佳季播电视节目。《文心雕龙》与其他文论巨著虽然不是标准意义上的博物馆文物，但它却是图书馆里的“文物”，是华夏民族精神世界中的重要国宝。让这些国宝再次“活”起来，无论对学术研究还是对我们的现世生活都

① 高长武：《关于创造性转化和创新性发展的几个问题》，《中国文化报》2018 年 2 月 28 日，第 3 版。

具有重要意义。

宇文所安曾说："寻找新方法来理解过去，让旧的东西重新活在眼前，并且与现代生活连接在一起。"① 对于中国古代文论而言，它自身的价值之大毋庸置疑。前文已经对《文心雕龙》的当代之用有过较为详尽的列举和分析，此外，还有的学者用《二十四诗品》所谈意境之美与中国散文诗电影的审美情绪结合起来，有的学者从《典论·论文》《人间词话》等典籍中对艺术家天才创造力的思考出发，去讨论类型电影和大众心理模式，还有的学者用"豪放"来对比网络批评文体"咆哮体"，用"婉约"来对比网络批评文体"知音体"。但也需指出，如前文所提将《文心雕龙》之"雕龙"匠心与国家所倡导之"工匠精神"相结合，或将刘勰对自然美的歌颂与国家的"美丽中国"建设相结合的这种非文学艺术领域的当下之用，在整个古文论界的实际研究中还是罕有的。这两个罕有之例启发我们，古文论的当下之用绝不仅仅限于对文学艺术作品做评析，正如戚良德先生所言："中国古代文论的价值实际上远远超越今天的'文学理论'，从而直通21世纪的文化建设，乃至政治、经济和社会生活。"② 可是真正想做到让古代文论的价值发挥到政治、经济和社会生活领域，是很不容易的，除了需要跨越巨大的古今时间差异，万千的时代风貌不同之外，中国文论界长时间对西方文学理论的推崇，也造成了我们以他人体系对自己理论的削足适履，中国古文论境遇之尴尬，可想而知。现如今，我们如此努力地希望让古代文论可以"活"在当下，也与这种因尴尬而产生的"人为断裂"有关。重新激活它其实本来一直绵延不断的生命力，是当代古文论研究者的责任。

"以古人之规矩，开自己之生面"。中华传统文化历经数千年不断，中国古文论作为中华优秀传统精神文化中的重要组成部分，它需要一代一代的文论研究者们接力下去。在这一接力的过程中，仔细回想，每一代的接棒者都结合当世的社会实际，对经典的文论内容有一定的创造，做了一定的转化，并根据当世的社会需要又对经典的文论内容做了一定的拓展和发展。可以认为，"两创"方针定当能为古文论"活"在当下提供可行的思

---

① 宇文所安著，田晓菲译：《他山的石头记：宇文所安自选集》，南京：江苏人民出版社，2002年，第3页。

② 戚良德：《超越·回归·还原》，《中国文论》第一辑，上海：上海古籍出版社，2014年，第1页。

考与实践思路。同时，如果学界可以在古文论“活”在当下的问题上取得更多的成果，中国文论的“失语”及古代文论现代转换问题都可以从中汲取一种学理和实践维度上的借鉴意义。从更广阔的意义上讲，让古代文论“活”在当下，更是对本民族文化自信的集中表现。

（作者单位：山东青年政治学院）

编后记

十六年前，笔者在《〈文心雕龙〉与中国文论话语体系》一文中曾有这样的说法："准确把握《文心雕龙》这一独特的中国文论话语体系，仍是一个十分艰难的工作和未完成的任务；而在此基础上进一步认识《文心雕龙》之于中国文论话语体系的关系和意义，则不仅是'龙学'进一步发展的迫切要求，更是中国古代文论研究取得突破性进展的一个关键。"① 而今，构建中国特色哲学社会科学话语体系已经成为我们人文社会科学研究的重要目标，在实现这一目标任务的过程中，《文心雕龙》与中国文论话语体系的建设自然是其中重要内容之一。应该说，十多年来，无论是被称之为"龙学"的《文心雕龙》研究，还是整个中国古代文论的研究，都取得了长足的进步和发展，以《文心雕龙》为中心的中国文论话语体系的探究，早已成为不少研究者的自觉行动，我们这本小小的《中国文论》之所以以《文心雕龙》的理论体系来设置栏目，也是这种自觉行动的一个体现；但又不能不说，"把握《文心雕龙》这一独特的中国文论话语体系"，进而建构中国文论话语体系，仍然是任重道远的。

本期隆重推出的第一篇宏文是黄维樑教授的《〈文心雕龙〉的推广和应用：我的尝试》，这既是主动应用《文心雕龙》独特文论话语的范例，也是有意建构中国文论话语体系的生动实践。正如黄教授所说，百年"龙学"成果颇为丰硕，"龙学"已然成为显学，"但一般而言，龙学的成果及其影响，只限于龙学者的'群组'里"，因而"龙学"的"推广和应用"还有广阔的空间，依然大有可为。"《文心雕龙》不是过时的老古董，其学说和现代西方理论多有相通和契合之处"，如何进一步推广发扬龙学，如何应用这部不朽经典的理论，便是值得认真尝试的。黄先生通过中西比较，

---

① 戚良德：《〈文心雕龙〉与中国文论话语体系》，《文史哲》2004 年第 3 期。

指出这部经典有普遍性的文学理论，“《文心雕龙》不但‘体大虑周’，而且理论极具恒久性、普遍性，有巨大的现代价值”，他通过重新组织，为它建立了一个宏大的、中西合璧的、“现代化”的理论体系，即所谓“情采通变”体系。为了向英语世界介绍这一体系，黄先生把论述“情采通变”的长文改写为英文，以“Hati-Colt：A Chinese-oriented Literary Theory”为题，其中“Hati”是英文“Heart-art”（心—艺术）和“Tradition-innovation”（传统—创新）的头字母缩写；“Colt”是英文“Chinese-oriented literary theory”（中国为本的文学理论）的头字母缩写。黄先生说：“Hati 的声音容易读出来（不像 NBC、CBS 那类缩写要逐个字母读出声音）；Colt 亦然，而且有意义，意为‘小马’或‘新手’，寓意是这个体系虽来自古典，却是个新的尝试。拟定这个英文名称，可说是‘用心良苦’吧。”黄先生特别指出：“我们应当提出有中国特色的文论话语，最好自成体系，成立‘中国学派’。我力量非常微薄，却愿意尝试；这个有中国特色而且是中西合璧的‘情采通变’体系，这个‘Hati-Colt’，就是‘自发研制’出来的一个体系。”笔者认为，这就不仅是“用心良苦”的问题，而且是极富胆识和充满智慧的了。诚然，《文心雕龙》一书写于一千五百年前，“作者自然无法预见当代全球各地的种种文学现象，以及由此归纳演绎出来的文学理论；因此，上述新建构的体系，颇有增益补充的需要；而各种增益补充的观点，大可纳入这个泱泱大体系里面”，同时，黄先生认为，“20 世纪西方文论百家争鸣，然而，诸如心理分析学说、女性主义理论、后殖民主义等，都不重视文学作品的文学性（艺术性）；说到文学性，《文心雕龙》的种种见解，基本上位居至尊，西方古今很多理论都难以伦比”，这无疑是令人鼓舞的。

黄先生另一个重要的尝试和贡献是对《文心雕龙》的“学以致用”：“把《文心雕龙》的理论应用于文学作品的实际批评，是我数十年来的萦心之念，我一直在尝试。……白先勇的《骨灰》是现代小说，我用《文心雕龙》的‘六观法’来析评；余光中的《听听那冷雨》是现代散文，我同样对待。《文心雕龙》的理论，当然适用于析评古代的诗歌，如屈原的《离骚》，如范仲淹的《渔家傲》——这些我都写成了论文。我还用刘勰‘剖情析采’之刀，对待西方的不同文体，如马丁·路德·金（Martin Luther King）的演讲词《我有一个梦》（*I Have a Dream*），如莎士比亚的戏剧《罗密欧与朱丽叶》。我又有论文题为《炳耀仁孝，悦豫雅丽：用〈文心雕龙〉理论析评韩剧〈大长今〉》。”这些大胆而富有创意的尝试，将古今“文心”贯通为一体，不仅给人耳目一新之感，而且切实推动了《文心雕龙》与中国文论话语体系的现代建构。正如黄霖先生所说：“黄维樑教授已写过多篇论文用《文心雕龙》等传统的文论来解释中外古今的文学现象，很有意味。可惜的是，大家习惯于戴着西方的眼镜来看中国的文学，反而会觉得黄教授的分析有点不伦不类了，真是久闻了异味，就不知兰芝的芳香了。我们现在缺少的就是黄教授这样的文章。假如我们有十个、二十个黄教授这样的人，认认真真地做出一批文章来，我想，传统理论究竟能不能与现实对接，能不能活起来，就不必用干巴巴的话争来争去了。”①

除了专文、专著之外，黄先生还经常在各种书写中“宣传”刘勰的理论，让“文心”放光、使“雕龙”现身，以此引起更多人注意刘勰的伟大著作。黄先生说：“我在文学理论或实际批评的书写中，尽量应用《文心雕龙》的理论，哪怕有时只用一二语句而已。这样的做法，可使学习《文心雕龙》的人，知道此书有很大的实用价值，因而更为重视它。我的尝试，乃为了向中华各地的人文教学界普及此书，向国外的文学理论界发扬此书。《文心雕龙》是活的理论著作，其应用性能甚高，其重大价值要传播到远方，让‘雕龙’成为‘飞龙’。”正因如此，“知我者甚至可以这样说：‘黄维樑下笔不离《文心雕龙》!’”应该说，“龙学”大家庭的成员已有不少，但如此热爱“文心”、普及“文心”，并全力推动“文心”走向当代世界者，其惟先生乎！黄先生提醒我们，“在国家硬实力软实力都大幅度提升的时代，‘龙的传人’当各尽所能，凭着日益加强的文化自信，发扬这部旷世的文论经典”。而当“‘龙的传人’在学术上坚毅勤苦奋斗后，‘雕龙’应可在国际成为珍宝，以至凭着东风成为‘飞龙’周游天下各国，为世人欢喜迎接”。显然，这是“龙学”大家庭所有成员的共同心愿。

本期“文心雕龙”栏目下的另一篇重要文章是王万洪教授的《巴蜀文学名家与〈文心雕龙〉》的长文。说到对《文心雕龙》的热爱，万洪君真是堪比黄维樑教授，其于近年推出系列“龙学”专著，从不同角度深入挖掘刘勰这部旷世文论宝典的巨大蕴藏，用力之勤，在年轻一辈学人中可以说是颇为少见的。作为身居巴蜀的学人，万洪君不仅自觉承担起传承巴蜀

---

① 黄霖:《〈中国古代文论新体系教程〉序》,孙秋克主编:《中国古代文论新体系教程》,杭州:浙江大学出版社,2014 年,“序”,第 3 页。

“龙学”的重任，而且上溯巴蜀文化与《文心雕龙》的密切关系，可以说为巴蜀“龙学”找到了丰沛的根系。他指出：“在巴蜀大地这块多民族聚居、富饶繁荣、物产富足的土地上成长、走出的著名人物，包括伏羲、颛顼、大禹、夏启、司马相如、王褒、扬雄等人，他们是中国历史上最杰出的政治家、文学家、思想家，根据《文心雕龙》全书的实际内容可知，他们的政治成就、生平事迹、创作实践、文学作品和思想理论成果，为《文心雕龙》的成书做出了巨大贡献。”这些看似极为概括的论断之中，包含着相当丰富而独具识见的内容，不仅需要对《文心雕龙》有着深入的了解，而且需要广泛的史学修养，理论视野是颇为开阔的。如谓：“在这一广义的巴蜀文化区地域范围内，在刘勰的笔下，在《文心雕龙》最重要的开篇之作《原道》篇论述到的上古圣人之中，就有伏羲、炎帝、伯益、后稷、大禹、文王、周公直接生长于斯，传承于斯，就有帝尧与帝舜之先祖发源于斯，降居于斯，只有孔子不是。所以说，上古文明史，是以这一区域中心位置建构起来的。”这样的论断显然还不是定论，甚或会引起不少争论，但由此出发来认识《文心雕龙》的创作基础，则巴蜀文学、文化之于《文心雕龙》的独特价值，确乎就是值得注意的了。如《原道》篇有“《河图》孕乎八卦，《洛书》韫乎九畴”之论，万洪君认为：“伏羲在黄河中根据河图创立了八卦，这是人类图像文学之始；大禹在洛水中根据洛书收获了洪范，这是国家有序治理之本——于是，从人类文学的起源到后代文学的巨大功能，从蒙昧的感悟体会到理性的政教指令，从仰观俯察的创造形式到逻辑严整的政治制度，都产生并形成了，这是中华文明发展史上最重要的两个标志性事件。而在中原河洛完成这两大壮举的伏羲和大禹，正是古巴蜀文化区奉献出来的两位巨人。”

以此认识为基础，万洪君指出：“在广义的巴蜀文化区范围内产生的伏羲、炎帝、五帝世系部分人物、大禹、伯益、夏启、文王、周公等杰出的政治家、思想家，是《文心雕龙》在写作时极力赞美、尽力褒扬、歌功颂德的主要对象。上古传说中的圣王，以其卓越的政治功绩、伟大的发明创造、亲民的教化事业、优秀的文学创造，为《文心雕龙》的成书提供了评论对象、征引源泉、道德高标和文本体裁。”应该说，这些说法之中，既有确定无疑的“龙学”公论，也有值得商榷的新的认识，而这正是“龙学”向前发展的一个重要方式；就巴蜀文学与《文心雕龙》的论题而言，其中的新认识是非常重要的。笔者觉得，万洪君推出的不少“龙学”著述，都带有这样的特点，是值得总结的。如谓："没有蜀中三杰——尤其是扬、马二人的创作成就、学术贡献与理论推动，《文心雕龙》不仅将失去最值得依赖的征引取材对象，而且提不出贯通全书枢纽论、文体论并指导创作与批评实践的雅丽文学思想。"这样的论断既是立足巴蜀文学的，又显然并不违背《文心雕龙》的理论实际，可以说是从一个新的角度，对刘勰理论体系之形成进行了新的阐释。

在"文之枢纽"栏目下，我们首先推出韩湖初教授的一篇论辩文章《〈文心雕龙〉"文道自然"说的理论意义——兼评魏伯河先生对龙学界肯定该说的错误批评》。韩、魏两位先生都是本刊的老作者，他们对《原道》的基本思想尤其是刘勰的"自然之道"有着不同的认识，这可以说是非常自然的事情，本刊当然乐于提供论辩的阵地。正如牟师世金先生所说："若不知'原道'之'道'为何物，便无'龙学'可言。"① 先生此说，一方面当然是强调必须搞清刘勰所谓"道"的真正含义是什么，另一方面更是强调必须重视《原道》之"道"之于《文心雕龙》理论体系的根本作用，以此作为把握刘勰文论思想的逻辑起点。什么是刘勰之"道"固然非常重要，而重视这个"道"在《文心雕龙》文论体系中的地位和意义则尤为重要。实际上，就后一方面而言，韩、魏两位先生可以说没有任何分歧，分歧只在于这个"道"是什么？显然，这不是一个新问题，而是从二十世纪六十年代就存在着诸多争论，直到今天也没有形成一致的看法。牟先生曾借用袁枚"道其所道"之语，以此说明不同的研究者对"道"的不同理解，正是言人人殊、莫衷一是。

魏伯河先生在本刊第四期所发文章的大标题是《走出"自然之道"的误区》，顾名思义，他显然不同意把"道"理解为"自然之道"，而认为"既然刘勰所'征'之'圣'是儒家的周、孔，所谓'征之周孔，则文有师矣'，所'宗'之'经'是儒家的五经，那么顺理成章，所'原'之'道'也只能是儒家所尊奉的道，而绝不可能与之背离或有大的歧异。"② 笔者在第四期的"编后记"中曾指出："魏先生所言是不无道理的，这种回归问题本原的思路更是笔者所赞同的，但刘勰所原之道是否真的如此简

---

① 牟世金：《〈文心雕龙〉研究的回顾与展望——祝〈文心雕龙〉学会成立并序〈文心雕龙研究论文选〉》，《文心雕龙学刊》第二辑，济南：齐鲁书社，1984 年，第 44 页。

② 魏伯河：《走出"自然之道"的误区——读〈文心雕龙·原道〉札记》，《中国文论》第 4 辑，上海：上海古籍出版社，2018 年，第 65 页。

单，许多研究者指出的‘自然之道’的问题是否是一个‘误区’，笔者认为仍是大可商榷的。”① 韩先生便认为，《文心雕龙·原道》篇的“道”乃指宇宙本体；所谓“道之文”，乃是视万物自然有文为宇宙普遍规律，刘勰以此构建体大思精的理论体系。因此，这个“道”不同于儒家传统文道观视道为儒家之道、文为载道的工具，“意蕴丰富深厚，意义重大，影响深远”。因此，韩先生认为魏先生不明“自然之道”乃为“道”之异名，视龙学界普遍肯定其说为走入“误区”，“实则走入迷途，徒滋混乱”。韩先生进一步指出：“刘勰所说的‘自然之道’是指宇宙万物普遍的自然规律，近于老庄的‘自然之道’……它是构建《文心雕龙》理论体系的基石和贯穿整个理论体系的主线。……它具有方法论的意义。”而“魏先生犯了两个错误：一是不明‘自然’乃‘道’之异名，并非形容词，而是一个哲学范畴（名词），指宇宙本体。它是万物的本原，故‘标自然以为宗’；二是刘勰的‘宗经’是宗奉儒家经典作为文章的典范，而不是作为文章的本原。”可以看出，他们的意见颇有针锋相对之势。

两位先生孰是孰非，抑或是否各有其理，自然要由读者和研究者予以判断，笔者想说的是，这种学术争鸣的精神是非常必要的。遥想三四十年前，牟先生与马宏山、刘长恒等先生就有着关于“原道”的学术论争，留下了不少“龙学”佳篇。而今，这种纯粹为学术而学术的争鸣可以说越来越少了。毫无疑问，韩老师也是“道其所道”、只为学术而争，从中我们不难窥见老一辈学者的淳厚学风。笔者觉得，刘勰的“道”固然重要，但这种良好的为学之道则尤为令人称赏。我们期盼这种良好学风的回归，希望有越来越多的人加入这种为学术而学术的争鸣之中，哪怕面红耳赤，哪怕唇枪舌剑，岂好辩哉，不得已也！

其次是周纪文教授的《论〈礼记〉“哀乐相生”思想的内涵与意义》一文。周老师指出，儒家礼乐思想作为一种文化形态至今对社会生活的方方面面依然具有相当的影响力，礼乐文化观在《礼记》中有着集中的阐释，其中“哀乐相生”思想表达了礼乐文化的核心观念，但是其美育价值在当代还有待重新发现。应该说，“哀乐相生”的命题我们并不陌生，但正如周老师所说，儒家对“乐”的偏好深刻地影响了国人的情感心理结构的形成，如李泽厚先生便认为“乐”在中国哲学中实际上已经具有本体的意义，有

① 戚良德:《编后记》,《中国文论》第4辑,第274页。

着天地之情的理据。正因如此，周老师认为："从'哀乐相生'的思想中，我们发现事实上'哀'的生成性价值应该更大，没有对于'哀'的倾情体验，就不可能真正获得'乐'的丰富感受，没有对于'哀'的反思理解，就不可能真正领会'乐'的深刻内涵。"从而，"仁爱之心的情感感受也自然不是简单的快乐，而应该是对'哀乐相生'的深刻体验，这是乐中有哀、哀中有乐、超越哀乐、无哀无乐的心灵安静，是对天地之情的深刻理解。"她特别指出："如果说哀乐是硬币的两面，人生的这枚硬币似乎'哀'的一面出现的更为频繁，但是人总是会追求'乐'的，这也是人性的必然。……'哀乐相生'是一种自觉的精神追求，经历过哀痛的心灵，并不惧怕伤害，反而更加明白人生的真谛，更愿意激发出自我向上的动力，去完善自我、超越自我，去追求君子之乐，正像颜回'一箪食，一瓢饮，在陋巷，人不堪其忧，回也不改其乐'，这才是哀乐相生的思想内涵，也是礼乐文化的核心观念。"笔者觉得，这样的理解蕴含了作者深刻的人生体验，是对传统文化的一种生动解读，彰显出中华传统文化恒久的生命力。

以此为基础，周老师进一步指出，哀乐实际上也都是一种审美感受，它们就像情感的波浪线，波峰与谷底都是精神的紧张状态，只有恢复松弛才代表平静状态的心理愉悦，所以我们更可以从美育的角度来肯定"哀乐相生"的理论价值。她说："从审美教育的角度，我们认为在'哀乐相生'的思想中，'哀'的美育价值还没有被充分发掘，没有得到足够的重视，尤其是对于一直尊奉乐感文化的我们。无论是我们的艺术表达还是新闻传播，对于悲剧的表现都远远不够，对于'丑'的事物、'哀'的情感，我们习惯于将其转化，用以丑衬美、化哀为乐的方式逃避悲伤的氛围和哀痛的冲击，喜欢用大圆圆和伪崇高制造幻觉，在消解真实的残酷性的同时，也消解了真实的力量，有时甚至是有意回避，这使得我们民族的心理长期缺乏哀的审美感受力锻炼，并进而使我们缺乏反思的能力和反省的勇气。"笔者以为，这不仅是非常正确的，而且是切中时弊的。正因如此，"我们需要在美育的实践活动中增加对于'哀'的内容和形式的审美鉴赏，从美学思想上，充分阐释'哀'的思想内涵和审美价值，用'哀乐相生'的思想来诠释社会和人生。"

在"论文叙笔"栏目下，首先是洪树华教授的长文《论〈四溟诗话〉中的"象喻批评"及其诗学意义》。"象喻批评"是中国古代文学批评中常见的一种批评方法，树华教授从解读《四溟诗话》中的有趣喻体出发，全面挖掘其中的“象喻批评”，进而分析其诗学意义，用力之勤，令人钦佩。据他统计，在《四溟诗话》中可以见到七十多处的“象喻批评”，其喻体丰富杂多，特色鲜明，饶有趣味。如在“取喻之天体景象”中，谢榛用日、月的光彩比喻诗歌的气韵，诗无神气也就相当于绘日月而无光彩，显示出对诗歌神韵、精神的重视。在“取喻之造酒、酿蜜”中，谢榛认为写诗就像江南各地造酒，不同地方的酒自有不同的特色，善于欣赏诗歌的人，要像“善饮者”那样，能分辨同中之异，能识别不同诗歌的不同特色。在“取喻之瓜果、蔬菜”中，谢榛提出了鉴赏诗歌的“剥皮”说，以“摘胡桃并栗，须三剥其皮”为喻，说明有些诗歌需要鉴赏者反复推敲，仔细斟酌，才能领会其中佳味。在“取喻之用兵（作战）、兵法”中，谢榛以陆机《为周夫人寄车骑》和唐代女诗人刘采春《啰唝曲》为例，以“将种临敌而不胜女兵”为喻，把陆机之作比作“将种”，把刘采春之作比作“女兵”，称道刘采春抒发离愁的深婉之作。这些丰富多彩的“象喻批评”，一经点出，的确令人回味无穷。

不仅如此，谢榛有时还以一连串的物体为喻来论诗。如谓：“凡作近体，诵要好，听要好，观要好，讲要好。诵之行云流水，听之金声玉振，观之明霞散绮，讲之独茧抽丝。此诗家四关。使一关未过，则非佳句矣。”① 洪教授解释说：“诵之行云流水”，就是要求诗句诵读起来具有流畅自然而有节奏之美感；“听之金声玉振”，就是要求诗歌具有音调铿锵响亮和谐的声律之美；“观之明霞散绮”，就是要求诗歌要有“色”，即有文采，这是对诗歌的视觉审美要求；“讲之独茧抽丝”，就是要求诗歌条理分明，脉络清晰，也可以说要求欣赏者仔细咀嚼，玩味诗歌的无穷余味之美。这不禁让我们想起刘勰在《总术》篇的名论：“数逢其极，机入其巧，则义味腾跃而生，辞气丛杂而至；视之则锦绘，听之则丝簧，味之则甘腴，佩之则芬芳：断章之功，于斯盛矣。”② 谢榛论近体诗，刘勰则论文章，但无论诗文，它们的美都可以“象喻”，确如树华教授所说，“象喻批评”乃为中国传统文论中最基本的批评方式，具有不可忽视的诗学意义。

其次是佟子璇的《曹植〈文帝诔〉“其乖甚矣”辨析》一文。如所周

① ［明］谢榛著，李庆立校笺：《谢榛全集校笺》（下），南京：江苏古籍出版社，2003 年，第 983—984 页。

② ［梁］刘勰：《文心雕龙 · 总术》，戚良德辑校：《文心雕龙》，上海：上海古籍出版社，2015 年，第 247 页。

知，刘勰在《诔碑》篇中对曹植的《文帝诔》有所批评，主要是谓其“旨言自陈，其乖甚矣”，亦即不符合诔文的写作规范。“辨析”一文则认为，刘勰有其时代和认识的局限，对诔文创作的看法是比较保守的；实际上，曹植之作强化了诔文的“传体”特征，增强了抒情性和文学性，其文末的“旨言自陈”在诔文体制中乃是一个承前启后的创新之举。文章通过具体分析指出，曹植的“自陈”之句是其个体意识的不自觉流露，意在借诔作抒难平之郁。“而私人情感因带有强烈的主观色彩，往往难以抑制，故《文帝诔》之述哀，最终是曹植作为创作者主动参与进诔文哀情表达的一次创新，打破传统诔文客观抒情，表现出‘旨言自陈’的对话性与共情性。”因此，曹植的《文帝诔》“正式肯定哀情叙写在诔文中的地位，使诔文发生了真正意义上的明显转变”，从而使诔文的文体功能有所拓展。同时，由于曹植的《文帝诔》篇幅较长，刘勰还予以“体实繁缓”之评论。“辨析”一文则指出，正因其“体实繁缓”，才可以表现较为丰富的内容，从而抒发作者深切真挚的情感，“其实又是曹植在诔文创作中的一大创新”。文章认为，较之前人诔作，《文帝诔》“传体”特征更为鲜明，符合刘勰所谓“序事如传”的要求，《文帝诔》之“繁缓”，实为“传体”诔文的首创之作，“以其独特的形式展现出诔文的文体之美。因此，对《文帝诔》的‘繁缓’，我们应认识到它的创新之处，以及对于古代诔文文体发展的贡献”。总之，该文认为，曹植之诔文具有诸多创新，一是扩大了诔文对象，二是增强了诔文的抒情性，三是强化了诔文的审美性，四是真正体现了“序事如传”，从而使传统诔文焕然一新。正因如此，《文心雕龙·诔碑》篇所谓“陈思叨名”的评价也就是不确切的。应该说，这些认识均不无道理，这些探索都是有益的，但笔者也觉得，以后世乃至今天掺杂了所谓“文学”标准的诔文观，来衡量刘勰“文章”观念中的诔文观，可能是龃龉难合的。

在“剖情析采”栏目下，首先是涂光社教授的大作《汉字书写的文化特色与功能优长——以〈庄子〉寓言话语和〈文心雕龙〉范畴的系统建构为例》一文。涂先生指出，汉字是大文明中硕果仅存的象形系统文字，其文化特色与功能之优长往往因习以为常而被忽略。由于它对古代文学传达以及理论范畴创用的影响颇大，考究汉字这两方面的特点和优长便是极为必要的。涂老师是《庄子》研究和《文心雕龙》研究两个领域的专家，因此他以这两部书为例进行探索，既是顺理成章的，也是得天独厚的。就庄子而言，诚如涂老师所说，其寓言尽管浪漫主义文学色彩鲜明，但毕竟重说理论道而非抒情言志。“其语汇、范畴创用堪称古籍之最，很能体现汉字运用的文化特色。不仅予约定俗成的范畴某些新义，还创设了一系列形象性的范畴概念，在文学批评史和理论史中皆显示出强大的生命力。”就刘勰而论，则更是以系统的范畴创用成就了享誉千古的文论经典《文心雕龙》。“加上论证中标举和运用‘剖情析采’的思想方法，在葆有汉字功能优长的同时，很大程度上弥补了古代理论系统建构与剖析论证、作抽象逻辑规定方面的欠缺。”

我们仅看涂老师对《庄子》之“内篇”语汇和范畴概念的举证，如《逍遥游》有：鲲鹏图南、越俎代庖、扶摇而上、无所至极、大相径庭、不近人情、大而无当，以及游、志怪、磅礴、陶铸、绰约、彷徨……《齐物论》有：朝三暮四、大梦大觉、师其成心、存而不论，以及天籁、真宰、孟浪、宇宙、吊诡、曼衍、有待……《养生主》有：庖丁解牛、薪尽火传、游刃有余、踌躇满志、依乎天理、安时处顺，以及神遇、肯綮……《人间世》有：螳臂当车、无可奈何、无用之大用，以及师心、心斋、坐驰、风波、散木、栋梁、溢美……《德充符》有：死生亦大、鉴于止水，以及彀中、一贯、灵府……《大宗师》有：相濡以沫、善始善终、唯命是从，以及真知、屈服、天机、自适、莫逆、造物者、造化、附赘、端倪、安排、坐忘……《应帝王》有：泣涕沾襟、虚以委蛇、雕琢复朴、体尽无穷、劳形怵心，以及心醉、气机、混沌……如此丰富多彩，确乎是难以企及的。

显然，涂老师的举证和思考提出了一个传承中华文化的带有根本性的问题，那就是如何对待我们的汉字？他指出：“晚清以来国势衰微发展艰困，出于振兴传统文化挽救民族危亡的目的一些学者倡导文字改革。二十世纪二三十年代以来就有汉字拼音化的尝试，五十年代国务院颁布了汉字拼音和简化方案。汉字简化和推广普通话也颇有可取，拼音化后来则不得不终止。白话文的普及和广泛用于写作显然受中外文化交流的推动。”这些话点到为止，其中有很多值得我们深长思之的问题，比如，“诗词歌赋有独特的表现手段和艺术境界，是极其珍贵的文化遗存，其承传和发扬光大的前提是识其本真、知其优长，了解以汉字记录的汉语的文化个性，及其对思想表达、美学追求、艺术传达以及理论话语、范畴创用的积极影响。”实际上，诗词歌赋之外呢？上述庄子那些生动的语汇和范畴概念一直都存活在我们的语言实际中，假如换成拼音，将会如何呢？

其次是魏伯河教授《简论〈文心雕龙〉之“圆”》一文。文章指出，刘勰在《文心雕龙》中已大量运用“圆”来谈文论艺：就分布说，涉及全书50篇中的16篇；就内容说，涉及创作鉴赏的各方面和全过程。在以“圆”论文的发展上，刘勰实现了大幅度的跨越，已经将“圆”作为美的追求之一，并上升为审美范畴，赋予了丰富的内涵。比如“首尾圆合”，是刘勰对作品结构布局的追求之一，他将其作为艺术标准来要求文章写作，并使得《文心雕龙》的大部分篇章，成为“首尾圆合”的成功之作。魏老师举例说：如《征圣》篇结尾以“若征圣立言，则文其庶矣”回应篇首“作者曰圣，述者曰明”；《宗经》篇结尾以“正末归本，不其懿欤”回应篇首“三极彝训，其书曰经。经也者，恒久之至道，不刊之鸿教也”；又如《神思》篇末以“伊挚不能言鼎，轮扁不能语斤，其微矣乎!”呼应篇首“古人云：形在江海之上，心存魏阙之下。神思之谓也。文之思也，其神远矣”；《定势》篇末以“秉兹情术，可无思耶”照应篇首“夫情致异区，文变殊术”，《镕裁》篇末以“若情周而不繁，辞运而不滥，非夫镕裁，何以行之乎?”回应篇首“立本有体”等。……这样“首尾圆合”，使文章的整体美得以完美展现，给人以珠圆玉润的感觉。应该说，如此细心体察刘勰的理论及其在《文心雕龙》中的运用和体现，是我们能够深入刘勰之“用心”的关键。

魏老师进一步指出，《文心雕龙》一书的结构即体现了渗透于中国文化心理思维层面的太极圆形思维，全书犹如一幅由阴阳鱼构成的《太极图》，“《文心雕龙》字句圆、事圆、理圆，篇章圆，全书亦圆，几乎无所不圆，所以能在成为‘体大虑周’的文论精品的同时，也成为难得的美文。”同时，文章还提出一个研究刘勰思想理论来源的重要问题：“历史地看，刘勰《文心雕龙》以‘圆’论文，是古代文学理论发展到一定阶段的产物。有的研究者将其来源追溯到佛教，尤其龙树的《中论》。如果考虑到刘勰写作《文心雕龙》时寄身佛寺，长期为僧祐抄写佛经、编定佛书，受其浸染，在书中或隐或显地有所表现，诚或有之，故此说不可为无据。但笔者以为，对此不可执于一偏，以致将某种次要因素视为主要因素，或者将偶然因素视为必然因素。中华民族由《易经》发展而来的传统文化，无疑才是其真正的、至少是主要的源头。后来传入的佛家思想的影响，最多只是起到辅助或旁证的作用。”应该说，这是较为符合刘勰的思想和《文心雕龙》的理论实际的。

在“知音君子”栏目下，首先是朱文民先生的文章《语言学家对“龙学”家的批评》。这里的“语言学家”指的是何九盈先生，“龙学”家则有一大批。何先生在研究刘勰的“声律”理论时，发现“龙学”家们“用先秦乐律中的调式来指摘齐梁时代声律中的五声，缺乏历史观念，而且对何谓‘声’、‘响’，也茫然无知”，因而误解了刘勰的话语，尤其是对刘勰所谓“商徵响高，宫羽声下”二句的理解，“迄今为止，海内外那么多‘龙学’专家以及文学批评史家，无人对此二语做出正确解释”①。的确，多数“龙学”著作在注释刘勰的《声律》篇时，由于“商徵响高，宫羽声下”二句“既不符合‘五音宫调’，也不符合‘五音徵调’，于是遭到两方面的批评”②，结果或认为刘勰搞错了，或认为版本流传有误，而对刘勰的文本加以更改。但笔者于2007年初作《文心雕龙校注通译》（见“前言”，该书于2008年出版）时，明确指出刘勰此二句并无错误，认为“商徵响高，宫羽声下”二句乃“谓五音之高低强弱”，是“互文足义，非谓商徵声高而宫羽声低，不可胶柱鼓瑟”③。何九盈先生的《中国古代语言学史》（新增订本）出版于2006年6月，我却未能关注，这是令人惭愧的，我们应当虚心接受何先生的批评。诚如朱老师所说，“刘勰是一位通人，我们现在的学科分工过细，各学科的学者知识面相对狭窄，对刘勰这样一位通人的著作难以拥抱，其研究者往往依据自己的知识所长解说《文心雕龙》，一旦遇到自己知识以外的话题，就容易出现瑕疵。”实际上，在《文心雕龙》研究中，类似之例多有，而绝不仅仅是“声律”的问题，正如何先生所指出“就是《文心雕龙》中其他一些语句，被人误解者亦不少”④，因此，朱老师文章所提出的问题是令人深思的，我们要读懂刘勰的这部大书，要真正成为刘勰的“知音”，是需要多方面的知识储备和积累的。

其次是闫韵云和王毓红两位作者的《美国华人〈文心雕龙〉研究中的主体意识》一文。文章指出，《文心雕龙》在美国的接受范围主要集中在学界，研究人群大体分为两类：一类是美国本土学者或美籍西方学者，“他们的《文心雕龙》研究是真正意义上的跨文化研究”；另一类则是美国华人学者，“因其独特的文化身份，始终具有积极主动的文化主体意识和强烈的文化参与感，他们艰辛耕耘、砥砺传承，自觉地将中国文论推向西方世

① 何九盈：《中国古代语言学史》（第四版），北京：商务印书馆，2013年，第154页。
② 何九盈：《中国古代语言学史》（第四版），第154页。
③ 戚良德：《文心雕龙校注通译》，上海：上海古籍出版社，2008年，第383页。
④ 何九盈：《中国古代语言学史》（第四版），第154页。

界。”本文即以美国华人学者为研究对象，“从他们推动《文心雕龙》在美国重构经典性以及这一群体由比较研究至理论建构的跨越两方面入手，通过对华人学者代表性成果的分析，探讨美国华人学者独特身份背后产生的文化行为，揭示其在文化外传过程中彰显的强烈自觉的主体意识。”王毓红教授曾两度于美国访学，对美国的《文心雕龙》研究情况可以说了然于心，因此她们的文章提供了不少第一手资料，如首位直接以刘勰为博士论文研究对象的美国华人学者邵耀成、2001 年出版的英语世界中第一部《文心雕龙》研究专书《中国文心：〈文心雕龙〉中的文化、创造与修辞》（*Chinese Literary Mind：Culture，Creativity，and Rhetoric in Wenxin dialong*）、首次在西方英语世界的论文标题中直接出现“文心雕龙”的夏威夷大学学生惠特克（Hope Whitaker）的论文《比较宗炳的〈山水画序〉与刘勰〈文心雕龙〉》（*A Comparison of Tsung Ping's Preface on Landscape Painting and Liu Hsieh's Wen Hsin Tiao Lung*）等，让我们对美国华人学者群体在“龙学”上的贡献有了更为真切的了解。

两位作者还特别指出，美国华人学者都带有强烈的文化“主人翁”意识，不甘于本文化中的优秀成果在世界文论中被湮没，因而清醒主动地推进作品经典性的确证，“他们通过翻译行为还原文本内涵，以文学史及文论教材帮助西方读者进行史实性的认知和阐释性的理解，最后顺理成章地进入专题研讨”，从而完成了《文心雕龙》的经典身份在异质文化语境中的重构，从根源上推动了中国古典文论的外传。文章认为，与西方汉学家仅仅将《文心雕龙》当作观照自己文化的“客体”、比较的目的在于“理解他人，反观自身”不同，美国华人并未止步于比较，而是“具有积极自觉的文化主体意识，因此他们有更大的雄心壮志和文化使命感，将比较作为理解的手段，最终目的在于通过比较，寻求中国文论话语建构的最大可能性。他们以《文心雕龙》为突破口，在跨文化的背景下借西释中、西学中用，开始尝试独立的理论建构。”这种理论的跨越“不仅意味着《文心雕龙》研究的深化，也是美国华人面对西方文学理论的冲击浪潮时，文化主体身份的充分觉醒以及对自身文论传统的反思与别样尝试。”笔者觉得，文章拈出美国华人学者《文心雕龙》研究中的主体意识，并对这种主体意识进行了具体分析，这对中国大陆的“龙学”是颇具启发意义的。如文章提到，李敏儒曾大胆提出假设：刘勰之后中国文论缺乏系统性的原因不在于后代文论家对此力不从心，而是有了刘勰所建立的文论体系范本后再如法炮制相当不必。这一具有创见性的认识应当与本文所说的主体意识密不可分。

在“学科纵横”栏目下，首先是笔者的《论〈文心雕龙〉的三大版本》一文。所谓“三大版本”，指的是唐写本、宋《太平御览》本和元至正本。这三个版本人所共知，本文则对一些相关问题进行新的思考，如著名的唐写本，除了具有无可替代的校勘学上的重要意义之外，本文指出它还具有两方面的重要历史意义：第一，它从一个侧面向我们展示了《文心雕龙》一书在唐代的流传情况。唐代著名史学家刘知几说：“敦煌僻处西域，昆戎之乡也。求诸人物，自古阙载。盖由地居下国，路绝上京，史官注记，所不能及也。”① 然而，《文心雕龙》的手抄本恰恰传到了这样的僻壤远方，岂非耐人寻味？第二，它意味着刘勰的著书理想初步得以实现，那就是：“按辔文雅之场，环络藻绘之府，亦几乎备矣。”② 可以想见，如若不是《文心雕龙》有着指导文章写作的切实意义，何来奋力手抄，又何能传至“僻处”？同时，唐写本也给我们留下了好多难解之谜。一是我们目前看到的唐写本，完整的内容实际上只有从《征圣》至《杂文》的十三篇。既然已经见到了《原道》篇的最后几句，那么应该可以肯定此篇是抄完了的，除此之外，我们需要谨慎询问的一个重要问题是：这位抄写者只抄到《谐讔》篇的篇名为止呢，还是抄完了《文心雕龙》全书？显然，其中还存在着其他各种可能性，已然无从猜测。但事实是，目前已发现的存世的唐写本乃是《文心雕龙》“上篇”的前一半；换言之，被保存下来的《文心雕龙》抄本的主体是“论文叙笔”的“论文”部分。无论是否原抄写者只抄了这一部分，还是只有这一部分被完好地保存了下来，都说明这部分内容可能是非常重要的，是值得珍视的。二是唐写本的抄写者所用的底本是哪一个？这个问题不仅仅令人好奇，更重要的是，就目前我们所能看到的各种《文心雕龙》版本而言，仅有十三篇内容的唐写本显然具有无与伦比的准确性，而它只是一个抄本而已，这只能说明抄写者所依靠的版本是极为可靠的，然则，它何以没有被保存下来？进而，第三个重要的谜就是，后来的《文心雕龙》版本，比如宋代《太平御览》所引《文心雕

---

① ［唐］刘知几：《史通·杂说下》，［清］浦起龙释：《史通通释》，上海：上海古籍出版社，1978年，第520—521页。

② ［梁］刘勰：《文心雕龙·序志》，戚良德辑校：《文心雕龙》，上海：上海古籍出版社，2015年，第287页。

龙》以及元至正本《文心雕龙》，其所依赖的底本又是哪个呢？

再如宋本《太平御览》对《文心雕龙》的采摭，一个引人注目的现象，是对《文心雕龙》上篇的重视，尤其是对“论文叙笔”之文体论部分的重视。本文指出，除《乐府》《祝盟》《谐讔》《诸子》《封禅》五篇之外，文体论的其余十五篇不仅被全部采摭，而且几近全文引录或大部引录者，也正是这十五篇。与之形成鲜明对照的是，《文心雕龙》下篇的二十五篇，不仅采摭篇目只有六篇，而且其引录内容也明显偏少，其中《神思》篇引录两段，《风骨》《定势》《事类》《指瑕》各篇分别引录一段，《附会》篇引录三段，这六篇引录总字数仅有六百余字，虽未可忽略不计，但与文体论之引录情况相比，显然是不成比例的。这不能不引起我们的思考。唐写本残卷正是《文心雕龙》“上篇”的前一半，主体则是“论文叙笔”的“论文”部分。因此，无论是否原抄写者只抄了这一部分，还是恰好只有这一部分被保存了下来，都说明这部分内容可能有其特殊的重要意义。但那只是一个残卷，我们毕竟不能肯定原本是否只有文体论。然而宋本《太平御览》对《文心雕龙》的引用则不同了，其明确无误的信息再次证明了文体论的被看重，因而不仅确证了上述对唐写本的判断，而且更进一步说明，在一个相当长的历史时期之内，《文心雕龙》最受重视的部分是“论文叙笔”的文体论，而不是“剖情析采”的创作论。换言之，自《神思》篇开始的创作论之受到研究者的重视或偏爱，可能是近现代“龙学”的突出特点了。

又如，元至正本与此前的宋御览本是什么关系？其与唐写本又是什么关系？按照钱惟善之说，元至正本的底本乃是刘贞所藏其先人刘节斋的“手录”本，但刘氏从何本而录，已经难以确考了，惟既有宋御览本在前，则按照常理推论，它们之间是不会没有关系的。不过，其与唐写本的关系就没有这么简单了。一方面，这有赖于宋御览本和唐写本之关系，假如刘氏的“手录”本与宋御览本有关，则元至正本与唐写本之关系也就取决于宋御览本与唐写本的关系，这是不难理解的。另一方面，刘氏的“手录”本也完全有可能直接与唐写本有关，只是这个唐写本不一定是我们今天所见的唐写本残卷，抑或与我们未曾见过的唐写本之母本有关，这都是不得而知却又存在可能性的问题了。要之，从理论上说，元至正本基本可以肯定与宋御览本有着难以分割的关系，但与唐写本的关系就若即若离、难以说清了。总之，唐、宋、元三个版本之间的承继关系是较为复杂的。它们均为孤本，却又难说一线单传，并无明确的前后延续关系，因而有许多问题是值得思考和研究的。

其次是冯斯我博士的《日本“龙学”史上较早的〈文心雕龙〉文章载道说研究》一文。如所周知，户田浩晓是日本近代以来汉学研究的大家，也是“龙学”名家，其研究领域广博，著述丰赡。本文则集中介绍他对刘勰文学思想的研究，特别是其于1943年发表的《文心雕龙中文章载道说的构造》一文，指出这是世界“龙学”史上首个通过对刘勰《文心雕龙》关于文章载道说的分析，梳理阐释刘勰文学思想体系乃至整个中国古代文学理论批评史上文章载道思想的论文。户田浩晓之文围绕着文学与《五经》的文章、作为经世之器的文学、作为文学批评尺度的六义和文人道德论，论证了刘勰《文心雕龙》中文章载道说的“理论构造”。同时，他还有《文章载道说理论的创立与实践——刘勰与白乐天》一文，主要通过对刘勰和白居易相关论述的分析，一方面阐明二者分别从《易经》之道探究文学根源，从《诗经》讽刺诗论精神中追踪文学的本质，说明白居易既继承了刘勰又有进一步的发展；另一方面则说明文章为载道之器的思想贯穿中日文学史。应该说，我们对日本的“龙学”成就并不陌生，但对他们具体的研究成果（尤其是单篇学术论文）进行分析的论著还比较少，这对“龙学”的进一步发展其实是非常必要和重要的。如斯我文章中提到的户田浩晓的这样一段论述：“刘勰关于文学载道说的思想在《文选》中开了花，在白居易《白氏长庆集》里结了果。这是刘勰及其《文心雕龙》对后世产生深远影响的证明。刘勰从《周易》哲学思想出发，演绎创立了文学载道说的理论，把伟大的50篇《文心雕龙》留给世界。白居易继承了刘勰《文心雕龙》中文学载道的理论和思想，但把《诗经》作为文学的理想，留给人类大量文学作品，藉此实践了刘勰所倡导的文学载道理论和思想。”笔者觉得这是一段颇有新意的论述，不仅其研究成果是值得我们重视，其研究思路也是值得我们借鉴的。

“文场笔苑”栏目下也有两篇文章，一篇是笔者为游志诚教授大作《文心雕龙五十篇细读》之大陆版所写的序言，题为《两岸“龙学”之交汇》。笔者指出，当中国大陆的《文心雕龙》研究在二十世纪六七十年代处于基本停滞状态的时候，台湾地区的“龙学”却正处于滋长繁荣的重要历史时期。因此，海峡两岸的“龙学”史颇有不同的轨迹。然而，不可忽略的是，台湾“龙学”实则以现代“龙学”奠基时期乃至大陆“龙学”发展初期的一些著作为基础而起步的。1954 年，从大陆迁至台湾的正中书局重新出版了刘永济的《文心雕龙校释》（该书曾由正中书局于 1948 年在上海出版）；1958 年，台湾开明书店又出版了范文澜的《文心雕龙注》（该书曾由开明书店于 1936 年在上海出版）；至六十年代，杨明照的《文心雕龙校注》、黄侃的《文心雕龙札记》、王利器的《文心雕龙新书》以及黄叔琳注的《文心雕龙辑注》等陆续在台湾印出，从此中华“龙学”之一脉开始在台湾岛上发荣滋长，并最终开出了绚烂的花朵。因此，台湾“龙学”与大陆“龙学”乃是从一棵树上结出的两颗果实，这是毋庸置疑的。台湾“龙学”之根本在大陆，由于特殊的历史原因和人文环境，在二十世纪六七十年代，台湾地区的“龙学”可以说极好地延续了大陆之“龙脉”，因而是值得我们格外珍惜的；而大陆“龙学”在二十世纪八十年代有了突飞猛进的蓬勃发展，大有迎头赶上之势，于是，历史开启了颇富戏剧性的一幕，我们看到海峡两岸的“龙学”终于在二十世纪末加快了相互融合的步伐。

同时，本文指出，台湾“龙学”的一大特点是重视专著的撰写和出版，此乃适应“龙学”及传统文化研究方式的必由之路。台湾出版界不仅重视台湾学者“龙学”成果的出版，而且随着两岸文化交流日渐深入，大陆学者的“龙学”著述也开始得以在台湾出版。进入二十一世纪之后，两岸“龙学”之融合可谓日新月异。一个看似并不起眼而可能具有重要意义的现象是，我们已然可以见到大陆出版社出版的台港澳学者的“龙学”著作：既有台湾老一辈学者的著述，也有台湾新一辈学人的著述；既有港澳地区著名学者的论著，也有年轻学人的撰述；尤为可喜的是，还出现了香港和内地学者合作的著述。总起来看，虽然数量还不算多，但已经足以令人鼓舞了，相信这样的著作一定会越来越多。崇文书局的出版人陶永跃先生便有着此类出版规划，他首先看中的是台湾彰化师范大学游志诚教授所著《文心雕龙五十篇细读》（台北文津出版社，2017 年），这显然是一部颇有分量的台湾“龙学”专著。笔者认为，尽管海峡两岸在其他方面还有种种的困难和阻隔，但对“龙学”大家庭的兄弟姐妹而言，可以毫不夸张地说，我们早已是两岸一家亲了。正所谓“春江水暖鸭先知”，两岸“龙学”的率先融合是不是可以视为中华民族走向统一的文化先导呢？

另一篇文章是张然博士的《中国古代文论研究的“两创”如何进行？——以〈文心雕龙〉的应用与传播为中心》一文。显然，这篇文章与黄维樑教授的发端之作相互呼应，成为本期《中国文论》的重要主题之一。

本文以《文心雕龙》研究为例，讨论中国古代文论研究何以进行“创造性转化”和“创新性发展”问题。有趣的是，文章正好重点介绍了黄维樑教授的《文心雕龙》研究成果。张然指出，在《文心雕龙》的理论中，黄教授“落实”得最好的是“六观”说。她认为，黄教授的“落实”分了两个步骤，第一是对古代文论的义理做现代阐释，这种思路正是一种对古文论的“创造性转化”，即让高深的古之文言“落”入显白的今之白话，以利于现代人的理解和应用；第二则是将经过现代阐释的古文论义理用到当下，进行实际批评，这无疑是对刘勰文论思想的有益拓展与延伸，属于古代文论研究的“创新性发展”。

文章也充分地注意到，从古代范仲淹的《渔家傲》到当代余光中的《听听那冷雨》，从纯粹的文学作品白先勇的《骨灰》到绝对的影视作品韩剧《大长今》，从对莎士比亚作品《铸情》做评析到对德国汉学家顾彬做评价，“六观”说在黄维樑教授的手中被给予了大跨度、多元化的使用。“由于他对《文心雕龙》的推崇与热爱，刘勰的诸多文学思想都已浸润到了他的批评语言体系中。他自然而然地阐发着刘勰的文学观点，使用着彦和的批评方法，这对于文论界一直热议的古代文论现代转换的话题具有重要启发意义。”张然还借助传播学中著名的拉斯韦尔模式，从传播过程的所谓“传者”“受者”“信息”“媒介”“效果”等方面，对《文心雕龙》的现代传播问题进行分析，从而研究以《文心雕龙》为中心的古代文论的“两创”问题。文章认为，《文心雕龙》与其他文论巨著虽然不是标准意义上的博物馆文物，但它却是图书馆里的“文物”，是华夏民族精神世界中的重要国宝；让这些国宝再次“活”起来，无论对学术研究还是对我们的现世生活都具有重要意义。

良德记于庚子年中秋

稿约

《中国文论》创刊于2014年，山东大学儒学高等研究院主办，1—4辑由上海古籍出版社出版，自第5辑开始，由山东人民出版社出版，每年两辑。欢迎各位同仁赐稿。兹就有关问题说明如下：

一、来稿字数不限，既欢迎短小精悍的佳作，亦不拒洋洋洒洒的长篇；然无论长短，均需作者独立创获，文责自负。

二、来稿请在文前加500字以内“摘要”和不超过5个“关键词”。

三、来稿请用WORD排版，简体横排，单倍行距，正文用五号宋体，独立分段引文用五号楷体。

四、稿件所有引文均需详细注明出处，并保证准确无误。

五、注释请采用脚注（即页下注），每页重新编码，用①②③……注释的要素和格式，示例如下：

①［唐］姚思廉：《梁书》，北京：中华书局，2011年，第712页。（文中再次引用本书可省略出版信息，简化为：［唐］姚思廉：《梁书》，第713页。下同。）

②［唐］杜甫：《偶题》，［清］仇兆鳌：《杜诗详注》，北京：中华书局，1999年，第1541页。

③［宋］晁公武撰，孙猛校证：《郡斋读书志校证》，上海：上海古籍出版社，1990年，第517页。

④［梁］刘勰：《文心雕龙·原道》，范文澜：《文心雕龙注》，北京：人民文学出版社，1958年，第1页。

⑤王重民：《中国目录学史论丛》，北京：中华书局，1984年，第134页。

⑥［美］勒内·韦勒克、奥斯汀·沃伦著，刘象愚等译：《文学理论》，南京：江苏教育出版社，2005年，第158页。

⑦牟世金：《〈文心雕龙〉的总论及其理论体系》，《中国社会科学》1981年第2期。

⑧庞朴：《一分为二，二合为三——浅介刘咸炘的哲学方法论》，《国学研究》第11卷，北京：北京大学出版社，2003年，第123页。

⑨曹顺庆：《〈价值理性与中国文论〉序》，刘文勇：《价值理性与中国文论》，成都：巴蜀书社，2006年，“序”，第3页。

⑩张清俐：《形成〈文心雕龙〉研究的中国学派》，中国社会科学网 http://ex. cssn. cn/zx/bwyc/201803/t20180323_ 3885240. shtml，2018年3月23日。

六、来稿请于文末注明作者详细通讯地址、邮政编码、联系电话以及电子邮箱。

七、来稿一个月内即决定刊用与否并作出回复，除作者特别要求外，一般不退稿，请自留底稿。

八、本刊拟用稿件，编辑有删改权，不同意删改者，请来稿时申明。

九、来稿一经采用，酌奉薄酬，并寄赠样刊两册。

十、本刊联系方式：

电子邮箱：zgwlck@ 163. com，zgwlck@ 126. com

通信地址：山东省济南市山大南路27号

山东大学儒学高等研究院《中国文论》编辑部

邮编：250100